**도쿄 트렌드 인사이트 2025**

# 도쿄 트렌드 인사이트 2025

저성장과 인구 감소의 시대,
어떻게 새로운 시장을 만들 것인가

정희선 지음

원앤원북스

# 들어가는 말

YOLO(You Only Live Once)

YONO(You Only Need One)


2024년 6월, 미국의 CNN은 '인생은 한 번뿐, 멋지게 살자'라는 모토 아래 소비 시장을 이끌던 20~30대의 욜로(YOLO) 족이 미국에서 점차 사라지고 있다고 소개했다. 그리고 새로운 용어를 제시했다. 바로 요노(YONO)다. 요노는 '하나만 있으면 된다'는 의미로 꼭 필요한 것만 구매해 불필요한 소비를 줄이는 것을 의미한다.

'욜로에서 요노로'의 변화는 물가와 금리가 치솟아 주머니 사정이 빠듯해진 경제 상황을 여실히 보여준다. 통계청에 따르면 2030 세대의 2023년 평균 소득은 전년 대비 1.9% 늘어났는데, 이는 소비자 물가 상승률인 3.6%의 절반 수준에 그쳐 실질소득은 감소했다.

　저성장, 고물가로 인해 실질소득이 감소하며 고령화가 빠르게 진행되어 성장 동력을 잃어가는 한국의 경제 상황에서 소비자들의 행동과 심리는 어떻게 변할 것인가? 이에 대한 힌트를 모색하고자 필자는 『도쿄 트렌드 인사이트』를 통해 일본의 트렌드를 소개했다. 물론 일본의 트렌드가 한국에 그대로 적용되는 것은 아니지만 저성장, 고령화를 우리보다 훨씬 앞서 겪기 시작한 일본 소비자들의 모습과 이에 대응한 기업들의 노력을 통해 독자들이 성장 동력을 잃어가는 시대의 소비와 비즈니스에 관한 실마리를 얻기를 바라는 마음이었다.

　『도쿄 트렌드 인사이트』에서는 '저성장', 'Z세대', '고령화', '기술', '친환경'이라는 5가지 키워드를 중심으로 소비 트렌드와 비즈니스 사례들을 살펴보았다. 30년간 저성장이 당연시되어 웬만해선 지갑을 열지 않는 일본 소비자들이 가격을 지불할 가치가 있다고 생각하는 상품과 서비스는 무엇인지, 미래의 소비층인 Z세대는 어떠한 기준을 가지고 소비에 관한 의사결정을 하는지, 그리고 세계에서 가장 늙은 나라인 일본의 고령화로 인해 발생하는 사회적 문제를 해결하는 비즈니스에는 어떠한 것들이 있는지에 관한 이야기를 전달했다. 너무 감사하게도 많은 독자분이 재미있게 읽고 인사이트를 얻었다는 의견을 전해주셨다.

　2023년에 이어 2024년도에도 살림살이가 나아질 기미가 보이지 않는다. 저성장 기조가 이어지고 소비자들은 여전히 고물가에 시달리고 있다. 고금리가 이어지며 이자 부담은 커졌고, 환율이 높아져 수입 물가가 올라갔다. 실제로 사용 가능한 실질소득이 감소하자 소비자들이 바로 지갑을 닫고 소비를 줄이기 시작했다. 빠르게 진행되는 고령화와 저출산으로 인한 인구 감소를 우려하는 기사들이 연일 쏟아져 나오고 있다. 이러한 상황에서 트렌드 분석가로서 필자는 어떠한 내용을 독자들에게 들려주어야 할 것인가?

다행히 『도쿄 트렌드 인사이트』에서 다 전하지 못한 기업들의 노력과 사례가 남아 있다. 이는 저성장, 고령화를 오랜 기간 겪어온 일본 기업들의 고민이 그만큼 깊다는 방증이기도 하다.

『도쿄 트렌드 인사이트 2025』에서도 5가지 테마를 가지고 이야기를 풀어나가고자 한다. '저성장', 'Z세대', '고령화' 이 3가지 키워드는 『도쿄 트렌드 인사이트』와 동일하지만, 이번에는 '기술'과 '친환경' 대신 '공간'과 '유통'이라는 키워드를 추가했다.

1장에서는 다시 한번 '저성장' 키워드를 다룬다. 한국도 일본과 마찬가지로 저성장이 당연시되는 국면으로 접어들고 있다. 저성장의 시대를 살아온 일본 소비자들과 기업들의 행보는 여전히 한국에 시사점을 줄 수 있다고 믿기에 다시 한번 다루지만 이번에는 조금 다른 앵글로 관찰해보았다. 『도쿄 트렌드 인사이트』에서는 저성장 시대의 소비자들이 어떠한 선택을 하는지를 중점적으로 살펴보았다. 코스파(가성비), 타이파(시성비) 등의 용어를 소개하며 소비자들은 어떠한 기준을 가지고 소비하는지, 그리고 이러한 니즈를 공략한 상품과 서비스는 무엇이 있는지를 살펴보았다. 『도쿄 트렌드 인사이트 2025』에서는 소비자에서 기업으로 시선을 돌려 보았다. 소비가 정체된 사회에서 지속적으로 성장하기 위해 끊임없이 고민하는 기업들의 전략을 밀착해서 살펴본다. 인구가 줄고 라이프스타일이 변화되며 수요가 줄어드는 상황에서 기업들은 어떻게 성장할 것인가? 팔리지 않는 상품을 파는 방법은 무엇일까? 관점의 전환을 통해 새로운 고객층을 개척하는 기업들, 새로운 가치를 제공해 가격을 높이고 성장을 꾀하는 기업들의 치열한 고민과 노력의 흔적을 쫓아가본다.

2장에서는 『도쿄 트렌드 인사이트』에서와 마찬가지로 Z세대에 관해 살펴본다. 앞으로 30년간 일본 소비의 주요 타깃이 될 세대인 Z세대를 이해하는 것은 미래를 준비하는 일환이 되기 때문이다. 『도쿄 트렌드 인사이트』에서는 Z세대들이 어떠한 가치관을 가지고, 어떠한 기준으로 소비하는지 중점적으로 살펴보았다면, 이번에는 Z세대들에게 인기를 얻은 제품과 서비스를 살펴본다. 일본의 젊은 세대는 다른 나라의 Z세대에 비해 돈을 쓰지 않는다. 연애도 하지 않으며, 여행도 가지 않고, 술도 마시지 않는 요즘 젊은이들의 모습을 중장년층은 신기하게 생각한다. 유난히 '사지 않고' '하지 않는' 것이 많은 Z세대를 기업들은 어떻게 설득해야 할까? '사지 않는' Z세대의 지갑을 활짝 열어젖힌 제품 및 서비스는 무엇이 있을지 그 성공 비결을 밀착해 알아본다.

3장에서는 새롭게 '공간'이라는 키워드를 추가했다. 공간은 트렌드와 라이프스타일의 변화를 반영한다. 최근 공간에 많은 변화가 목격되고 있다. 특히 코로나19 팬데믹을 기점으로 상업 공간은 하루가 다르게 변신하고 있다. 한국 성수동의 팝업스토어가 브랜드를 알리는 미디어의 역할을 하는 것처럼 일본에서도 상업 공간이 이제 제품을 파는 곳이 아니라 브랜드를 알리는 광고판의 역할을 하고 고객의 행동 데이터를 모으는 장소가 되고 있다. 비단 상업시설뿐만이 아니다. 온라인에서는 얻을 수 없는 오감을 자극하는 경험에 대한 니즈가 높아지고 이는 몰입형(이머시브) 전시의 확산을 가져왔다. 1인 가구의 증가와 함께 코리빙이 일찍부터 발달한 일본에서는 최근 특정 콘셉트에 특화된 코리빙이 인기를 얻고 있다. 이러한 공간의 변화를 관찰함으로써 지금의 소비자들은 어떠한 가치를 요구하는지 알 수 있을 것이다.

4장의 키워드는 『도쿄 트렌드 인사이트』에서도 다루었던 '고령화'다. 고령화 테마를 다시 한번 다루는 이유는 최근 한국의 고령화 속도가 무서울 정도로 빠르기 때문이다. 2024년 7월, 국내 65세 이상 고령인구는 1천만 명을 넘어 전체 인구의 19.5%를 차지했고, 2025년에는 고령인구 비중이 20%를 넘어 초고령 사회에 진입하게 된다. 한국의 고령화 속도는 세계에서 가장 빠르며 2070년대에 들어서면 한국은 홍콩과 푸에르토리코에 이어 세계에서 세 번째로 늙은 국가(고령인구 비중 47.7%)가 될 전망이다. 일본보다 한국이 더 늙은 국가가 된다는 것이다. 이러한 이유로 일본의 고령화 관련 문제와 이를 해결하기 위한 비즈니스는 초고령화 사회를 맞이하는 우리에게 힌트를 줄 것이다. '세계에서 가장 늙은 나라'라는 별명에 걸맞게 일본에는 많은 이슈가 산적해 있다. 다만 이번 『도쿄 트렌드 인사이트 2025』에서는 사람이 아닌 사회의 다른 것들에 주목한다. 우리가 간과하기 쉬운 사실 중 하나는 고령화 사회에서는 사람만 늙어가는 것이 아니라는 점이다. 일본 뉴스에서는 많은 것이 늙어가면서 발생하는 사회 문제가 자주 등장한다. 인프라가 늙어가고, 동물이 늙어가고, 집이 늙어가고, 마을이 늙어간다. 이로 인한 사회적 비용이 점점 커지고 있으며 이는 새로운 비즈니스 기회를 낳기도 한다. 세계에서 유례없이 빠르게 고령화가 진행되는 한국이다. 지금 우리는 인간의 고령화에 걱정이 태산이지만 일본 사회를 참고해 미리미리 사회 전반적인 고령화에 선제적으로 대응할 수 있을 것이다.

　마지막으로 5장에서는 일본 유통업체들의 모습을 살펴볼 것이다. 고령화와 함께 저출산으로 인해 2010년부터 인구 감소가 시작된 일본이다. 소비자 수가 줄어들면 유통은 어떻게 살아남아야 할 것인가? 일본에서는 유난히 '신업태'라는 표현을 많이 들을 수 있다. 이는 유통업체들이 새로운 형태의 점포를 실험해보기 때문이다. 4인 가족을 전형적인 소비자 그룹으로 상정하고 인구가 증가하던 시기에 만들어진 유통 전략은 지금 시대에 맞지 않게 된다. 일본 유통업체들은 지금 이 시각에도 새로운 인구 구조에 맞는 점포를 만들기 위한 실험을 진행 중이다. 몸집을 작게 만들고 뾰족하게 타깃하고 타깃한 고객에게 받아들여지는지 관찰한다. 고객 수가 줄어들자 고객의 방문 빈도를 높이기 위해 매력적인 상품 개발에 힘을 쓰고 있다. 유통업체인지 제조업체인지 그 경계가 희미해지고 있다. 또한 인구 감소로 인한 노동력 부족 문제를 해결하기 위해 기술을 서둘러 도입하고 있다. 전 세계에서 가장 출생률이 낮고 고령화 진행률이 가장 빠른 한국의 인구 감소는 정해진 수순이다. 우리보다 앞서 인구 감소가 시작되고 1인 가구가 증가하는 일본 유통업체들이 가진 고민은 한국의 고민과 크게 다르지 않을 것이다.

이맘때쯤이면 서점에 쏟아지는 트렌드 서적에 필자도 한 권을 보태면서 다른 책들과 어떻게 다른 가치를 전할 수 있을까 고민한다. 『도쿄 트렌드 인사이트』와 『도쿄 트렌드 인사이트 2025』는 1년, 1년 단위로 트렌드를 업데이트하지 않는다. 일본은 트렌드의 흐름이 한국처럼 빠르지 않다는 이유도 있지만 연도에 얽매이지 않고, 거시적인 관점을 가지고, 지금 이 시대를 살아가는 독자분들에게 유의미한 트렌드와 비즈니스 사례를 소개하는 것이 중요하다고 생각하기 때문이다. 이러한 의미에서 『도쿄 트렌드 인사이트』를 아직 읽어보지 못한 독자분들이 있다면 『도쿄 트렌드 인사이트 2025』와 함께 『도쿄 트렌드 인사이트』를 읽어보기를 추천한다. 두 권을 함께 보면 다양한 사례로 저성장을 살아가는 일본의 소비 트렌드를 이해할 수 있을 것이다. 저성장 시대에 성장하기 위해 고군분투하는 일본 기업들의 끊임없는 노력을 살펴보면 새로운 비즈니스의 실마리를 발견할 수도 있을 것이다.

저성장, 인구 감소 시대를 살아가는 한국의 기업과 소비자들에게 『도쿄 트렌드 인사이트』와 『도쿄 트렌드 인사이트 2025』가 조금이나마 인사이트를 전해줄 수 있다면 저자로서 더할 나위 없이 기쁠 것이다.

정희선

---

2024년 9월 기준, 100엔=910~940원을 형성하고 있다. 하지만 이 책에서는 독자의 빠른 이해를 위해 100엔=1,000원으로 상정해 계산했다.

# 목차

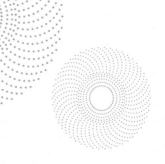

1장

# [저성장] 새로운 시장을 만들다

"고금리 기조로 소비 여력이 약화됨에 따라 대다수 품목에서 (소비) 감소세를 이어가며 경기 부진이 장기화하고 있다."

"상품 소비의 감소세가 지속되는 가운데, 서비스 소비도 낮은 증가율을 이어가는 부진한 모습"

한국개발연구원(KDI)이 2024년 6월 발간한 경제동향 보고서에서 진단한 한국 경제의 모습이다.

2024년, 한국의 경제 상황은 암울하다. '고물가, 고환율, 저성장'이라는 삼중고에 경제가 허덕이고 있다. 수입 물가가 올라가며 국내 물가 상승을 부채질한다. 인플레이션이 높아져 실질소득이 감소한다. 소비자들은 웬만해서는 지갑을 열지 않는다. 장기적인 관점에서 인구는 감소하고 있기에 향후 높은 성장을 기대하기 힘들다. 한국의 인구는 2020년 정점(5,184만 명)을 지나 감소 국면에 접어들었다. 저출산, 고령화로 인해 한국이 인구 감소 국가가 된 것이다.

성장이 정체되면 소비액이 줄어들고 인구가 감소하면 고객 수는 줄어든다. 저성장과 인구 감소의 시대, 기업들의 고민은 깊어만 간다.

  ⚜ 어떻게 하면 새로운 고객을 확보할 수 있을 것인가?

  ⚜ 어떻게 하면 고객이 더 자주 우리 제품을 구입할 것인가?

  ⚜ 어떠한 가치를 통해 고객이 높은 가격을 지불하도록 할 것인가?

✔ 품질이 상향 평준화된 지금, 어떠한 독창적인 가치를 만들어내고, 이를 어떻게 소비자들에게 전달할 것인가?

    일본 기업들은 일찍부터 이러한 고민을 시작했다. 일본의 물가는 지난 30년간 오르지 않았다. 월급도 제자리였다. 2022년 대학을 졸업해 취직한 신입사원이 받는 월급은 그의 아버지가 신입사원 시절 받던 월급과 비슷한 23만 엔(약 230만 원) 수준이다.

    월급이 오르지 않고, 물가가 오르지 않는 상황에서 소비자들은 어떠한 선택을 할까? 자신의 지갑이 앞으로도 넉넉해질 것이라는 기대감이 없는 소비자들은 자연스럽게 절약을 지향하는 소비를 하게 된다. 여기에 더해 일본은 2010년 총인구가 약 1억 3천만 명으로 최고치를 기록한 뒤 줄곧 감소하고 있다. 지갑을 열지 않는 소비자들, 그리고 감소하는 소비자 수, 일본 기업들의 고민은 이만저만이 아니다.

    그러나 이러한 모습이 과연 일본만의 이야기일까? 인구 변화의 추이가 일본의 것을 그대로 따라가는 중인 한국의 10년 뒤 모습은 어떨까? 과연 낙관적일까?

    여기서 잠시 기업의 매출을 구성하는 요인들을 살펴보자.

**매출 = 고객 수 × 구매 빈도 × 평균 단가**

30년간 저성장과 인구 감소의 늪을 겪은 일본 기업들은 이를 바탕으로 3가지 고민을 계속하고 있다.

- ⚅ **[고객 수]** 소비자 혹은 인구가 줄어드는 시장에서 어떻게 새로운 고객층에게 접근할 것인가?
- ⚅ **[구매 빈도]** 어떻게 하면 소비자의 구매와 사용 빈도를 높일 것인가?
- ⚅ **[평균 단가]** 어떻게 하면 제품의 가격을 높일 수 있을 것인가?

이번 장에서는 이 3가지 질문에 대한 답을 찾아가는 일본 기업들의 전략과 모습을 살펴보고자 한다.

첫째, 소비자가 줄어드는 시장에서 어떻게 새로운 고객을 발굴할 것인가? 시장을 바라보는 관점을 바꾸고 새로운 사용법을 제안해 고객이 아니었던 사람을 고객으로 만드는, 즉 새로운 고객을 개척한 사례들을 살펴본다.

둘째, 어떻게 하면 제품 및 서비스의 사용 빈도를 높일 것인가? 운동을 하지 않는 새로운 고객을 개척해 피트니스 시장의 1인자로 군림한 초코잡은 1위 달성 후 또 다른 고민에 빠졌다. 고객이 더 자주 서비스를 이용하게 하려면 무엇을 해야 할 것인가? 운동기구가 없는 피트니스 센터가 등장하게 된 이유를 살펴본다.

셋째, 어떻게 하면 평균 단가를 높일 수 있을 것인가? 일본 기업들은 함부로 가격을 올리기 힘들다. 오랜 기간 불황 속에서 살아온 일본 소비자들의 가격 인상에 대한 저항감이 매우 높기 때문이다. 가격을 올리면 소비자들은 더 싼 제품을 찾아 떠난다. 가격을 높이기 위해서는 새로운 가치를 제공해서 소비자를 설득해야만 한다. 소비자들을 설득하기 위해 여태까지 없던 가치를 제공하는 상품을 개발하는 기업들의 사례를 살펴본다.

코로나19 팬데믹 이후, 일본 주식 시장과 부동산 시장이 활황을 보이며 물가도 높아졌다. 언뜻 일본이 '잃어버린 30년'의 늪에서 빠져나오는 것처럼 보인다. 하지만 일반 소비자들 역시 더 풍족해졌다고 느끼고 있을까? 물가 인상률을 반영한 실질임금은 지속적으로 마이너스를 기록하고 있다. 즉, 주식과 부동산을 가진 자산가들은 미소를 짓지만 일반 회사원들의 생활은 더욱 힘들어지고 있는 것이다. 최근 급락한 엔화 가치로 인해 수입 물가가 상승하면서 서민들의 생활은 더 힘들어만 진다.

저성장과 소비 축소가 디폴트가 된 시대, 기업들은 어떻게 살아남아야 할 것인가? 지금 이 시각에도 고군분투하는 기업들의 현장을 들여다보자.

# 고객 확장,

## 여행을 가지 않는 사람에게

## 여행책을 파는 법

'2020년'이라는 단어를 들으면 가장 먼저 무엇이 떠오르는가? 아마 독자 중에도 '코로나19'를 떠올리는 사람들이 꽤 될 것이다. 2020년부터 2022년까지 약 3년에 걸친 코로나19 팬데믹 기간, 우리는 여태까지 경험한 적 없는 세상을 맞이했다. 많은 산업이 비대면으로 전환되고 이동이 제한되었다. 세계 각국이 국경을 닫자 수요가 전멸했다는 표현이 과하지 않을 정도로 항공 산업, 호텔 산업의 매출이 0에 수렴하는 광경을 목격했다. 항공사와 호텔뿐만이 아니다. 여행이 멈추자 여행 가이드북 또한 팔리지 않게 되었다.

여행책이 팔리지 않는 위기에 직면한 출판사는 사업을 접었을까?

아니다. 수요가 줄어든 상황에서 도리어 베스트셀러를 만든 출판사가 있다. 여행을 가지 않는 사람들이 사고 싶은 여행책을 만든 이 출판사의 전략을 살펴보면 우리 제품의 고객이 아니었던 사람들을 고객으로 만들어 시장을 확대하는 방법에 관한 힌트를 얻을 수 있다. 고객을 새롭게 정의해 수요가 줄어든 상황에서도 새로운 시장을 개척한 출판사, 그리고 새로운 사용법을 제안함으로써 고객층을 확대해 성장을 지속하는 기업들을 만나러 가보자.

## 코로나19 시대에 대박 난
## 여행책의 비밀

———

해외여행을 준비할 때 당신은 가장 먼저 무엇을 하는가? 필자는 가고자 하는 국가의 여행 가이드북을 구입한다. 인터넷으로 모든 정보를 얻을 수 있는 시대지만 수십 혹은 수백 군데의 홈페이지를 돌아다니며 정보를 모으는 데는 시간이 꽤 걸린다. 책 한 권에 여행 관련 정보가 일목요연하게 정리되어 있는 가이드북은 아직까지도 여행을 준비하는 가장 효율적인 방법이라고 생각한다.

일본에서 가장 유명한 여행 가이드북은 『지구를 걷는 법(地球の歩き方, 지큐노아루키카타)』이다. 1979년 창간되었으며 약 160여 개의 국가와 지역을 다룬다. 해외에서 만난 일본인 여행객 대부분

일본인들의 해외여행 바이블이라 불리우는 『지구를 걷는 법』 시리즈

출처: 출판사 홈페이지(arukikata.co.jp)

이 『지구를 걷는 법』을 손에 들고 있다고 해도 과언이 아닐 정도로 해외여행 필수품으로 자리 잡은 책이다. 하지만 코로나19가 확산된 2020년, 해외로의 이동이 제한되자 『지구를 걷는 법』의 매출은 90% 하락, 회사의 존속 여부마저 불투명해졌다. 『지구를 걷는 법』 편집팀은 당시를 이렇게 회상한다.

"브랜드를 유지하는 것이 가능할 것인지, 존재 자체에 대한 위기감을 느꼈습니다."

그로부터 거의 4년이 지난 지금, 『지구를 걷는 법』은 어떻게 되었을까? 코로나19 기간을 견디지 못하고 폐업을 했을 것이라 예상하기 쉽지만, 이러한 예상을 깨고 『지구를 걷는 법』 시리즈는 코로나19 기간 중 무려 85권의 신간을 발간하며 화제의 중심에 올랐다. 해외여행이 막힌 시대에 여행 가이드북이 베스트셀러가 된 이유는 무엇일까? 관점과 타깃 고객을 바꾸자 코로나19 시대에도 여행책이 팔리는 일이 일어났다.

> "해외 취재를 갈 수 없는 상황에서 우리는 무엇을 만들어야 하는가?"

『지구를 걷는 법』의 편집팀이 가장 먼저 한 일은 국내로 눈을 돌리는 것이었다. 마침 2021년에는 도쿄 올림픽(2020년 개최 예정이었으나 코로나19의 전 세계적인 확산으로 2021년 여름으로 연기)이 예정되어 있었기에 2020년 9월 『지구를 걷는 법』 시리즈 최초로 일본 국내 도시의 가이드북인 '도쿄 편'을 출간했다.

편집팀에 의하면 도쿄 편은 적자를 각오하면서 만들었다고 한다. 개최 연도에 맞춰 가격을 2,020엔(약 2만 원)으로 책정해서 다른 가이드북에 비해 비쌌으며, 올림픽 또한 무관중으로 개최되었기에 적자는 불을 보듯 뻔한 일이었다. 여행책을 아무도 사지 않는 시기였지만 손 놓고 아무것도 안 할 수 없는 노릇이었다. 단지 올림픽에 참가하는 데 의의를 두고 책을 만들었다.

편집팀은 어떻게 해야 수도 없이 많은 국내 도시의 가이드북과 차별화할 수 있을 것인가를 고민했다. 코로나19로 인해 집에서 지내는 시간이 길어진 이들을 위해 도쿄로 여행을 가지 않아도 읽고 싶어지는 책을 만드는 것으로 의견을 모았다. 기획부터 출간까지 약 1년 반 정도 걸렸는데, 도쿄를 대표할 만한 장소들을 깊이 있게 취재해 도쿄의 문화, 역사적인 배경 등 일반적인 여행책에서는 얻기 힘든 정보를 상세하게 실었다.

그러자 도쿄 편은 모두의 예상을 깨고 출간 후 10만 부가 팔린 베스트셀러가 되었다. 해외여행이 막히자 국내 여행을 즐기는 사람들이 구입하기도 했지만, 도쿄라는 도시를 알고자 하는 지적 욕구를 충족하기 위해 도쿄를 여행하지 않는 사람들의 구입이 많았던 것이다. 도쿄 편의 인기에 힘입어『지구를 걷는 법』은 본격적으로 국내 도시 가이드북을 제작하기 시작한다. 오키나와, 교토, 홋카이도 등 일본 내 다른 지역의 여행책을 출간해 여행을 가지 않아도 읽고 싶고 소장하고 싶은 책을 만들기 시작한다.

하지만『지구를 걷는 법』팀에게 책이 몇만 부 팔렸다는 사실보다 더 큰 성과는 '여행을 가지 않는 사람들도 여행책을 살 수 있다'라는 사실을 발견한 것이다. 이에『지구를 걷는 법』팀은 국내 편에 이어 새로운 시리즈를 기획한다.

## 미래의 여행을 탐색하기 위한, 여행을 가지 않을 사람을 위한

―――

새로운 타깃은 언젠가는 여행을 가고 싶은 사람들, 즉 미래의 여행객을 위해 만든 '도감(図鑑) 시리즈'다. 도감 시리즈는 『지구를 걷는 법』 팀이 세계 각지를 다니며 여태까지 취재한 내용을 '국가'가 아니라 '테마'로 콘텐츠의 축을 바꾸어 발행하는 책이다. 2021년 3월부터 『세계의 영화 무대 및 촬영지』, 『세계의 매력적인 기암과 거석』, 『세계의 맛집 도감』, 『세계의 굉장한 호텔들』, 『세계의 특산물 도감』, 『세계의 굉장한 역들』, 최근에는 『세계의 굉장한 무덤들』에 이르기까지 다양한 테마로 약 30종의 책을 발간했다. 국가를 축으로 해서 만든 일반적인 가이드북에서는 소개할 수 없었던 세세한 정보까지 소개하는 도감 시리즈는 약 26만 부가 판매되는 베스트셀러가 되었다.

도감 시리즈가 사랑받은 이유는 여행길이 막힌 시대에 현재 여행을 가기 위해 정보를 수집하는 사람이 아니라 미래의 여행지를 모색하고 있는 사람들이 찾는 책이 되었기 때문이다. 의외로 초등학생 독자들도 많은데, 편집팀의 미야타 편집장에 따르면 『지구를 걷는 법』에서 일한 이후 초등학생으로부터 손 편지를 받은 것은 처음이었다고 한다. "코로나19가 사라지면 이곳에 가고 싶어요."라고 말하는 초등학생들이 책에 소개된 국가들을 방문하기 위해 계획을 세우며 미래의 여행을 꿈꾸는 것이다. 미래의 여행객뿐만 아니

『지구를 걷는 법』의 도감 시리즈: 『세계의 영화 무대 및 촬영지』『세계의 굉장한 무덤들』
『세계의 굉장한 역들』『세계의 과자 도감』(왼쪽 위부터 시계 방향으로)

출처: 출판사 홈페이지(arukikata.co.jp)

라 영화, 맛집, 호텔, 역 등 특정 테마에 빠진 덕후(한 가지 분야에 깊이 빠진 사람)들, 그리고 해당 테마를 조금 더 알고 싶은 독자 등 여태까지 『지구를 걷는 법』이 만나지 못했던 고객층을 확보하는 계기가 되었다.

『지구를 걷는 법』의 성공은 여기서 끝나지 않는다. 코로나19 기간 중 가장 주목받은 책은 2022년 2월에 발매된 『무-이상한 세계를 걷는 법(ム─異世界の歩き方)』이다. 이 책은 처음부터 여행에 전혀 관심이 없는 사람들을 타깃으로 만들었다.

『무(ム─, MU)』는 1979년 '세계의 수수께끼와 불가사의에 도전하는 슈퍼 미스터리 매거진'이라는 콘셉트로 창간한 컬트적인 느낌이 강한 잡지다. 예를 들어 노스트라다무스의 예언, UFO 괴담 등 미스터리한 이야기들을 주로 다루는데, 비록 소수이지만 견고한 독자층의 지지를 받아 40년 넘게 꾸준히 팔리고 있었다.

『무-이상한 세계를 걷는 법』은 컬트적인 느낌의 잡지인 『무』와 『지구를 걷는 법』 양사가 컬래버레이션해 만든 책이다. 두 책은 언뜻 보기에는 전혀 접점이 없어 보이지만 『무』의 편집자는 다음과 같이 말한다.

"여행은 내가 모르는 세계를 찾아 떠나는 것입니다. 모르는 세계를 탐험해보고 싶다는 것은 인간의 본능입니다. 이러한 의미에서 여행과 『무』는 '미지의 세계'라는 공통점이 있습니다."

『무-이상한 세계를 걷는 법』표지(왼쪽)와 피라미드를 소개한 페이지(오른쪽)
출처: 출판사 홈페이지(arukikata.co.jp), 정희선

　　책을 잠시 펼쳐보자. 이집트의 피라미드를 여행지로 소개한 페이지는 특별한 것이 없어 보인다. 하지만 바로 다음 페이지에는 "피라미드의 수수께끼와 같은 공간은 쉘터(shelter)인가, 군사기지인가."라는 미스터리한 정보를 실어 흥미를 자극한다. 피라미드뿐만 아니라 페루의 나스카, 칠레 이스터섬의 모아이상, 다양한 고대 문명지 등 416페이지에 달하는 콘텐츠는 여행을 가지 않더라도 읽고 싶고 소장하고 싶어진다.

　　『무-이상한 세계를 걷는 법』은 세계의 유명 관광지를 '관광'과

'미스터리'의 두 관점으로 풀어 두 그룹의 독자에게 모두 어필함으로써 새로운 고객층을 개척했다. 『무-이상한 세계를 걷는 법』은 발매 후 2개월 만에 12만 부가 팔렸으며 〈니혼케이자이 신문(일본경제신문)〉이 선정한 '마켓 오브 더 이어(Market of the Year)' 제품으로 선정될 정도로 화제를 불러일으켰다.

> "코로나19 전까지는 개정판만으로도 수익을 충분히 낼 수가 있어서 새로운 생각을 할 필요가 없었습니다."

> "하지만 개정판을 낼 수도 없고 아무것도 할 수 있는 일이 없었기 때문에 직원들에게 한 번 해보고 싶은 것이 있으면 해보라고 등을 떠밀었습니다. 그랬더니 지금까지 없던 참신한 방법들이 나왔습니다."

> "코로나19가 있었기에 이러한 시도가 가능했습니다. 해외여행을 갈 수 없는 와중에 어떻게 하면 살아남을 수 있을까를 계속 생각했습니다."

> "만약 코로나19가 발생하지 않아 여태까지 하던 방식대로 가이드북을 만들었다면 이러한 발견은 없었을 것입니다."

방송과 잡지 등의 인터뷰를 통해 『지구를 걷는 법』 편집팀원들이 전한 말이다. 여행길이 끊긴 시대, 여행을 가지 않아도 읽고 싶은 콘텐츠를 만들자 여행 가이드북이 베스트셀러가 되었다. 대박의 비밀은 관점과 타깃을 바꾼 생각의 유연함이다. 자, 그럼 '생각의 유연함'이 무엇인지 조금 더 구체적으로 살펴보자.

## 새로운 고객 확보를 위해
## 시장을 재정의하다

---

저성장의 시대, 인구 감소의 시대, 기존 고객층을 넘어 새로운 고객을 개척하고 싶어하는 기업이 많다. 이를 위해 필요한 관점의 전환을 도와주는 책이 있다. 일본의 마케팅 사이언티스트인 세리자와 렌(芹澤連)은 자신의 책 『"미"고객 이해, 왜 '사주는 사람=고객'만 보는가?("未"顧客理解なぜ「買ってくれる人＝顧客」しか見ないのか？)』에서 자사의 물건을 사지 않는 사람을 '미고객'이라고 정의하며, 미고객을 파악해야 시장을 확대할 수 있다고 전한다. 잠시 책의 핵심 내용을 살펴보자. 이번 장에서 소개한 새로운 고객을 개척하는 사례를 이해하기에 적절한 관점을 제공하기 때문이다.

> "미고객을 확보하기 위해서는 시장을 바라보는 패러다임을 바꾸는 것이 중요하다."

많은 경우 기업은 자신의 시장을 상품 카테고리로 분류하고 정의하는 습관이 있다. 먼저 자사의 산업 혹은 상품으로 구분하고, 거기에 연령, 성별, 가격대 등 특징에 따라 세분화한다. 예를 들어 '20대 남성용 화장품' 혹은 '서울의 맞벌이 부부를 타깃으로 한 자동차' 이런 식이다. 하지만 새로운 고객을 개척하기 위해서는 시장을 바라보는 관점을 바꿔야 한다고 저자는 설파한다.

필자가 『도쿄 트렌드 인사이트』에서 소개한 워크맨(WORK MAN)이라는 브랜드가 시장을 바라보는 관점과 패러다임을 달리해 새로운 시장을 개척한 대표적인 사례다. 워크맨은 건설 및 공사현장에서 일하는 인부들을 대상으로 저렴한 가격의 높은 기능성을 가진 작업복을 만드는 브랜드다. 하지만 워크맨은 '작업복의 기능이 일상생활에서도 가치가 있지 않을까'라는 관점의 전환을 통해 '저가형 고기능성 웨어'라는 블루오션 시장을 발견했다. 워크맨이 자신들의 고객(작업 인부)이 아니었던 미고객(일반인)을 자사의 고객이라 정의하는 순간, 이들을 위해 어떤 제품을 만들어야 할지에 대한 아이디어가 떠오른 것이다. 즉, 새로운 고객을 개척하는 활동은 결국 '시장과 고객을 재정의'하는 것이다.

『지구를 걷는 법』의 성공 또한 동일한 관점으로 해석할 수 있으며, 우리에게 새로운 고객을 개척하는 법에 관한 힌트를 던져준다. 『지구를 걷는 법』은 평소 여행을 즐기는 사람, 그중에서도 해외여행객만을 타깃으로 하고 있었다. 하지만 수요가 줄어든 코로나19 기간 중 자신들의 시장을 재정의했다. 평소 여행을 즐기는 사람이 아닌 '언젠가 여행을 가고 싶은 사람'과 심지어 '여행에 관심이 없는 사람'을 자사의 고객으로 정의하자 어떠한 콘텐츠가 담긴 책을 만들어야 할지 아이디어가 떠오른다.

즉, 새로운 고객을 개척하는 첫걸음은 '고객을 다시 정의'해보는 것이다. 고객을 재정의하는 순간, 여행을 가지 않는 사람도 사고 싶은 여행책이 탄생한 것처럼 생각지 못했던 고객에게 자사의 제품을 판매하는 방법이 떠오를 것이다.

고객을 재정의해 위기를 벗어나고 새로운 시장을 개척한 또 하나의 사례를 만나보자. 『지구를 걷는 법』처럼 여행 가이드북을 만드는, 코로나19 기간 중 폐업 위기에 직면한 또 다른 출판사의 이야기다.

"셰프가 선보이는 절묘한 메뉴, 고급스럽고 멋진 맛집"
"일상을 잊고 휴식할 수 있는 아로마 릴렉스 마사지"

마치 여행책에서 볼 수 있을 것 같은 설명 문구와 함께 고급 프렌치 레스토랑과 마사지 점포를 안내하는 사진이 실려 있다. 하지만 이는 여행책이 아니라 병원 안내서다. 『루루부(るるぶ)』는 일본의 인기 있는 여행책으로 2010년에는 '발행 부수 최다 가이드북'으로 기네스 세계 기록에 등재될 정도였다. 하지만 이들도 코로나19 사태는 피할 수 없었다.

"최악의 시기에는 매출의 95%가 감소했습니다."라며 모리사키

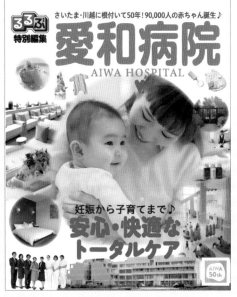

여행책을 만드는 『루루부』가 만든 병원 소개서

출처: JTB 퍼블리싱 홈페이지(jtbpublishing.co.jp)

(盛崎) 사장은 전한다. 1973년 창간 이후 처음으로 위기에 직면한 『루루부』가 살아남기 위해 모색한 새로운 길은 병원, 학교 등 기업 고객을 발굴하는 것이다. 여행책과 기업 고객이 어떠한 관계가 있을지 언뜻 의아해 보인다.

그 계기는 『루루부』를 만드는 출판사인 JTB퍼블리싱의 담당 직원이 자녀의 예방접종을 위해 아이와 병원을 방문한 것이었다. 병원이 창립 50주년을 기념할 책자를 만들고 싶어한다는 것을 알고 『루루부』 직원은 병원에 가이드북 제작을 제안했다. 여행 가이드북을 만들면서 쌓은 노하우를 활용하면 기업 홍보 자료를 만들 수 있으리라 생각한 것이다.

실제로 『루루부』가 만든 기업 홍보 책자는 일반적인 기업 홍보지에서는 만날 수 없는 아이디어와 생동감이 전해진다. 여행책은 지면 구성, 촬영 시 조명, 사진, 소개 글 등에 세심하게 신경을 쓰는데 이러한 노하우를 기업 소개 책자에 활용하는 것이다. 예를 들어 주유소 등 에너지 사업을 하는 세키죠 쇼지(関彰商事)가 2023년 1월에 만든 총 23페이지 분량의 회사 안내서에는 29명의 직원이 등장해, 자신들의 일과와 함께 영업소 주변의 맛집을 안내한다. 새롭게 만든 안내서에 세키죠 쇼지의 관계자는 만족감을 표한다.

"여기서 일하고 싶다는 생각이 드는 회사 소개서를 만들려면 역사나 실적만을 나열하는 것으로는 부족하다고 생각해요. 『루루부』에 의뢰한 덕분에 직원들의 생활을 포함해 매력 넘치는 내용이 들어간 소개서를 만들게 되었습니다."

일본 사회의 커다란 고민은 인구 감소와 고령화로 인한 일손 부족이다. 특히 중소기업들은 직원을 채용하지 못해 골치를 앓고 있다. 잘 만든 기업 홍보 책자는 중소기업에 있어 자사의 매력을 알리는 수단이 될 수 있다.

많은 프로야구 선수를 배출한 요코하마 고등학교 또한 2023년 7월에 학교 소개서를 『루루부』를 통해 제작했다. 동아리 활동과 학교 행사, 주변 맛집까지 사진을 통해 상세하게 설명하고 있으며, 고등학교 진학을 앞둔 자녀와 부모에게 배부되었다. 두 책 모두 실제 회사 생활이나 학교 생활을 상상하기 쉽도록 만들어 높은 평가를 받았다.

가이드북과 출판업에 관한 이야기이지만 이들 사례는 수요가 줄어드는 암울한 상황에서 기업이 어떠한 관점을 가지고 어떠한 제품을 만들어야 하는지에 대한 힌트를 안겨준다. 고객이 아닌 '미고객'을 관찰하고 이들을 위해 우리가 가진 역량으로 무엇을 할 수 있을 것인가를 생각해야 한다.

『지구를 걷는 법』과 『루루부』의 사례를 소개한 이유는 한 가지 더 있다. 바로 장기적으로 인구가 감소하는 시장에서 기업들은 어떠한 전략을 취해야 할지에 대한 아이디어를 얻을 수 있기 때문이다. 코로나19 사태는 진정되고 해외여행을 떠나는 일본인들이 늘면서 해외여행 가이드북의 수요는 조금씩 회복하고 있다. 하지만

『루루부』의 모리사키 사장은 앞으로도 한 달에 한 권은 기업의 소개 책자를 출판하고 싶다고 전한다. 역사적으로 낮아진 엔화 가치로 인해 해외여행 수요가 코로나19 이전만큼 회복되지 않는 것이 가장 큰 이유이기도 하지만, 장기적으로도 상황이 낙관적이지 않다. 여행지에 관한 정보를 책이 아니라 SNS나 유튜브를 통해 얻는 사람들이 늘어나면서 가이드북을 들고 여행을 떠나는 젊은이들이 줄고 있기 때문이다.

인구가 줄어들고, 수요가 줄어드는 상황에서 기업이 무엇을 할 수 있을지에 대한 고민은 지금도 이어지고 있다. 인구 감소 시대를 맞이하고 저성장을 겪는 지금, 고객이 아닌 사람, 즉 '미고객'을 고객으로 정의해보자. 관점을 바꾸어 고객을 다르게 정의하는 순간, 새로운 전략과 아이디어가 떠오를 것이다.

## 사지 않는 고객을
## 공략하라

———

성장을 정체시키는 요인은 저성장과 인구 감소뿐만이 아니다. 라이프스타일의 변화로 인해 예전만큼 잘 팔리지 않는 제품들이 있다. 그 대표적인 제품이 우리나라의 된장과 비슷한 일본식 된장인 '미소(味噌)'다.

일본 내 미소의 생산량은 감소하는 추세다. 1973년 59만 톤으

크래프트 미소 생누룩
출처: 히카리 미소 홈페이지(hikarimiso.co.jp)

로 피크를 기록한 이후 40년이 넘는 기간 동안 지속적으로 감소, 2013년에는 42.6만 톤까지 감소했으며, 현재 약 43만~45만 톤 사이에 머물고 있다. 인구 감소에 더해 서구식 식습관이 확산되고 집에서 요리하는 사람이 줄었기 때문이다. 또한 염분 섭취를 걱정하며 건강을 위해 미소를 적게 먹는 사람들이 많아져 판매량이 예전 같지 않다.

이러한 상황에서 변화된 라이프스타일에 맞춘 미소 제품을 적극적으로 출시하며 젊은 층을 중심으로 판매를 크게 늘리고 있는 곳이 있다. 미소 업계 점유율 3위 업체인 히카리 미소(ひかり味噌)다. 히카리 미소는 유기농 된장 및 무첨가 된장에서 높은 점유율을 가진 회사로 매출이 지속적으로 늘고 있다. 전반적인 수요가 줄고 있는 미소 산업에서 매출이 느는 회사는 찾아보기 힘들다. 히카리 미소의 전략을 보면 축소되는 시장에서 어떻게 새로운 고객 니즈

크래프트 미소를 활용한 레시피 제안
출처: 히카리 미소 홈페이지(hikarimiso.co.jp)

에 맞게 제품을 변화시키고 적응할지에 대한 힌트를 얻을 수 있다.

히카리 미소의 성장에 가장 크게 기여한 제품은 2022년 9월에 출시한 크래프트 미소 생누룩(CRAFT MISO 生糀)이다. 이 제품은 미소 사용에 익숙하지 않은 입문층, 즉 20~30대의 젊은 층을 타깃해 저염·무첨가라는 부가가치를 더한 프리미엄 상품이다. 제품명은 크래프트 맥주에서 따왔는데, 일반 미소에 비해 신선하고 과일향이 나는 제품의 특징이 마치 크래프트 맥주와 비슷하다고 판단해 이름 붙였다.

기존의 미소 제품과 다른 참신한 패키지 디자인도 특징이지만 무엇보다 미소를 먹는 새로운 방법을 제시하고 있다는 점이 가장 주목할 포인트다. 히카리 미소의 오오이(大井) 마케팅본부장은 "현재 미소의 주 고객은 50~60대입니다. 하지만 젊은 층이 미소에서 멀어지면 성장을 기대할 수 없습니다. 그래서 가정을 꾸리고 처음으로 미소를 구입하는 사람이나 아이가 생겨서 요리에 신경을 쓰기 시작한 20~40대 초반의 소비자들에게 다가갈 수 있는 미소를 생각했습니다."라고 말한다. 그리고 미소에 입문하는 사람들을 대상으로 조사한 결과, 미소를 구입하더라도 '다 쓰지 못한다'거나 '국 이외의 용도를 모르겠다'라고 고민하는 사람이 많았다.

그래서 히카리 미소는 젊은 층에게 미소를 사용할 수 있는 다양한 방법을 제안한다. 예를 들어 샐러드를 먹을 때 샐러드 소스 대신 미소를 이용하는 방법을 알려준다든가 샌드위치에 미소를 넣어 만드는 등 새로운 사용법을 제안하면서 여태까지 미소를 사용한 적 없는 고객군을 개척한다. 히트하는 제품이 거의 없는 미소 산업이지만 히카리 미소는 출시하자마자 자사의 주력 제품보다 3배 빠른 속도로 판매량이 늘었다. 요리에 사용하는 것이 아닌 드레싱처럼 사용하는 건강에 좋은 미소라는 콘셉트에 시장이 반응한 것이다.

흥미로운 점은 히카리 미소가 예상했던 엔트리층뿐만 아니라 원래 미소를 사용해 요리하던 50~60대의 기존 고객층에게도 받아들여지고 있다는 점이다. 이들은 기존에 사용하던 미소를 대체하는 것이 아니라 크래프트 미소를 두 번째 미소로써 구입한다.

"미소의 메인 사용자들이 기존에 사용하던 미소에 더해 두 번째 미소로써 구입하고 있습니다. 예를 들어 기존 미소는 국용,

크래프트 미소는 야채에 찍어 먹는 용도로 구분해서 사용하는 것이죠."

히카리 미소는 미소의 새로운 쓰임새를 제안하며 시장을 개척했다. 이처럼 축소하는 시장에서는 새로운 사용법을 제안함으로써 고객층을 넓힐 수 있다.

미소와 비슷하게 수요가 줄어드는 상품은 우리 주변에서 쉽게 찾아볼 수 있다. 포테이토칩 스낵 또한 건강을 중시하는 사람들이 늘면서 판매량이 예전과 같지 않은 상황이다. 일본의 유명 과자 메이커인 코이케야(KOIKEYA)는 포테이토칩으로 유명한 기업이지만 최근 20~30대와 60대 이상 여성들로부터 외면당하고 있다. 칼로리가 높고 염분 함량이 많은 스낵을 먹지 않는 젊은 여성 고객들의 마음을 어떻게 하면 열 수 있을까?

사지 않는 고객의 마음을 사로잡기 위해 고군분투하는 코이케야는 '사케×감자칩'이라는 의외의 조합에서 그 해답을 찾고

자 한다. 포테이토칩을 건강에 안 좋은 정크 푸드가 아니라 사케와 잘 어울리는 안주로 포지셔닝해 포테이토칩을 먹는 씬(scene, 장면)을 새롭게 제안하는 것이다.

물론 새로운 씬에 어울리는 제품을 출시하기 위해 연구를 거듭하고 있다. 2021년 가을에 출시한 첫 상품은 니가타현 나가오카시의 양조장 고시메이조(越銘釀)와 컬래버레이션한 상품이다. 사케와 함께 먹어야만 완성된다는 의미에서 '미완성'이라 이름 붙였다. 이어 2023년에는 고치현의 유명 술인 스이게이(酔鯨)와 컬래버레이션해 스이게이와 어울리는 포테이토칩을 개발했다. 즉, 코이케야는 사케 제조사와 함께 마리아주(marriage, 프랑스어로 마실 것과 음식의 조합)를 계산해 유명 술과 어울리는 맛의 스낵을 만들어 포테이토칩을 소비하는 새로운 방법을 제안하고 있다.

저출산 고령화로 인해 2010년부터 인구가 줄어들기 시작하자 업계 관계자들은 일본의 스낵 시장이 어려워질 것이라고 예측했다. 여성의 사회 진출과 미혼 인구의 증가와 함께 취향도 다양해졌다. 동시에 소비 트렌드에도 변화가 있었다. 물, 휴지 등 생필품에는 1원이라도 아끼는 '알뜰 소비'와 동시에 술, 커피 등 기호품에

사케와 잘 어울리는 제품을 개발해 포테이토칩을 먹는 새로운 씬을 제안한다.
출처: 코이케야 온라인 숍(koikeya-online.jp)

는 돈을 쓰는 '취향 소비'가 확산되고 있다. 이러한 흐름 속에서 포테이토칩과 같은 스낵도 커피나 술과 마찬가지로 기호품으로 보는 경향이 강해지고 있다. 특히 2023년 이후 급격한 물가 상승으로 인해 외식은 줄이지만 슈퍼에서 파는 약간 비싼 스낵을 사서 집 안에서 소소한 사치를 즐기려는 사람들이 늘고 있었다.

코이케야는 소비자의 라이프스타일에 맞추어 1인 가구 여성과 노년층까지 손에 쥘 수 있는 제품 개발이 필요하다고 느꼈으며, 취향 소비에 발맞추어 프리미엄 전략을 취하면 승산이 있을 것이라 보았다. 이에 포테이토칩을 사케와 조합함으로써 소소한 사치를 제안하는 기호품으로 포지셔닝한 것이다.

## 맥락의 변화를 읽어
## 새로운 기회를 발견하다

―――――

다시 '미고객'의 이야기로 돌아가보자. 『"미"고객 이해』의 저자는 지금까지 당연하게 생각했던 시장의 정의를 한 번쯤은 뒤집어볼 필요가 있다고 설파한다. 특히 사업을 성장시키기 위해서는 '사지 않는 사람'에게 눈을 돌려야 한다고 힘주어 말한다. 왜냐하면 어느 기업의 어떠한 상품이든 우리 상품에 관해 모르는 사람, 사지 않는 사람, 관심 없는 사람들, 즉 저자가 '미고객'이라고 정의한 사람이 시장의 대부분을 차지하고 있기 때문이다.

매출을 늘리고 사업을 성장시키려면 이러한 '사지 않는 고객'을 이해하고 이들이 우리 제품을 사도록 해야 한다. 현재 우리의 고객이 아닌 '미고객'을 유심히 살펴보자. 이는 또 다른 시장 기회를 발견할 수 있는 렌즈와 같은 역할을 한다.

그럼 시장을 재정의해 기회를 발견하기 위해서는 어떻게 해야 할까? 저자는 '맥락의 변화'를 읽는 것이 필요하다고 강조한다. 같은 상품이나 브랜드도 다른 목적을 위해 구매하는 '이용 맥락의 다양화'가 일어나고 있다. 겉으로는 동일한 구매행동이지만 시대가 변함에 따라 무엇을 위해 구매하는지, 어떻게 사용하는지 등 맥락이 다양해지고 있다.

저자는 일본의 샴푸 시장을 예로 든다. 최근 샴푸 시장에서는 '내면의 아름다움을 끌어내는 것', '목욕 시간을 풍요롭게 하는 것'과 같은 감성적 가치가 강조되고 있다. 하지만 샴푸가 처음부터 감성적 맥락에서 구매된 것은 아니다. 샴푸가 일상적으로 사용되기 시작한 것은 고도 경제성장기 이후부터다. 그 이전에는 머리 감기가 일상적으로 당연한 것은 아니었기 때문에 머리를 감는 것 자체의 의미를 널리 알릴 필요가 있었다. '일주일에 한 번은 머리를 감자!' 혹은 '비누 대신 샴푸를 사용하자!' 등의 광고와 같은 계몽 활동을 통해 '머리를 감는다'라는 시장이 만들어졌다.

1960~1970년대에 들어서면서 목욕탕의 보급과 함께 샴푸도 점차 보급되기 시작한다. 하지만 당시 소비자들은 일주일에 두세 번 정도 머리를 감았기 때문에 샴푸는 비듬이나 가려움증, 냄새를

예방하기 위해 구입하는 것이 주목적이었다. 즉, 기능적 가치가 주요 소구점이 되었다. 그러다 1980년대에 이르러서는 청결뿐만 아니라 '머리의 아름다움'에 신경 쓰기 시작하고, 이후 1990년대에는 염색과 파마 등이 활발해지면서 샴푸에 손상 케어, 천연 성분 등 세정 이외의 의미가 부여되기 시작했다. 이 흐름은 2000년 이후에도 이어져 두피 케어, 모발 질 개선 등 샴푸를 사용하는 의미가 점점 세분화되었다. 즉, 시대의 변화에 따라 소비자들이 샴푸에 부여하는 의미가 달라진 것이다.

단지 샴푸뿐만이 아니다. 우리가 사용하는 많은 제품이 시대의 변화에 따라 의미가 달라진다. 따라서 시장을 확대하기 위해서는 사회와 라이프스타일의 변화에 따른 맥락(context, 콘텍스트)의 변화를 읽어야 한다.

이어서 저자는 맥락을 읽은 다음의 행동을 제안한다. 라이프스타일의 변화에 따른 맥락의 변화를 읽었다면, 여기에 의미를 부여해 시장을 만들라는 것이다. 즉, 시장을 확대하는 것은 '새롭게 의미를 부여'하는 '맥락의 쟁탈전'이라고 말한다.

이번 장에서 소개한 사례 대부분이 맥락의 변화를 읽고, 새로운 맥락을 고객들에게 제시하면서 시장을 확대했다.


⚑ 여행을 가지 않는 사람도 지적 욕구를 충족하기 위해 소장하고 싶은 여행책

⚑ 국을 끓이기 위한 조미료가 아닌 샐러드의 드레싱이 되는 미소

### ✆ 정크 푸드가 아닌 사케의 안주로 어울리는 포테이토칩

고객이 아닌 사람들을 관찰하고 사회와 소비자의 새로운 맥락을 읽는다. 그에 맞는 새로운 사용법을 제안함으로써 새로운 고객층을 개척하고 시장을 만든다.

소비자 수 혹은 소비액이 줄어들고 있다. 동시에 소비 수준은 높아지고 취향의 시대로 접어들면서 제품을 사용하는 맥락이 변화한다. 사회 안에서 맥락의 변화를 읽고 그에 맞는 새로운 가치를 제안하는 것, 이것이 저성장과 인구 감소의 시대에 새로운 시장을 만들어가는 방법 중 하나가 될 수 있다.

# 일상을 파고들다,

## 운동기구 없는

## 피트니스 센터를 만드는 이유

앞 챕터에서는 새로운 고객을 개척해 시장을 확장한 기업들의 사례를 살펴보았다. 이번에는 구매 및 사용 빈도를 높여 매출 확대를 꾀하는 기업들의 노력을 살펴보고자 한다. 저성장과 인구 감소 시대에는 구매 빈도를 높이는 것이 지속적인 성장을 위해 중요한 전략이 된다.

『도쿄 트렌드 인사이트』에서 소개한 초코잡(choco ZAP)은 운동을 하지 않는 '미고객'을 피트니스 산업으로 끌어들여 새로운 시장을 개척했다. 3.5%에 불과한 피트니스 센터에 다니는 인구가 아닌

96.5%에 달하는 피트니스 센터를 다니지 않는 사람들을 타깃해 사업이 빠르게 성장했지만 초코잡의 또 다른 고민은 시작되었다.

"어떻게 하면 고객이 초코잡을 떠나지 않도록 할 것인가."

초코잡은 이 답을 사용 빈도를 높이는 데서 찾은 듯하다. 운동하지 않아도 들르는 피트니스 센터가 되기 위해 심지어 운동기구를 없애기도 한다. 『도쿄 트렌드 인사이트』에 소개된 뒤 많은 독자가 관심을 가진 초코잡은 지금 어떤 모습일까?

## 콘비니 짐,
## 운동을 하지 않는 사람들을 위한 헬스장

———

『도쿄 트렌드 인사이트』에서 타이파(Time Performance의 줄임말, 시간 대비 효과 또는 시간 대비 성능을 의미하는 신조어, 즉 시성비)를 중시하는 트렌드를 설명하면서 '콘비니 짐'이라는 용어를 소개했다. 콘비니 짐이란 직역하면 '편의점 헬스장'이라는 뜻으로 하루에도 몇 번씩 들르는 편의점처럼 일상에서 언제든 편하게 들를 수 있도록 만든 콘셉트의 헬스장이다.

　'콘비니 짐'이라는 새로운 업태를 만든 초코잡은 뛰어난 가성비와 간편함을 내세워 일본 피트니스 업계 1위로 단숨에 뛰어

올랐다. 2022년 7월 서비스를 개시한 후 1년 반 만에 회원 수 112만 명을 확보하고 전국에 1,330개 이상의 점포를 오픈했으며 (2024년 2월 기준), 론칭 후 1년이 조금 넘은 2023년 11월부터는 흑자를 기록했다.

이러한 빠른 확대와 인기의 요인은 운동하지 않던, 즉 운동 습관이 없던 사람들을 피트니스 시장으로 끌어들인 점이다. 월 3,278엔(약 3만 2천 원)이라는 압도적으로 저렴한 요금과 24시간 운영, 무엇보다 초코잡 이용 시 신발을 갈아 신거나 옷을 갈아입을 필요가 없다는 간편함으로 헬스장 이용의 문턱을 획기적으로 낮추었다. 초코잡은 '하루 5분 근력 운동'이라는 캐치프레이즈, 코스파(가성비)와 타이파(시성비)를 모두 충족하는 서비스로 경제 전문지인 〈니혼케이자이 신문〉이 선정한 '2023년 히트상품 베스트 30'에서 2위로 선정될 정도로 일본에서 열풍을 불러일으켰다.

평소 트레이닝에 관심이 없는 고객을 끌어들이기 위해 셀프 에스테틱 기계와 셀프 제모기를 설치한 점도 한몫했다. 미용기기는 반복적으로 사용해야 효과를 기대할 수 있지만 에스테틱을 장기간 다니기엔 비용적으로 부담이 된다. 하지만 초코잡은 한 달에 약 3만 원이라는 저렴한 요금이기에 에스테틱 기계를 부담 없이 사용하기 위해 등록하는 사람도 많다. 실제로 초코잡을 1년 넘게 운영해본 결과, 여성 회원은 물론이고 남성 회원의 4명 중 1명은 미용기기를 사용하고 있을 정도로 에스테틱 기계는 회원 확보 및 유지에 큰 역할을 하고 있다.

이러한 초코잡의 성공은 '시장을 재정의'했다는 점에서 앞선 사례들과 일맥상통한다. 피트니스 센터를 다니고 운동에 관심이 있는 사람이 아닌 '운동을 하지 않는 사람'을 고객으로 새롭게 정의하자 이들을 위한 새로운 비즈니스 모델을 만들 수 있었다.

단숨에 일본 최대의 피트니스 센터로 등극한 초코잡, 실제 회원들은 얼마나 자주 이용하고 있을까? 초코잡의 조사에 따르면 회원의 약 80%가 주 1회 이상 이용하고 있다. '퇴근길 혹은 외출 시 잠깐 운동' 혹은 '잠깐 미용'이라는 새로운 시간 활용법이 소비자들에게 받아들여진 것이다.

흥미로운 점은 일반 피트니스 센터는 40대 회원이 많은 반면 초코잡은 회원의 50% 이상이 20~30대로 연령대가 낮다. 가격과 시간적인 면뿐만 아니라 심리적인 면에서도 운동에 대한 허들을 낮추어 젊은 층까지 고객군을 확장한 점을 엿볼 수 있다.

그런데 최근 초코잡이 흥미로운 행보를 보이고 있다. 초코잡 점포 안에 노래방, 코인 세탁기 등 다양한 생활 서비스를 집어넣고 있는 것이다. 심지어는 각종 서비스만 들어가고 운동기구는 없는 점포까지 등장했다. 일본 최고의 회원 수를 자랑하는 헬스장이 된 초코잡이 왜 운동기구 없는 헬스장을 만든 것일까?

만약 당신이 초코잡의 경영자라고 가정해보자. 사업 론칭 후 빠르게 100만 명 이상의 회원을 확보하며 일본 최대의 피트니스 센터가 되었다. 그러면 이제 자연스럽게 '수요 감소 리스크'를 걱정하게 될 것이다. 예를 들어 초코잡은 가입 허들이 매우 낮기에 쉽게

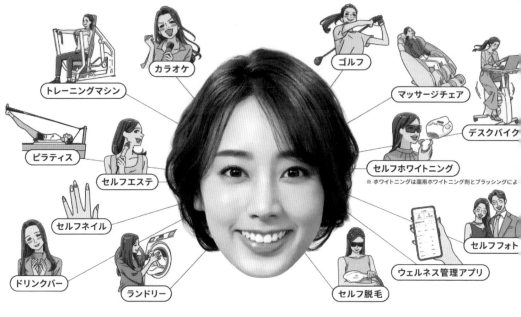

# スマートライフジム

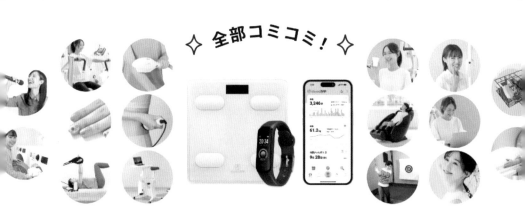

✧ 全部コミコミ！ ✧

초코잡은 운동 시설 외 노래방, 셀프 네일, 셀프 제모기, 코인 세탁기, 공유 오피스 등 다양한 서비스를 도입하고 있다.

출처: 초코잡 홈페이지(chocozap.jp)

회원이 되었지만 몇 달 만에 그만두는 회원이 생긴다. 혹은 운동을 시작해보니 재미가 붙어서 앞으로는 조금 더 기구가 많고 퍼스널 트레이너도 있는 헬스장으로 옮기는 회원도 생길 수 있다.

그뿐만 아니라 112만 명이라는 회원이 존재하면 그들의 니즈는 매우 다양해진다. 일주일에 3번은 다니면서 20km 정도 달리는 헤비 유저도 있는 반면, 의사의 권유로 어쩔 수 없이 시작했지만 기껏해야 한 달에 2~3번 정도 다니는 사람도 있을 것이다. 다리가 아파서 혹은 운동이 힘들어서 안 다니는 등 탈퇴를 고려하는 회원도 점점 늘어난다. 회원 수가 늘면서 탈퇴 이유도 다양해진다. 즉, 초코잡의 고민은 '어떻게 하면 회원 수를 늘릴 것인가'가 아니라 '어떻게 하면 탈퇴의 이유를 줄여 기존 회원들을 정착시킬 것인가'로 바뀌게 된다.

초코잡은 그 답을 '서비스의 다양화'에서 찾고 있다. 초코잡은 이미 운동기구 이외에 필라테스, 골프 연습 기계와 같은 스포츠 시설뿐만 아니라 셀프 제모, 셀프 네일, 안마의자 등 운동과 무관한 서비스를 제공하고 있는데, 이러한 서비스가 다양한 회원을 확보하는 데 효과적으로 작용했다. 이에 초코잡은 핵심 서비스인 운동 관련 기구를 충실하게 만드는 것보다 주변 서비스를 충실하게 만드는 것이 탈퇴의 이유를 줄여주리라 판단하고 새로운 서비스를 지속적으로 도입하기로 한다.

초코잡은 2024년 3월, 세탁, 셀프 화이트닝, 공유 오피스 등 7가지의 새로운 서비스를 도입한다고 발표했다. 새로운 서비스의

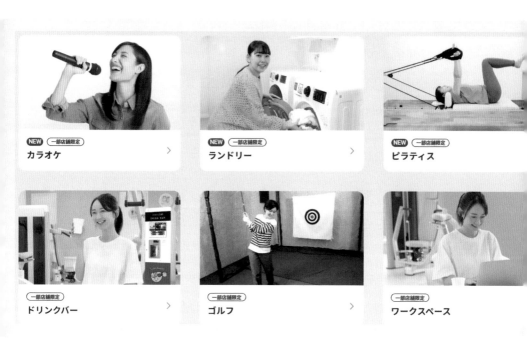

출처: 초코잡 홈페이지(chocozap.jp)

추가 여부는 매장마다 다르며, 물론 도입하지 않는 매장도 있을 테지만, 모든 서비스가 월 회비 내에서 추가 비용 없이 이용 가능하다. 새롭게 도입하는 서비스 대부분이 '이 서비스만 이용하기 위해 초코잡에 가입해도 되겠다'라는 생각이 든다. 그중에서 눈에 띄는 서비스는 '노래방'과 '코인 세탁기'다.

만약 당신이 1인 가구라고 가정해보자. 노래방, 세탁소, 그리고 헬스장까지 월 3만 원에 이용 가능한 곳이 있다면 이곳을 다니지 않을 이유를 찾기가 더 힘들 것이다. 개인적으로 코인 세탁기가 있는 초코잡은 수요가 꽤 많을 것이라 예상한다. 최근 1인 가구 중에는 세탁기를 구입하지 않는 사람들도 늘고 있는데 보통 코인 세탁기 점포에서 스마트폰을 보며 시간을 때운다. 하지만 세탁이 끝나기를 기다리면서 운동을 할 수 있다면 타이파(시성비)를 중시하는 소비 트렌드와도 부합한다. 옷이나 신발을 갈아입지 않은 채로 말이다.

이러한 흐름으로 생각해보면 심지어 '운동기구 없는 초코잡'도 말이 된다. 최근 초코잡은 실험적으로 운동기구 없이 다른 서비스만 있는 매장을 만들고 있다. 다양한 조합의 점포를 운영하면 빨래를 하면서 운동을 하는 사람, 빨래를 하면서 안마의자를 즐기는 사람이 몇 명인지, 혹은 노래방만 다니는 사람이 몇 명인지 등 고객 행동 관련 데이터를 수집할 수 있다. 만약 운동기구는 이용하지 않고 세탁기나 노래방만을 이용하는 회원 수가 많다면 초코잡은 운동기구 없는 점포를 확대하는 것도 생각해볼 수 있을 것이다. 결국 초코잡이 바라는 것은 언젠가 일본 국민 전체가 초코잡의 서비스를 구독하는 것일지도 모르겠다.

인구가 감소하는 상황에서는 소비자 한 명의 재구매, 재방문을 늘리는 것이 중요하다. 절대적인 모수가 늘지 않는 상황에서 기업들이 성장하기 위해서는 새로운 고객을 발굴하거나 혹은 사용 빈도를 높여야 한다. 초코잡은 운동을 하지 않는 사람을 공략해 새로운 시장을 개척했다. 그리고 이들의 생활에 없어서는 안 되는 서비스를 제공함으로써 매일 초코잡을 방문하도록 유도한다. 초코잡은 새로운 고객 개척, 사용 빈도 증가라는 2가지 방향의 전략을 모두 영리하게 실행하고 있다.


## 편의점 X 바,
## 음주인구를 늘려라

———

3월 말에서 4월 초, 일본 도쿄는 벚꽃으로 뒤덮이며 장관을 이룬다. 일본인들은 이때 너 나 할 것 없이 밖으로 나와 공원에 모여 돗자리를 깔고 술과 음식을 즐기는 '하나미(花見, 꽃놀이)'를 한다. 일본의 ANN 방송사가 하나미 현장을 찾아 시민들의 인터뷰를 진행하는 모습을 살펴보자. 30대 초반의 여성들이 모여 모두 청량음료를 마시고 있다.

> "저는 이제 술 안 마셔요. 나이가 들면서 몸이 약해졌고 술도 약해졌어요. 코로나19 사태로 인해 자연스럽게 술을 마시지 않게 되었고, 이제 아예 안 마셔요."
> "저도 한 2~3년간 안 마신 것 같아요. 제 주변 젊은 사람들은 아무도 안 마시는 것 같아요."

아사히 맥주가 2022년, 일본의 20~60세 성인 약 8천만 명을 대상으로 실시한 조사에서 '일상적으로 술을 마신다'는 사람은

2천만 명이었으며, 술을 못 마시거나 마시지 않는 사람은 4천만 명에 달했다. 즉, 성인 인구의 약 반 정도는 술을 아예 마시지 않는 것이다. 술을 마시지 않는 이들은 대부분 건강상의 이유를 꼽는다. '전날 마신 술이 다음 날 일상에 영향을 주는 것이 싫다' 혹은 '숙면을 취하지 못한다'라며 술을 마실 이유를 찾지 못하겠다는 사람들이 많다. 코로나19 팬데믹 기간 중 밖에서 술 마실 기회가 줄면서 술을 끊었다는 사람들도 있으며, 특히 20~30대의 젊은 연령층에서 술을 기피하는 이들이 늘고 있다.

술을 마시지 않는 사람들이 늘자 일본 주류 제조사들의 고민은 커져만 간다. 이러한 위기를 극복하기 위해 일본 회사들은 '술을 안 마시는 일본인 절반'을 타깃으로 한 제품을 속속 출시하고 있다. 최근 한국에서도 무알코올 맥주의 인기가 높은 것과 맥을 같이 한다.

일본 주류회사들은 최근 무알코올뿐만 아니라 알코올 도수 1% 미만인 미(微)알코올 맥주, 알코올도수 3% 이하의 저알코올 맥주를 출시하며 술을 마시지 않는 사람인 4천만 명을 자신들의 고객으로 재정의하고 있다. 0.5%의 도수를 가진 '비어리(Beery)', 0.7% 도수의 '드래프티(Drafty)', 아사히가 출시한 3% 도수의 맥주 등 알코올 도수별로 다양한 맥주가 출시되어 부담 없이 가볍게 마시고 싶은 사람들의 선택지를 넓히고 있다. 알코올 함량이 적거나 알코올이 없는 맥주는 맛이 밍밍하고 운전 등 상황상 어쩔 수 없이 마시는 제품이었다. 하지만 최근에는 맥주를 만든 후 알코올만을 제

편의점 내부에 출점하는 '콘비니 바'

출처: 오사케노 뮤지엄 홈페이지(osakeno-museum.com)

거하는 기술을 사용하는 등 지속적인 연구를 통해 맛을 일반 맥주와 비슷한 수준으로 끌어 올리며 매출이 호조를 보이고 있다.

이렇게 술을 마시는 사람이 줄면 당연히 술을 마시는 바도 줄어들게 된다. 하지만 이러한 트렌드를 거슬러 점포 수를 확장하고 있는 바(bar)가 눈에 띈다. 최근 도쿄의 신주쿠나 시부야를 걷다 보면 편의점 옆에 작은 바가 설치된 점포를 볼 수 있다. JR 시부야역 신미나미 출구 근처의 편의점인 훼미리마트는 매일 오후 3시가 지나면 술을 마시는 바로 변신한다. 2023년 8월 리뉴얼을 통해 매장 한쪽에 오사케노 비주쓰칸(お酒の美術館, '술의 미술관'이라는 의미)이라는 바가 들어선 것이다.

'술의 미술관'은 일본 전국에 약 80개의 바를 운영하는 회사다. 이곳은 위스키 1잔에 500엔(약 5천 원)부터 시작하는 저렴함을 무기로 점포 수를 확대 중인 프랜차이즈 바이다. 그렇다고 저렴한 위스키만 판매하는 것은 아니다. 구하기 어려운 일본산 위스키도 구비하고 있지만 공간을 최소화하고 운영을 효율화해 위스키를 저렴한 가격에 제공하고 있다. 이러한 '술의 미술관'이 편의점과 협업해 여태까지 없던 새로운 업태인 '컨비니언스 바(Convenience Bar)'를 만들었다.

'컨비니언스 바', 줄여서 '콘비니 바'라고 불리는 바는 훼미리마트나 로손과 같은 편의점 내부에 입주해 있다. 단지 장소만 편의점 안에 위치한 것이 아니라 주류를 제외한 편의점의 상품이라면 얼마든지 가져와서 먹을 수 있다. 즉, 일본 편의점에서 판매하는 따끈따끈한 치킨을 먹으면서 시원한 하이볼 한 잔을 1만 원 이내로 부담 없이 마실 수 있는 것이다.

콘비니 바는 '유동인구가 많은 역 근처에, 8평(약 26m²) 이하의 작은 공간으로 출점하고, 직원 한 명으로 운영하며, 음식 메뉴를 최소화해 폐기되는 음식의 낭비를 줄인다'라는 원칙을 내세운다. 또한 매장의 오픈 시간은 오후 3시부터인데, 이는 밝은 시간부터 오픈해 콘비니 바의 인지도를 높이기 위한 전략이다.

콘비니 바는 일본 편의점 업계의 2, 3위를 달리는 훼미리마트, 로손과 함께 이미 11개의 매장을 운영하고 있는데, 바와 편의점이 결합한 시너지가 크다. 편의점 옆에 콘비니 바를 운영하니 편의점 이용객이 늘었을 뿐만 아니라 1인당 구매 단가도 상승했다. 흥미로운 점은 '콘비니 바를 병설하면 편의점에서 판매하는 주류 매출이 감소하지 않을까'라는 염려가 있었지만 실제로 편의점의 주류 매출에는 거의 영향을 미치지 않았다. 이는 집에서 마시기 위해 구입하는 술과 바에서 마시는 술의 목적은 다르기 때문이라고 분석된다.

바 입장에서는 요리를 준비하는 번거로움이 없고 먹다 남은 음식으로 인한 음식물 폐기 손실을 줄이면서 이익률이 높은 술을 판매하는 것에만 전념할 수 있다. 한편 편의점 입장에서는 공간 대여를 통해 임대료 수입을 얻을 수 있으며 야간에 술과 함께 즐길 안주를 구입하는 사람들이 많아지면서 매출이 증가한다.

또한 '술의 미술관'은 훼미리마트의 유명 치킨인 '패미치키', 로

60

도쿄 트렌드 인사이트 2025

손의 '카라아게쿤'과 페어링을 고려한 전용 하이볼을 개발해 메뉴에 추가했다. 덕분에 바에서 하이볼을 마시기 위해 패미치키나 카라아게쿤을 구매하는 단골손님이 속속 등장하고 있다.

편의점 측에서도 손님들의 편의를 위해 다양한 서비스를 제공한다. 편의점 내에서 구입한 상품, 예를 들어 카망베르 치즈라면 무료로 버너에 구워주거나 말린 생선은 150엔(약 1,500원)만 내면 훈제를 해준다. 구운 치즈나 생선을 들고 콘비니 바로 향하는 모습을 본 다른 손님들도 '저건 뭐지?'라고 궁금해하며 콘비니 바를 방문하며 손님이 늘어나는 선순환이 이루어지고 있는 것이다.

## 진입 장벽을 낮춰
## 일상에 파고들다

———

애초에 '술의 미술관'은 '모든 생활 장면에 바(bar) 문화를'이라는 콘셉트 아래, 소비자들이 바를 이용할 때 느끼는 허들을 낮추는 것을 철학으로 삼고 있으며, 콘비니 바는 그 콘셉트를 더욱 심화시킨 업태다. 즉, 콘비니 바는 평소 술집을 자주 방문하는 사람들뿐만 아니라 술집을 잘 방문하지 않는 사람들의 마음을 사로잡기 위한 곳이다.

2019년 3월, 콘비니 바 1호점이었던 포플러 하카타역의 성공은 로손과 훼미리마트의 눈에 띄어 현재 양사 편의점과 협업해 점포

수를 확대하는 중이다. '콘비니 바'라는 여태까지 없던 새로운 업태를 발굴한 덕분에 '술의 미술관'은 일본 최대 규모의 바 체인 중 하나로 성장하고 있다. 2024년 8월까지 콘비니 바를 포함해 110개의 매장을 운영할 계획인데, 이는 일본 내 104개의 점포를 운영 중인 바 체인점 '허브(HUB)'를 넘어서는 규모다.

최근에는 역 내부와 공항에도 적극적으로 출점하고 있다. 2022년 4월 오사카 난바역 내 오픈을 시작으로 2023년 8월에는 오사카 모노레일 호타루가이케역 내에, 9월에는 니시테츠 구루메역에도 출점했다. 2023년 3월에는 아소구마모토공항, 2024년 2월에는 나가사키공항 내에 오픈했다. 모두 콘비니 바와 마찬가지로 역이나 공항 내 다른 매장에서 구입한 음료 이외의 상품을 콘비니 바 안에서 먹을 수 있다.

최근 빠르게 늘고 있는 외국인 관광객 또한 콘비니 바의 높아지는 인기에 한몫하고 있다. '부담 없이 일본 위스키를 마실 수 있는 가게'라는 평판이 퍼지면서 교토와 신주쿠 매장에서는 산토리의 '히비키'와 '야마자키'를 목적으로 방문하는 외국인 손님이 전체 이용객의 90%를 차지하는 날도 있다.

'술의 미술관'을 운영하는 NBG의 임원 나가타 씨는 "바는 격식을 차리는 곳이 많아 고객 입장에서 이용하기 부담스러운 경우가 많습니다."라면서 "우리는 '바의 입문점'이라는 포지션을 노리고 있습니다."라고 설명한다. 많은 주류업체가 '술 마시지 않는 사람'을 공략하고 있는 지금, '술의 미술관'은 누구나 쉽게, 부담 없이 이용할 수 있는 콘비니 바를 만들어 음주 인구를 늘리려는 정공법을 취하고 있다. 최근 젊은이들이 술을 멀리하고 있지만, 나가타 씨는 "젊은이들이 술을 떠나간다면 반대로 젊은이들이 있는 곳으로 술을 들고 쫓아가면 됩니다."라며 자신감을 드러낸다.

콘비니 짐과 콘비니 바, 두 곳 모두 '운동을 하는' 그리고 '술을 마시는' 활동에 대한 진입 장벽을 극도로 낮추었다. 언제든 쉽게 방문할 수 있는 공간을 만들어 고객의 일상에 파고든다. '콘비니 짐'과 '콘비니 바'라는 이름이 의미하는 대로 우리가 매일 들르는 편의점과 같은 존재가 되어가고 있다.

# 차별화,

## 여태까지 없던

## 가치로 설득하다

우리는 공급 과잉의 시대를 살아가고 있다. 품질 좋은 상품은 넘쳐나며 기능적으로 차별점을 소구하기가 점점 힘들어지고 있다. 우리가 쓰는 스마트폰의 카메라는 이미 웬만한 디지털카메라 못지 않은 성능을 자랑한다. 사진작가가 아니라면 어떠한 스마트폰으로도 만족할 만한 사진을 얻을 수 있다. 이제 제품이 제공하는 본질적인 기능을 높이는 것만으로는 소비자를 설득하기 힘들다. 비슷한 가치라면 저렴한 가격의 상품을 구입한다.

특히 물가가 올라가면서 소비자들은 가성비를 극도로 따진다.

일본 소비자들은 가격 변동에 매우 민감하다. 일본 마요네즈 시장에서 60% 이상에 달하는 점유율을 가진 큐피 마요네즈의 점유율이 10%p 가까이 떨어진 일이 발생했다. 2022년 원자재 가격 상승 압박에 못 이긴 큐피 마요네즈가 주력 상품인 450g의 마요네즈 가격을 190엔(약 1,900원)에서 227엔(약 2,270원)으로 올리자 소비자들이 줄줄이 큐피가 아닌 저렴한 PB상품을 구입한 것이다.

출처: 큐피 홈페이지(kewpie.co.jp)

300원 가격 인상에 시장 점유율이 10%p 떨어진 이 사건은 일본 소비자들이 가격 변동에 얼마나 민감하게 반응하는지 보여준다.

하지만 비싸도 소비자들이 구입하는 제품이 있다. 10만 원이 넘는 호텔 빙수를 먹기 위해 줄을 서는 풍경이 펼쳐진다. 고가임에도 잘 팔리는 제품들은 소비자들의 과시 욕구를 충족시켜주거나, 기분을 들뜨게 해준다거나, 나만을 위한 작은 사치를 제공하는 등 기능이 아닌 무언가 다른 차별점으로 소구한다.

원재료, 인건비, 물류비 등 제품을 만드는 데 필요한 모든 비용이 상승하면서 기업도 가격을 올리지 않으면 안 된다. 하지만 가격을 올리면 큐피 마요네즈와 같은 사태가 일어날까 두렵다. 다른 경쟁자가 제공하지 못하는 차별화되는 가치를 제공해 소비자들을 설득해야 한다.

# 품질의 상향 평준화,
# 모든 물건이 좋은 세상

———

2024년 1월, 〈니혼케이자이 신문〉의 한 헤드라인이 눈길을 끌었다.

"로고 없는 가전이 느는 이유"

로고가 없는 가전이 늘다니? 지금이야말로 브랜딩의 시대가 아닌가. 조금이라도 자사의 브랜드를 더 어필하기 위해 경쟁하는 시대에 로고 없는 가전이 늘고 있다는 제목은 호기심을 불러일으키기에 충분했다.

기사의 내용은 다음과 같다. 최근 일본에서는 가전제품에 붙어 있는 브랜드 로고를 눈에 띄지 않게 하려는 움직임이 확산되고 있다. 한때는 지위와 신뢰를 상징하던 로고의 의미가 희미해지며 도리어 디자인적인 면에서 로고가 없는 편이 더 낫다고 생각하는 소비자들이 늘고 있기 때문이다.

예를 들어보자. 2023년 봄, 가전제품 제조사인 아이리스 오야마(Iris Ohyama, アイリスオーヤマ)가 출시한 '거실에 스며드는 멋스러움'이라는 캐치프레이즈를 내세운 한 서큘레이터가 인기를 끌었다. 이 제품의 기능은 지극히 평범하다. 소비자들이 제품을 선택한 이유는 언뜻 보기에 어느 제조사 제품인지 알 수 없는 미니멀한 디자인 때문이다. 서큘레이터의 전면과 조작부에 있던 회사 로고

를 없애자 제품의 판매량이 늘었다. 이에 아이리스 오야마는 최근 1~2년 사이 공기청정기, 히터 등에서도 로고를 없애거나 혹은 로고가 거의 눈에 띄지 않도록 만든 제품을 늘리고 있다.

비록 소소한 변화이긴 하지만 이러한 로고 리스(logoless)는 최근 일본 가전 업계의 트렌드가 되고 있다. 샤프는 2023년부터 건조기와 공기청정기 전면에 박힌 'SHARP'라는 로고를 없앴고 대신 샤프의 독자 기술인 '플라즈마' 로고를 내세운다. 대기업만큼 브랜드 파워가 없는 신생 업체들 또한 굳이 로고를 내세우지 않는 전략을 취하고 있다.

왜 이렇게 로고를 눈에 띄지 않게 하는 움직임이 퍼지고 있는 것일까? 가전제품을 인테리어의 일부로 인식하는 고객들이 느끼는 것이 이유 중 하나다. 하지만 더욱 근본적인 원인은 기능이나 신뢰도가 상향 평준화되었기 때문이다. 우리가 매일 사용하는 제품들을 잠시 생각해보자. 브랜드가 아닌 기능만으로 제품을 평가할 때 많은 제품이 이미 훌륭한 스펙을 가지고 있을 것이다. 예전에는 대기업의 로고는 소비자들이 안심하고 신뢰할 수 있는 마크였다. 하지만 최근에는 기술 수준이 높아져 어느 메이커를 선택해도 웬만해서는 실패하지 않는다.

실제로 일본 소비자원이 2021년 실시한 조사에 따르면 제품 및 서비스 구매 시 '매우 중요하게 생각하는 요소'로 '품질과 성능의 우수성'이라고 답한 응답자는 55%, '가성비'라는 응답은 32%, '외형 및 디자인'이라고 답한 응답자는 22%인 반면 '유명 브랜드 및 제조사'라는 응답은 6%에 그쳤다. 한 가전 양판점에서 만난 20대 여성은 이렇게 말한다.

> "우리 세대는 브랜드 기준으로 가전제품을 선택하는 사람이 없어요. 디자인이나 기능을 보고 결정할 생각입니다."

일본 소비자원의 조사를 다시 세대별로 살펴보면 '외형 및 디자인'을 중시한다는 응답이 40~50대는 20%대인 반면 20대는 35%, 15~19세는 42%에 달했다. 즉, 50대 이상은 브랜드를 따지는 사람이 많지만 젊은 층은 디자인을 중시하며 자신의 라이프스타일에 부합하는지를 기준으로 제품을 선택한다.

이러한 변화는 소비자가 접하는 정보량의 변화와도 관련이 있다. 예전에는 광고나 매장에서의 인상이 쇼핑의 판단 기준이 되는 경우가 많았지만 지금은 인터넷에서 얼마든지 정보를 찾아볼 수 있다. 일부 기호품이나 고급 브랜드는 해당 브랜드를 소유하고 있다는 점에서 기쁨을 얻기도 하지만 대부분 제품에서 로고는 구매후 어떠한 역할을 하지 않는 경우도 많다. 샴푸를 살 때 성분이나 기능을 꼼꼼히 살펴보지만 실제로 사용할 때는 어떠한 무늬도 없는 병에 담아 깔끔하게 사용하는 사람들이 늘고 있는데, 이러한 행동 또한 비슷한 관점에서 이해할 수 있다. 이렇게 기능으로 차별화가 쉽지 않게 되자 기업들의 고민은 커져만 간다. 어떻게 차별화해 소비자들의 뇌리에 강력하게 포지셔닝할 것인가?

## 거품과 레몬, 그리고 방치된 기술로
## 시장의 판도를 뒤엎다

사소한 부분까지 세심하게 신경 쓰고 개발해 여태까지 없던 가치를 주는 제품은 저성장, 불황에도 상관없이 소비자들의 선택을 받는다. 물가가 비싸고 절약 정신이 강해져도 소비자들이 인정하는 상품은 팔린다. 소비자들은 가격 대비 가치가 있는지를 엄격하게 평가한다. 그 때문에 가격을 올리려면 혜택을 더해야 한다. 이를 위해서는 혁신이 필요하고, 혁신을 만들기 위해서는 소비자의 인사이트를 깊이 파고들어 새로운 잠재적 니즈를 찾아내야 한다.

> **자사와 경쟁사의 포지셔닝 맵을 만들어 빈 공간, 즉 새롭게 진입할 수 있는 공간을 찾는다. 그 공간에 적합한 상품을 개발해 경쟁사와의 차별화를 꾀한다.**

이러한 마케팅 방법은 경쟁사와 자사를 차별화하기 위한 정도(正道)로 알려져 왔다. 하지만 제품은 상향 평준화가 되어가고, 소비자들은 더욱 꼼꼼해지고 있다. 물론 자사의 강점을 파악하고 제품이 제공하는 가치를 명확히 하기 위해서는 포지셔닝 맵의 빈 공간에 들어갈 상품을 만드는 것이 효과적인 방법이다. 하지만 여기에 너무 얽매이면 패러다임을 바꿀 만한 새로운 상품을 만들기 힘들 수 있다. 특히 경쟁이 치열한 시장에서 기존의 마케팅 전략으로는 히트작을 만들기 어려워지고 있다고 기업들은 어려움을 호소한다.

**"차별화로는 시장의 판도를 바꿀 만한, 즉 시장의 게임 체인지를 일으키는 히트 상품을 만들기가 점점 어려워지고 있습니다."**

이렇게 말하는 사람은 아사히 맥주 마케팅 본부 신브랜드 개발부 담당자인 야마다(山田) 과장이다. 우리는 '더 맛있다'거나 '과즙감이 30% 증가했다'는 것과 같은 광고 표현을 자주 접한다. 하지만 경쟁이 치열하고 성숙한 시장에서는 동일한 가치(소비자 입장에서는 혜택)를 어필할 경우, 소비자들이 각 상품이 전하는 가치의 차이를 인지하기 어렵다.

대표적인 산업이 음료 시장이다. 일본의 알코올 음료 시장은 국내 인구 감소와 주류 소비 감소로 인해 축소하고 있다. 특히 지금의 Z세대 중에는 술을 마시지 않는 이도 많다. 축소되는 시장이지만 경쟁은 뜨겁다.

일본 음료 제조사들은 시즌별로 신상품을 출시하며 고객들의 눈길을 사로잡고자 치열하게 노력하고 있다. 하지만 모든 회사가 앞다퉈 제품을 출시하는 알코올 시장에서 타사와 자사의 제품을 비교하는 콘셉트를 내세우는 신상품은 소비자들에게 신선함을 주지 못한다. 예를 들어 '청량감을 더했다', '과즙맛이 강해졌다'와 같은 차별화로는 별다른 인상을 남기지 못한다. 일반적으로 신제품이 출시되면 마케팅을 적극적으로 진행하기에 어느 정도의 매출 향상을 기대할 수는 있지만 신제품 효과로 인해 발생하는 매출도 점차 감소하는 추세다.

이러한 상황에서 중요한 것이 바로 '독창성'이다. 잠시 '차별화'라는 단어를 생각해보자. 차별화란 그 상품에서만 얻을 수 있는 고유한 가치를 추구하는 것이다. 하지만 경쟁이 치열해지면서 타사의 제품과 비슷한 특징 및 혜택으로 소구하면서 기능이나 맛이 더 좋은 상품을 만드는 경우가 많다. 어느 순간부터 백지 상태에서 아이디어를 생각하는 것이 아닌 다른 제품과의 비교 경쟁에 열중하기 시작하는 것이다.

아사히 맥주 또한 타사 제품이 제공하는 혜택과 비슷한 가치를 소구하며 신제품을 개발한 경우가 많았다. 이러한 비슷비슷한 제

뚜껑을 열면 마치 생맥주 서버에서 따른 맥주처럼 거품이 올라오는 아사히 슈퍼 드라이 생맥주캔
출처: 아사히 홈페이지(asahibeer.co.jp)

품 경쟁의 판을 깨고 새로운 혜택을 제안하며 돌풍을 일으킨 제품이 바로 한국에서도 유명세를 탄 '아사히 슈퍼 드라이 생맥주캔(アサヒ スーパードライ 生ジョッキ缶)'이다. 해당 제품이 일본에서 출시되자마자 맥주 마니아들은 "이런 캔맥주를 기다렸다."라며 열광했으며, 닛케이 트렌디가 선정한 2021년 히트 상품 베스트에 오르기도 했다. 출시 이후 순식간에 품귀 현상을 일으킨 이 상품은 '캔맥주에서는 만날 수 없었던 풍부한 거품'이라는 여태까지 캔맥주가 전하지 못했던 가치를 제공하며 히트 상품으로 등극했다. 캔맥주 제품으로는 한계가 있다고 생각한 '거품'의 풍부함을 구현함으로써 맥주를 마시는 순간의 '두근거림'이라는 새로운 가치를 제공한다.

이렇게 20년 가까이 축소되고 있는 일본의 맥주 시장에서 돌풍을 일으킨 상품은 어떻게 탄생하게 된 것일까? 그 대박의 배경에는 소비자 인사이트를 찾기 위한 아사히 맥주의 꾸준한 노력이 있었다.

"우리는 소비자 인사이트를 구매 의욕과 직결되는 '마음의 버튼'이라고 생각합니다. 고객 자신도 모르는 경우가 많은 마음속 잠재된 욕구와 동기를 깊게 이해하기 위해 노력하고 있습니다."

아사히 슈퍼 드라이 생맥주캔은 실패라고 생각한 2가지 기술로 인해 탄생할 수 있었다. 첫 번째는 2011년 연구개발 부서에서 개발한 뚜껑이 완전히 다 열리는 '풀 오픈 캔(full-open can)' 기술이다.

당시 아사히의 마케팅팀은 참신한 아이디어라고 생각하고 소비자 반응을 조사했으나 예상과 달리 소비자들이 완전히 다 열리는 캔 뚜껑에 크게 반응하지 않았다. 희미한 캔 안에 금색 맥주가 전부 보이는 것이 도리어 맥주가 맛있어 보이지 않는다는 의견이 많았다. 결국 해당 기술은 상품화되지 못하고 검토를 멈췄다.

두 번째는 2017년에 개발한 '거품이 나는 캔'이었다. 음료캔은 개봉 후 거품이 나지 않도록 만드는 것이 기본 중의 기본이다. 거품이 잘 생기면 개봉 시 거품이 쏟아져 손과 옷을 더럽힐 수 있기 때문이다. 맥주캔 내부는 보통 녹을 방지하기 위해 도장 처리를 하는데, 아사히는 페인트 연구개발 과정에서 우연히 거품이 뿜어져 나오는 페인트 배합을 발견했다. 하지만 맥주캔의 작은 입구를 통해 거품이 보이는 것만으로는 시각적 임팩트가 적었다. 당시에는 고객 인터뷰마저 진행하지 않을 정도로 제품화될 확률이 낮은 상태였고, 매력이 부족하다고 간과된 기술이었다.

이 두 기술을 연결하게 된 계기는 심층 인터뷰에서 나온 한 고객의 말이었다.

"이자카야에 가면 3천~5천 엔(약 3만~5만 원)이 들어요. 지금은 슈퍼에서 파는 싸고 맛있는 술이 많아서 집에서 마시는 게 좋고 불만은 없어요. 하지만 집에서 이자카야에서 마시는 생맥주를 마실 수 있다면 좋겠다는 생각은 가끔 해요."

"캔맥주는 간편하게 마실 수 있어 좋지만, 가게에서 마시는 맥주와는 조금 달라요. 기분이 들뜨지 않아요."

실제로 고객들의 행동을 관찰해보면 레몬 사와, 하이볼 같은 다른 종류의 알코올 음료는 캔 뚜껑을 열고 그대로 마시는 경우가 많지만 캔맥주는 더욱 맛있게 먹고자 차갑게 식힌 잔에 부어 마시는 사람들이 적지 않다. 적당한 거품이 올려진 맥주를 넓은 잔에 마시는 것이 맥주의 맛을 제대로 느끼는 방법이라고 여기는 것이다.

"어떻게 하면 이자카야에서 맥주를 마시는 환경을 집에서 재현할 수 있을까?" 이러한 문제의식에 마주한 아사히 맥주는 예전에 기각되었던 2가지 기술, '풀 오픈 캔'과 '거품이 나는 캔'을 결합하면 캔맥주로 거품을 낼 수 있으리라는 아이디어를 떠올렸다.

그리고 이 아이디어를 실현하기 위해, 즉 적당하고 미세한 거품을 내기 위해 페인트 제조사, 캔 제조사, 그리고 아사히 맥주 3사가 함께 시행착오를 거듭하며 4년에 걸쳐 시제품을 만들었다. 또한 기존에 없던 참신한 상품이기에 과연 잘 팔릴 것인지, 소비자들이 긍정적으로 반응할 것인지를 알기 위해 총 15차례에 걸쳐 정량적, 정성적 조사를 진행했다.

이러한 노력의 결실일까? 아사히 슈퍼 드라이 생맥주캔은 출시되자마자 너무 인기가 많아 출시 이틀 만에 출하를 일시 중단했다. 당시 사내외에서 "더 팔고 싶은데 왜 재고가 없느냐!"라며 엄청 화를 내는 사람들도 있었다고 한다. 고객들의 반응도 뜨거웠다. "맥주를 마시는 시간이 너무 즐겁다." "거품이 얼마나 나올지 설렌다."

"너무 재미있다."라는 반응이 대부분이었다.

아사히 슈퍼 드라이 생맥주캔은 출시 2년 만에 누적 판매량 4억 개를 돌파하며 지금 이 순간에도 잘 팔리는 스테디셀러 상품으로 자리 잡았다. 이 제품이 이렇게 큰 인기를 얻은 이유는 무엇일까? 바로 맥주라는 제품에 '재미'라는 새로운 가치를 더했기 때문이다. '거품이 나오는 캔맥주'라는 강력한 기능적 가치뿐만 아니라 사람의 감정을 흔드는 정서적 가치를 부여한 제품인 것이다.

맥주 시장에 돌풍을 일으킨 아사히 맥주는 새롭고 독특한 소비 경험으로 사와(명확한 정의는 없으나 일반적으로 소주 및 위스키 등을 탄산수나 과즙에 섞은 술을 칭하며, 츄하이라고 불림) 시장에 또 한 번 혁신을 꾀한다. 2024년 6월 출시한 '미래의 레몬 사와(未来のレモンサワー)'가 그 주인공이다. 아사히 슈퍼 드라이 생맥주캔처럼 뚜껑이 완전히 열리는 풀 오픈 캔을 사용했고, 캔 안에 슬라이스된 진짜 레몬을 넣어 캔을 열면 레몬이 떠오르는 모습이 보인다. 레몬 슬라이스는 그대로 먹어도 된다. 이자카야에서 마시는 맥주를 재현한 것처럼 이자카야에서 마시는 레몬 사와와 동일한 맛과 분위기를 즐길 수 있도록 한 제품이다.

기존의 RTD(Ready To Drink, 사서 바로 마실 수 있는 캔에 든 음료, 주류 업계에서는 하이볼, 사와, 기타 칵테일 등 주조할 필요 없이 바로 마실 수 있도록 만든 알코올 음료로 사와는 RTD 카테고리에 들어감) 업계에 있어 캔 안에 슬라이스된 진짜 레몬을 넣는다는 발상은 파격적이다.

기획의 발단은 2021년, 아사히 슈퍼 드라이 생맥주캔이 출시

# 誕生、
# 未来のレモンサワー

될 즈음으로 거슬러 올라간다. 당시 슈퍼 드라이 생맥주캔의 높은 인기를 확인한 아사히 맥주는 해당 기술을 RTD 제품에 활용할 수 없을지 고민한다. 생맥주캔은 이자카야의 서버에서 따른 맥주에서 맛볼 수 있는 크리미한 거품을 캔으로 재현해 '집에서도 가게의 맛을 느낄 수 있다'라는 콘셉트를 전달한다. 사와를 이자카야에서 주문하면 레몬, 자몽 등 과일을 넣어 제공하는 곳이 많다. '집에서도 이자카야의 맛을 제공한다'는 동일한 콘셉트를 구현하기 위해 아사히는 진짜 과일을 캔에 그대로 담기로 한다.

아사히는 처음에는 이자카야의 레몬 사와에서 흔히 볼 수 있는 부채꼴로 자른 레몬을 캔 바닥에 가라앉혀 놓는 것을 고려했다. 하지만 단순히 과일을 넣는 것만으로는 '두근거림'과 '즐거움'을 느끼

뚜껑을 열면 레몬이 떠오르는 '미래의 레몬 사와'

출처: 아사히 맥주 홈페이지(asahibeer.co.jp)

기 힘들다. 생맥주캔의 경우 뚜껑을 열고 거품이 부풀어 오를 때 소비자들은 즐거움을 느낀다. 어떻게 하면 소비자들이 뚜껑을 열 때 두근거리는 마음을 재현할 수 있을까? 이를 알기 위해 소비자 조사를 진행한 결과 레몬의 부력이 중요하다는 사실을 알게 되었다.

'개봉과 동시에 레몬이 떠오르는' 광경에 소비자들이 긍정적으로 반응했다. 즉, 맛뿐만 아니라 '캔을 여는 재미'와 '설렘'이라는 정서적 가치를 어필하기 위해서는 레몬이 떠오르는 체험이 필요하다. 실제 레몬을 사용하기에 레몬이 부패되는 것을 막아야 하며 또한 레몬이 떠오르는 속도를 조절하기 위해서 수도 없이 많은 시행착오를 겪었다. 이러한 이유로 신제품은 보통 구상부터 출시까지

1~2년 정도 걸리는데, '미래의 레몬 사와'는 무려 3년 반이나 걸렸다. 수많은 실험을 거쳐 탄생한 '미래의 레몬 사와'는 2024년 6월, 수도권을 중심으로 수량 한정으로 출시되었는데 3주 만에 완판되며 인기를 몰았다.

뚜껑을 열면 레몬이 떠오르는 것만큼이나 눈길을 끄는 것은 바로 가격이다. '미래의 레몬 사와'의 가격은 298엔(약 3천 원)으로 평균 150엔(약 1,500원) 정도인 일반적인 레몬 사와 가격의 약 2배에 달한다. 특히 2023년 10월 주세가 개정되면서 캔 레몬 사와가 포함된 '기타 발포주류' 카테고리는 가장 낮은 세율을 유지했다. '저렴함'이라는 강점을 내세워 소비자들에게 어필하기 쉬운 국면이지만 아사히는 반대로 여태까지 시장에 없던 고가 상품을 내세웠다. 즉, 다른 제조사들이 제공하지 못하는 오감을 자극하는 경험을 전면에 내세워 가격이 아닌 가치를 어필하는 것이다. 미래의 레몬 사와 개발을 담당한 신브랜드 개발부 담당 과장 야마다 씨는 이렇게 말한다.

"유일무이한 가치를 전달해 코모디티(commodity, 차별화되지 못하는 제품이나 서비스)화되지 않도록 합니다. 새로운 시장을 만들고 싶습니다."

'미래의 레몬 사와'는 기존 제품과 동일하게 과즙량이 더 높다는 것과 같은 기능성을 강화하는 발상으로 탄생한 제품이 아니다.

진짜 레몬을 넣는다는 창의적인 아이디어로 기능성뿐만 아니라 고객의 오감을 자극하는 상품을 개발했다. 캔을 따는 순간 거품이 올라오는 소리를 즐기고(청각), 레몬이 떠오르는 광경을 즐기고(시각), 떠오른 레몬의 향을 맡고(후각), 레몬 사와를 마시고 레몬을 먹는다(미각과 촉각). 기존 제품에서는 느낄 수 없는 다양한 감각을 느끼도록 제품을 설계해 새로운 가치를 전달한다.

이러한 상품은 가격을 높게 책정할 수 있다는 점에 더해 고객층을 넓힐 수 있다는 장점도 있다. 해당 카테고리를 이미 많이 구매하는 소비자가 아닌 고객들에게도 가치가 어필되기 때문이다. 예를 들어 음주를 많이 하지 않는 젊은 층일수록 단가가 높은 술을 선택해 '작은 사치'를 누린다는 분석이 있다. 즉, 술을 많이 마시지 않는 사람은 평범한 레몬 사와 두 캔을 구입하는 것이 아니라 여태까지 없던 새로운 제품인 '미래의 레몬 사와'를 한 캔 구입해 즐기는 것이다.

'미래의 레몬 사와'는 오감을 통해 즐길 수 있다.
출처: 아사히 맥주 홈페이지(asahibeer.co.jp)

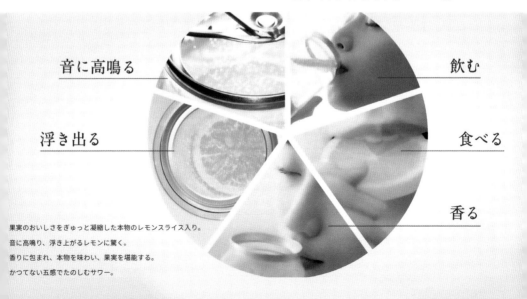

시장 평균 가격의 2배에 달하는 298엔이라는 가격을, 소비자가 납득할 수 있도록 가치를 발견하고 만드는 것은 쉬운 일이 아니다. 아사히 또한 제품 개발에 몇 년씩 공을 들였다. 당장 실용화되지 못하더라도 꾸준히 새로운 기술을 실험하고 개발한 노력이 자양분이 되어 타사는 흉내 낼 수 없는 새로운 가치로 소비자들을 설득할 수 있었다. 새로운 가치를 발견하는 인사이트, 간과하고 있던 기술을 참신하게 결합한 혁신, 그리고 제품화가 되기까지의 끈질긴 노력이 대히트 상품을 낳은 비결이다.

## '시간'으로 미래의
## 핵심 고객을 만들다

———

시장이 성숙하고 기능으로 차별화가 힘들어진 상황에서 기업들은 기존에 없던 새로운 '혜택'을 통해 부가가치를 만든다. 최근 일본에서는 '시간'이라는 새로운 가치에 주목하는 기업들이 늘고 있다.

대표적인 예가 건강식품 브랜드인 'Cycle.me(사이클미)'다. 사이클미는 일본 최대의 편의점 체인인 세븐일레븐과 미츠이물산이 공동으로 개발한 D2C 브랜드로 콘셉트는 '시간에 따라 선택하는 맛있는 영양'이다.

사이클미의 특징은 아침, 점심, 저녁 등 시간대에 따라 사용할 상품을 지정하는 것이다. '무엇을', '얼마나' 섭취해야 하는지에 더

시간에 따라 다른 상품을 제안하는 '시간 영양학'에 맞추어 개발된 사이클미
출처: 사이클미 홈페이지(cycle.me)

해 '언제'라는 관점을 도입한 시간 영양학을 바탕으로 개발한 상품이다. 아침에는 잠에서 깬 몸에 에너지를 충전하기 위해 단백질과 식이섬유를 동시에 섭취할 수 있는 음료 혹은 장내 환경 개선에 도움이 되는 식이섬유가 함유된 초콜릿 바, 오후 3시에는 업무 중 스트레스 해소에 도움이 되는 가바(GABA)가 함유된 쿠키, 저녁에는 릴랙스 효과가 있는 테아닌이 함유되어 수면의 질을 높여주는 젤리 음료 등 시간대별 생체 시계에 맞는 추천 성분을 함유한 식품을 제안한다.

『도쿄 트렌드 인사이트』에서도 다루었듯이, 이미 시장에는 건강식품이나 기능성 식품이 많이 나와 있다. 건강에 대한 소비자들의 인식이 높아지면서 일상에서 손쉽게 건강을 챙길 수 있는 제품을 선호하는 사람들이 늘고 있다. 세븐일레븐은 이미 경쟁이 치열해진 기능성 식품 시장에서 '시간'을 지정하는 콘셉트로 다른 상품들과 차별화를 꾀한다.

'시간'이라는 콘셉트에 특히 젊은 세대가 민감하게 반응하는데, 이는 코로나19 팬데믹과 무관하지 않다. 코로나19 기간 중 하루 종일 집에만 있는 경우가 많아지면서 나태해져 '시간 감각을 잃었다'는 젊은이들이 적지 않았다. 최근 타이파(시성비)라는 단어가 흔하게 사용되며 시간에 대한 가치를 의식하는 사람들이 많아졌다. 또한 재택근무로 인해 온오프 전환의 어려움을 호소하는 사람들 또한 늘었다.

이러한 트렌드를 의식해 시간에 주목한 상품이 속속 등장하기 시작했으며 특히 시간대별로 다른 가치를 제공하는 음료나 술의 인기가 높다. 최근 Z세대와 20대들에게 인기를 끌고 있는 크래프트 콜라인 '오프 콜라(OFF COLA)'도 시간이라는 가치를 전면에 내세운 제품이다. 아무것도 하지 않는 오프(OFF) 타임을 상징하는 시간이 어떤 시간인지 상상해보니 저녁과 심야가 떠올랐고 밤에 마셔도 부담이 없도록 카페인과 설탕을 첨가하지 않았다.

상품명에도 제품의 기능적 특징이 아닌 시간을 붙였다. 오프 콜라는 'am2:00'과 'pm6:00' 2가지 맛이 있는데, 이름 그대로 새벽 2시와 오후 6시에 마시는 콜라다. 퇴근 후 긴장이 풀리는 오후 6시 혹은 놀다가 집에 돌아와 한숨 돌리는 새벽 2시의 분위기와 감성에 어울리는 맛을 디자인했다.

특정한 시간대에 마시는 사케 또한 등장했다. 히네모스(hinemos)는 오후 6시부터 오전 5시까지, 각 시간에 맞는 12가지 종류의 사

OFF COLA pm6:00

OFF COLA am2:00

시간대에 따라 다른 맛을 제안하는 오프 콜라
출처: 오프 콜라 홈페이지(offcola.citycamp.co.jp)

케를 선보였다. 홈페이지에 적힌 히네모스의 소개 문구를 살펴보자.


술을 마신다.

어떤 때는 친구와. 어떤 때는 연인과. 어떤 때는 직장 동료와.

그 타이밍과 상황은 다양하다.

그리고 술을 마시는 시간대.

저녁 시간의 조금 이른 건배. 메인 요리를 돋보이게 하는 건배.

막차가 끝나고 해가 바뀌는 심야의 건배.

시간대에 따라 그 시간을 최고의 순간으로 바꿔주는 술은 다르다.

12종의 사케는 모두 다른 색상의 패키지에 시간을 표현하는 숫자를 이름으로 내세우고 있다. 이런 상품들은 모두 '시간'이라는 새로운 가치를 통해 상품을 넘어 체험과 의미를 전달하는 것이다.

다시 세븐일레븐이 개발한 사이클미로 돌아가보자. 일본 편의점 업계의 고민 중 하나는 고객층이 늙어간다는 것이다. 현재 세븐일레븐은 40~50대 중년 남성 고객의 비중이 높다. 하지만 지속적인 성장을 위해서는 젊은 층과 여성 고객의 유입이 필수적이다. 세븐일레븐이 사이클미를 개발한 데는 여성과 젊은 고객의 유입을 늘리기 위한 목적도 있다.

실제로 도쿄도 내 250개 세븐일레븐 점포에서 사이클미를 판매한 결과, 여성과 젊은 층의 구매 비율이 높았다. 편의점의 평균 고객은 남성이 56%, 여성이 44%인 반면, 사이클미는 남성이 44%, 여성이 56%를 차지했다. 연령대도 편의점은 30세 미만 고객의 점유율이 9%인 데 반해 사이클미를 구입한 30세 미만은 16%에 달했다.

젊은 고객들이 사이클미를 많이 구매한 이유는 『도쿄 트렌드 인사이트』에서 소개한 '코토(경험) 소비'와도 연관이 있다. 이들에게는 상품의 기능뿐만 아니라 체험, 의미, 그리고 스토리가 상품 구매의 이유가 된다. 사이클미는 '건강'이라는 키워드 하에 '시간'이라는 콘셉트를 적용해 체험과 의미를 제공한다. 흔하게 볼 수 있는 건강식품이나 기능성 식품처럼 '체지방 감소', '스트레스 완화'와 같은 효과와 성분을 크게 표시하지 않고 시간을 나타내는 모던

오후 6시부터 오전 5시까지, 시간대별로 12가지 종류의 사케를 제안하는 히네모스
출처: 히네모스 홈페이지(hinemos.tokyo)

한 디자인의 패키지 또한 젊은 층에게 받아들여진 것으로 보인다.

사이클미, 오프 콜라, 히네모스는 모두 굳이 시간을 한정해 제품을 구매하도록 유도하고 있으며, 이는 여태까지 없던 경험을 제공한다. 제품에 '시간'이라는 축을 더하자 젊은 층의 마음을 사로잡는 재밌는 상품이 탄생했다.

2장

# [Z세대] 소비하지 않는 20대를 설득하는 법

Z세대(1990년대 후반부터 2010년대 중반까지 태어난 젊은 세대를 지칭)가 주요 소비 주체로 등장하면서 이들에 대한 관심이 뜨겁다. 세계화가 진전됨과 동시에 디지털 환경에서 태어나고 자랐다는 공통점 덕분에 다른 국가에 사는 Z세대 간에도 비슷한 성향과 소비 행동을 보인다. 예를 들어 여러 개의 SNS 계정을 가지고 있으며 적극적으로 정보를 발신하고 소통하는 점, 제품보다 경험과 체험을 사는 데 적극적인 점은 국가를 막론하고 많은 Z세대에게서 보이는 특징이다.

그런데 일본의 Z세대는 다른 나라의 Z세대에 비해 한 가지 특이한 점이 있다. 바로 성장을 경험해본 적이 없는 세대라는 점이다. 30년간 월급과 물가가 오르지 않는 일본에서 태어난 Z세대를 상상해보자. 사회 전반적으로 절약 지향적인 소비 무드가 만연해 있다. 부동산 가격과 주가가 오르지 않고 나이가 들어감에 따라 조금씩 올라가는 월급에 맞추어 절약을 강조하며 살아가는 부모의 모습을 보며 자란다. 아버지가 신입사원으로 받았던 첫 월급이 22만 엔(약 220만 원)이었고, 자신의 첫 월급이 23만 엔(약 230만 원)이다. 절약과 저축을 미덕으로 여기는 사회 분위기 속에서 이들 또한 '절약'이 당연한 소비 습관으로 자리 잡는다.

미쓰비시 종합연구소는 지난 6월 일본의 Z세대와 미국 Z세대의 소비행태를 비교한 아티클을 발표했다. 코로나19 사태 이후 일본과 미국의 젊은 층에서 소비 트렌드에 변화가 나타나고 있는데, 그 양상이 극명하게 대조적이다. 미국에서는 경제적 불안감이 확산되고 미래 불확실성이 증가하면서 '지금'을 즐기기 위해 낭비를 하는 '파멸적 소비(Doom Spending)'가 사회적 문제로 대두되었다. 반면 일본에서는 미래를 대비하기 위해 절약하는 경향이 강해지고 있다.

일본과 미국의 소비 성향(소득 중 소비에 쓰는 비율)을 연령별로 비교해보면, 미국과 일본 모두 코로나19 기간 중 중장년층(45~54세)의 소비는 크게 감소한 후 팬데믹이 엔데믹으로 전환되자 소비가 증가했다. 고령층(65세 이상)의 소비도 일본과 미국 모두 소비액이 팬데믹 이전인 2019년 수준으로 돌아갔다.

한편 34세 이하의 소비를 살펴보면 이야기가 달라진다. 일본의 청년층은 2020년 이후 소비 성향이 지속적으로 하락한 후 회복하지 않고 있다. 물가 상승에 따라 지출이 늘어 2023년에는 회복세를 보였지만 코로나19 사태 이전인 2019년 수준을 밑도는 상태가 지속되고 있다. 결론부터 말하자면, 코로나19 사태 이후 높아진 청년층의 경제적 불안감이 미국에서는 소비를 늘리는 방향으로 작용하고 있는 반면, 일본에서는 소비를 줄이는 방향으로 작용하고 있는 것이다.

미국의 Z세대 사이에서는 불확실한 미래를 위해 저축하는 것보다 현재의 경험인 여행 및 오락에 돈을 쓰는 가치관이 확산되고 있다. 이러한 소비행태에 박차를 가하는 원인 중 하나는 새로운 결제 수단인 BNPL(Buy Now Pay Later)과 SNS의 존재다. BNPL은 후불형 결제 서비스로 신용카드에 비해 신용 심사가 간소화되어 있어 이용 문턱이 낮다.

실제로 BNPL의 이용률은 젊은 세대에서 높은 편이며, 의류 등의 소비에 사용하는 것으로 나타났다. 또한 SNS에서 동세대 인플루언서들의 화려한 생활에 자극받아 낭비하는 젊은 층이 증가하고 있다는 지적도 있다.

하지만 미국에서 보이는 젊은 층의 낭비 현상을 일본에서는 찾아볼 수 없다. 일본 내각부의 '국민생활에 관한 여론 조사'에 따르면 '미래를 준비할 것인가, 아니면 일상생활을 충실하게 즐길 것인가'라는 질문에 대해 '현재보다 미래를 준비한다'라고 응답한 사람들의 비율이 코로나19 사태 이후 크게 증가했다. 이러한 상황은 2008년 가을 세계금융위기 직후에도 나타났다. 즉, 일본에서는 큰 경제위기에 직면해 불안감이 커질 때마다 절약 정신이 강해져온 것이다. 코로나19 위기 이후 미래보다 현재 소비를 우선시하는 경향이 강해지고 있는 미국과는 대조적이다.

일본 소비자청이 2022년 11월에 20대를 대상으로 진행한 '소비자 의식 기본 조사'에서 '향후 돈을 쓰고 싶은 곳'으로 가장 많이 답변한 항목은 '저축'이었다. 약 60%에 달하는 20대가 저축을 할 것이라고 응답했으며 뒤를 이어 여행, 음식, 친구들과의 교제에는 돈을 쓰겠다고 응답했다. 반면 반려동물, 자동차, 가전 등에는 돈을 쓰지 않고 싶다고 답했다.

소비가 미덕인 미국과 저축을 미덕으로 여기는 일본, 즉 국가 간 소비 가치관의 차이, 잃어버린 30년의 유무, 저출산·고령화 등 다양한 요인으로 인해 일본 소비자들은 미래에 대해 불안감을 더 크게 느끼며 이는 일본 Z세대의 소비에 영향을 미치고 있다.

여기서 잠시 이번 장의 소제목을 살펴보자.

- ❡ 정보 과잉의 시대, 선택하지 않는 20대
- ❡ 여행하지 않는 젊은이들을 위한 호텔
- ❡ 영화관에서 영화를 보지 않는다, Z세대의 타이파
- ❡ Z세대의 감정을 움직여라, 에모 소비

유난히 '~하지 않는'이라는 문구가 자주 보인다. 실제로 일본에서는 젊은 층의 소비행태를 설명할 때 '바나레(離れ)'라는 용어를 많이 사용한다. '바나레'는 이별 혹은 분리를 의미하는 일본어로 특정 대상을 멀리하거나 갖고 싶지 않을 때 사용하는 표현이다. 예를 들어 자동차를 사지 않는 젊은이들의 소비행태는 '구루마 바나레(車離れ)', 술을 마시지 않는 소비행태를 표현할 때는 '사케 바나레(酒離れ)'가 진행되고 있다고 표현한다.

절약 정신이 강하고 미래가 불확실한 일본의 Z세대에게서는 유난히 이 바나레 현상이 많이 보인다. 굳이 비교하자면 한국의 'N포 현상'과 결이 비슷하다고 볼 수 있다. 연애와 결혼, 출산을 포기한 한국의 젊은 층을 '삼포 세대'라고 표현하는 것처럼, 일본에서는 다양한 영역에서 '바나레'라는 표현이 사용되고 있다. 이러한 상황에서 일본 기업들의 고

민은 소비를 줄이는 Z세대를 어떻게 소비하도록 설득할 것인가로 귀결된다.

많은 영역에서 '바나레'가 진행된 일본 Z세대의 지갑을 열기 위한 기업들의 노력은 단지 Z세대에게만 국한되지 않는다. Z세대의 이야기임과 동시에 '소비하지 않는' 사람들의 이야기가 될 수도 있다. 즉, 이번 장에서는 일본 Z세대의 소비행동에 관해 이해할 수 있을 뿐만 아니라 저성장과 인구 감소 시대에 기업이 살아남기 위한 힌트를 얻을 수 있을 것이다. 자, 이제부터 '하지 않는' 일본의 Z세대를 만나러 가보자.

# 정보 과잉의 시대,

## 선택하지 않는

## 20대

우리의 일상은 의사결정의 연속이다. 무엇을 먹을지, 무엇을 입을지, 누구를 만날지 등등. 이런 수많은 의사결정이 때로는 스트레스로 다가온다. 많은 선택지가 있다는 것은 좋은 일이지만 너무 많은 선택지는 우리를 지치게 만든다. 게다가 누구나 손에 쥐고 있는 스마트폰으로 엄청난 양의 정보를 검색하는 것이 가능하기에 무언가를 결정하는 것에 정신적인 피로감을 느낀다.

동시에 지금은 모든 물건이 좋은 시대다. 웬만한 제품은 모두 일정 수준 이상의 품질을 자랑하며 그 종류 또한 너무 많다. 자연스럽게 의사결정을 누가 대신해주면 좋겠다는 니즈가 늘고 있으며, 이는 Z세대에게 더 확연히 드러난다. 품질이 상향 평준화된 시대이자 정보 과잉의 시대인 지금, 큐레이션 및 추천 서비스가 성행하는 이유다. 최근 일본에서는 '종류가 너무 많아 고르기 힘들다' 점을 역으로 '무엇이 나올지 모르는 설렘과 두근거림'으로 전환해 Z세대에게 어필하는 서비스가 인기를 끌고 있다.

## 누가 대신 정해주세요, 뽑기 기계의 인기

———

**"스스로 결정했다고 생각하기 싫어서 운에 책임을 넘기고 있어요."**

이렇게 말하는 이는 도쿄에서 일하는 20대 초반의 한 여성이다. 그는 룰렛 앱을 자주 사용한다. 점심때 먹을 음식, 친구와 갈 식당, 때로는 동영상 서비스에서 볼 영화까지 자신의 선택을 룰렛에 맡기곤 한다.

이렇게 일상의 작은 결정을 룰렛에 맡기게 된 계기는 코로나19 사태로 인해 집에서 음식 배달 앱을 자주 사용하게 되면서부터다. 앱마다 배송비와 프로모션이 조금씩 달라서 이 앱, 저 앱을 비교하면서 고민하다 보니 어느 순간부터 피곤함을 느끼기 시작했다고 한다. 원래 우유부단한 편이기도 해서 의사결정에 정신적 에너지를 많이 쓰는 그는 정말 중요한 일에 에너지를 쓰기 위해 일상의 사소한 항목에서는 의사결정을 줄이고 싶다고 생각했다. 그래서 택한 방법이 일상에서 룰렛이 자기 대신 의사결정을 하도록 하는 것이다.

노무라경제연구소의 마츠시타(松下) 수석 컨설턴트는 지금의 젊은이들은 정보가 너무 많아 선택하지 못하는 경향이 강해졌다고 분석한다. 노무라경제연구소의 설문 조사에 따르면 '판매원이 자신의 희망 사항을 잘 듣고 그에 맞는 상품을 하나만 추천해 주면 좋겠다'라고 답한 소비자는 2022년 21%에 달했는데, 이는 2013년 대비 6%p 증가한 수치다.

> "시간에는 한계가 있고 자신의 시간을 어딘가에 분배해야 합니다. 오시카츠[推し活, 다른 사람에게 사람이나 물건을 추천한다는 의미의 '오스(推す)'에 활동을 의미하는 '카츠도(活動)'가 더해진 말로, 자신이 좋아하는 연예인이나 물건 등을 다른 사람에게 추천하는 활동] 등 자신이 시간을 투자하고 싶은 영역이 있는 반면, 그렇지 않은 영역은 시간을 들이지 않고 편하게 선택하려고 하는 것 같습니다."

즉, 선택을 누군가에게 맡기는 행위는 『도쿄 트렌드 인사이트』에서 언급한 타이파(Time Performance, 시성비) 소비와도 연결된다. Z세대는 다른 세대에 비해 가성비와 시성비를 중시하는 세대다. 상품과 정보가 넘쳐나는 지금, 자신이 가치를 느끼는 일에 시간과 돈을 투자한다. 의사결정에 있어서도 선택과 집중을 하는 것이다.

또한 이러한 행동은 쇼핑에 실패하고 싶지 않은 심리와도 연결된다. 룰렛에 자신의 의사결정을 맡기는 이유는 자신의 선택이 실패했을 때도 책임을 느끼지 않을 수 있기 때문이다. 예를 들어 친구와 함께 볼 영화를 선택할 때 자신이 결정한 영화가 재미가 없으면 친구의 시간을 자신이 낭비한 것 같은 기분이 든다. 하지만 룰렛으로 결정하면 영화가 재미없더라도 "룰렛 운이 나빴네!"라고 웃으며 이야기할 수 있다.

"시간을 절약하고, 편하게 의사결정을 하고 싶고, 동시에 실패하고 싶지 않다." 이러한 젊은이들의 심리를 포착해 최근 전문가나 인공지능(AI)이 최적의 선택안을 제시해주는 서비스가 늘기 시작했다.

톳판(TOPPAN) 홀딩스는 2022년 AI가 구매자의 얼굴을 분석해 적합한 상품을 제안해주는 'AI 추천 벤더'라는 화장품 자판기를 만들기 시작했다. 화장품 제조사인 가네보(KANEBO)의 브랜드인 케이트(KATE)가 만드는 26가지 색상의 아이섀도 중 얼굴에 맞는 최적의 4가지 색을 제안하고 그 색을 팔레트에 담아주는 자판기다. 이 자판기는 한때는 1시간 반 동안 줄을 설 정도를 인기를 끌었다. 20~30대 여성이 주요 고객이었으며 인기에 힘입어 2025년까지 자판기 100대를 보급하는 것을 목표로 하고 있다.

제품을 추천해주는 서비스뿐만 아니라 제품이 랜덤으로 선택되는 가챠를 기업들이 마케팅에 활용하기 시작한다. 일본은 어느

화장품 브랜드 케이트가 선보인 자판기, AI가 얼굴을 분석해 상품을 제안해준다.
출처: 케이트 홈페이지(nomorerules.net)

곳을 가든 소위 '뽑기'라고 불리는 '캡슐 토이'인 가챠(Gacha, ガチャ, 레버를 돌릴 때 나는 소리를 '가챠가챠'라고 표현하는 일본어에서 유래)를 흔하게 볼 수 있다. 돈을 넣고 손잡이를 돌리면 기계 안의 캡슐이 무작위로 나오는데 캡슐 안에는 캐릭터 인형, 피규어 등 다양한 상품이 들어 있다.

지역 먹거리를 냉동 자판기로 판매하는 고토구루(ごとぐる)는 2022년부터 가챠 서비스를 시작했는데 월 2천 개 정도를 판매하며 인기를 끌고 있다. 어떤 식재료가 나올지 알 수 없는 '아울렛(OUTLET) 고토 가챠'는 1회 2천 엔(약 2만 원)을 지불하면 브랜드 와규 등이 랜덤으로 나오는 자판기다. 저녁 식단을 정하지 못한 가족이 가챠의 결과에 따라 저녁 메뉴를 결정하기도 한다.

노즈숍 전경
출처: 노즈숍 홈페이지(noseshop.jp)

Z세대에게 인기인 향수 편집숍인 노즈숍(nose shop)에서도 향수 가챠는 집객의 중요한 요소가 되고 있다. 노즈숍은 백화점 등에서 쉽게 만날 수 없는 니치 향수를 주로 취급하는 향수 편집숍으로 일본 내 12개의 점포를 운영하고 있다. 전 세계 50개 이상 브랜드 700종 이상의 향수를 판매하고 있는데, 다양한 향수를 만나는 것은 즐거운 일이지만 동시에 700종이 넘는 향수 중에서 한 가지 향을 고르는 것은 쉬운 일이 아니다. 만약 평소에 향수를 즐겨 쓰지 않거나 향수 취향이 확고하지 않다면 선택 과정 자체가 스트레스가 될 수 있다.

특히 20대 고객을 중심으로 향수를 '어떻게 골라야 할지 모르겠다', '너무 많아서 결정하기 힘들다'는 의견이 많았다. 이에 노즈숍은 '향수를 고르는 것' 자체를 스트레스가 아닌 즐거움으로 바꿀 수 없을까 고민하며 '향수 가챠'를 선보였다. 향수를 고르는 과정을

엔터테인먼트로 만든 것이다. 900엔(약 9천 원)을 내면 한 번 가챠를 돌릴 수 있고 1.5ml 혹은 2ml의 작은 사이즈의 향수 하나가 랜덤으로 나온다. 어떤 향수가 나올지 모르는 두근거림, 그리고 작은 사이즈의 향수를 몇 번이고 사용해보면서 자신의 취향을 찾을 수 있다는 점에서 호평받아 Z세대에게 인기를 끌고 있다.

노즈숍은 또한 서점 '혼토(honto)'와 컬래버레이션해 책과 향수를 결합한 '책 뽑기×향수 뽑기'를 2023년 3월부터 시작했다. 4가지 테마에 맞추어 책을 고르면 노즈숍이 책 내용에 맞는 미니 사이즈의 향수를 함께 증정하는 방식이다. 서비스를 시작한 3월에는 준비된 상품이 모두 완판되었고, 이어 8월에 실시한 2차 이벤트에서도 출시 2시간 만에 준비한 책과 향수가 완판될 정도로 인기를 끌었다.

노즈숍은 향수 선택을 돕기 위해 AI 벤처와 컬래버레이션을 진행하기도 한다. 센트매틱(SCENTMATIC)이 개발한 후각을 언어로 표현하는 AI 시스템인 '카오리움'을 기간 한정으로 점포에 도입했다. 조향사들 사이에서는 향을 표현하는 말로 오리엔탈, 구르망, 파우더리 등 전문용어를 사용한다. 하지만 일반인이 자신의 언어로 향을 표현하기란 쉽지 않다. 그래서 향수를 고를 때는 직접 냄새를 맡아보고 마음에 드는 향수를 찾는 수밖에 없다. 하지만 여러 향수를 맡아보면서 '잘 모르겠다'라며 구매를 포기하는 고객도 적지 않다. 게다가 향수는 100ml에 몇만 원에서 수십만 원에 달하는 결코 저렴한 상품이 아니다. 자신의 취향이 확실하지 않은 경우 구입할 엄두가 나지 않는 가격일 때도 많다. 노즈숍의 나카모리(中森) CEO는 말한다.

"자신이 좋아하는 향을 말로 표현할 수 없는 향수는 마케팅이 매우 어려운 상품입니다. 카오리움의 존재를 알면 고객 머릿속에 있는 이미지에 가까운 향수를 선택하는 데 도움이 되지 않을까 생각했습니다."

노즈숍 매장 내 설치된 카오리움 시스템은 향기를 묘사하는 5천 건 이상의 단어를 분석해 노즈숍에서 판매하는 향수의 특징을 '귀엽다', '달달하다'와 같은 쉬운 단어로 표현한다. 고객이 몇 가지 향수를 맡아보고 마음에 드는 향수에서 연상되는 단어를 선택하면 그 단어를 통해 다시 향수를 추천받는 방식이다.

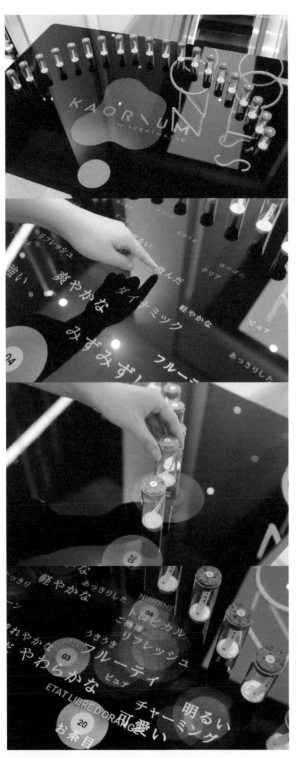

카오리움 시스템은 향을 단어로 표현,
향의 선택을 도와준다.
출처: 노즈숍 홈페이지(noseshop.jp)

사실 수백 가지가 넘는 향수를 다 테스트해보고 구입하는 것은 현실적으로 불가능하다. 향수에는 조향사의 메시지도 첨부되어 있는데, 예를 들어 이탈리아 향수 브랜드의 한 제품에 첨부된 메시지는 다음과 같다. "화산 폭발, 지진과 역병 등 모든 재앙으로부터 나폴리를 지키는 성인. 피의 기적, 수백 년 동안 보존된 성인의 마른 피가 일 년에 세 번, 대성당에서 액화되어 도시를 진정시키고 사랑으로 감쌉니다. 이것은 피부 위의 지워지지 않는 기도입니다." 이탈리아 나폴리의 수호성인을 이미지화한 향수인데, 이 문장을 읽고 향을 상상할 수 있는 사람은 아마 없을 것이다.

좋아하는 향을 말로 표현할 수 없고, 향수 선택에 고민하는 사람들에게 도움을 주는 AI 시스템이 바로 카오리움인 것이다. 노즈숍의 나카모리 CEO는 카오리움에 대해서 이렇게 말한다.

"본래 향수는 조향사가 만들어낸 향기뿐만 아니라 향수 이름과 병의 디자인, 향기를 연상시키는 메시지까지 포함해 즐기는 예술품입니다. 조향사의 팬이나 메시지에 공감한 사람이 구매하는 제품이기도 합니다. 하지만 AI가 데이터에 기반해 원하는 향을 기계적으로 골라주는 카오리움은 그런 향수 문화를 파괴하는 것일 수도 있습니다. 미니 사이즈(1.5~2ml)의 향수가 랜덤으로 나오는 '향수 가챠' 또한 향수 문화에 반하는 일일지도 모릅니다. 하지만 향수 업계의 이단아인 우리에게 딱 맞는 기획이라고 생각합니다."

물건을 고르고 선택하는 쇼핑의 과정 자체를 즐기는 사람들도 많지만 동시에 정보 과잉과 시간 부족으로 인해 선택 행위를 스트레스로 여기는 사람들 또한 늘고 있다. 실제로 의사결정은 인지적 부하가 높은 활동이다. 심리인지과학에 정통한 나고야 대학의 오히라 히데키(大平英樹) 교수는 "인간의 인지 용량(capacity)은 작다고 여겨지고 있습니다. 신경과학자 안토니오 다마시오(Antonio Damasio)의 이론에 따르면 인간은 중요한 것만 이성적으로 결정하고, 많은 경우 감정이나 직관으로 결정합니다."라고 말한다.

또한 의사결정의 중요도가 높거나 선택의 폭이 클수록 의사결정에 따른 부담감은 커진다. 인터넷의 확산으로 인해 손쉽게 수많은 선택지를 비교할 수 있게 되었고, 스마트폰으로 하루에도 몇 번씩 알람이 도착해 의사결정을 촉진하는 점도 피로감을 높이고 있다. 오히라 교수는 〈니혼케이자이 신문〉과의 인터뷰에서 젊은 세대는 실패하고 싶지 않은 감정이 강하며 이는 선택의 회피로 이어진다고 지적한다.

"원래 인간은 무언가를 선택하면 다소 후회하는 경우가 많습니다. 더군다나 요즘의 젊은 세대는 원래는 선택 후에 느껴야 할 후회를 선택 전부터 느끼는 '감정 예측'이라는 현상을 일으키고 있습니다."

노즈숍의 나카모리 CEO는 본인을 향수계의 이단아라고 칭하고 있지만 젊은이들의 선택하고 싶지 않은 심리를 포착한 서비스를 개발한 점에서는 향수계의 선구자일지도 모르겠다. 향수계의 이단아이자 선구자를 한 곳 더 만나보러 가보자.

## 나 대신 향수를 골라줘,
## 향수 구독 서비스

———

의사결정의 피로감을 줄여주는 대표적인 서비스로 고객의 취향에 맞는 상품을 알아서 골라주는 구독 서비스가 있다. 최근 의류, 동영상, 음악 등 다양한 구독 서비스가 등장하고 있지만 그중에서도 일본의 Z세대에게 인기를 끈 서비스는 향수 구독 서비스다.

지금 향수 시장은 전 세계적으로 확대 중이다. Z세대가 향수 시장의 주력 소비계층으로 부상하고 있기 때문이다. 시장조사업체 서케이나는 '2023 향수 소비자 보고서'에서 13~26세가 향수 소비 증가를 주도했다고 분석했다. 일본에서도 자기표현의 수단으로서 향수 붐이 일고 있다. 후지경제연구소에 따르면 2023년 향수 시장은 약 500억 엔(약 5천억 원)의 규모로 코로나19 팬데믹 기간 중 약 100억 엔(약 1천억 원) 정도 성장했다. 2024년 3월 중순에는 한국의 향수 브랜드 '탬버린즈'가 일본 1호점을 도쿄에 오픈했는데, 20~30대 여성 몇백 명이 향수를 구입하기 위해 줄을 서는 풍경도 연출되었다.

일본에서는 과거에도 몇 번의 향수 붐이 있었지만, 지금의 향수 붐은 과거의 붐과 결이 다르다. 과거에는 남들에게 과시하기 위해 유명 브랜드를 사용하는 사람이 많았다면, 지금은 자신 내면의 힐링을 위해 향기를 찾는 사람이 늘었다. 특히 코로나19 팬데믹 이후, 정신적인 피로감을 느끼는 사람이 증가하고 집에 머무는 시간이 길어지면서 기분 전환을 위해 향수를 구입하는 사람이 많아졌다.

향수 시장이 커지면서 다양한 스타트업이 향수 구독 시장에 뛰어들었는데, 그중에서도 20대에게 큰 인기를 끄는 곳은 2019년 1월에 시작한 '카라리아(COLORIA)'라는 서비스다. 카라리아는 월 1,980엔(약 19,800원)을 내면 500종류의 브랜드 중에서 매월 자신이 선택한 향수 혹은 향수를 잘 아는 컨시어지와 상의해 고른 향수 1종류가 집으로 도착하는 서비스다.

향수는 향의 종류가 셀 수 없을 정도로 많아 자신의 취향에 맞는 제품을 찾기가 쉽지 않은 제품이다. 아직 향수를 많이 구입해본 적 없는 20대는 향수 고르기 자체가 하나의 도전이 될 수 있다. 카라리아는 향수를 잘 몰라도 매달 바뀌는 기분에 따라 향수를 바꿔가며 사용할 수 있도록 서비스를 설계해 Z세대의 마음을 사로잡았다. 서비스 론칭 후 이용자는 꾸준히 증가해 2023년 3월에는 회원 수 약 50만 명을 돌파했으며, 서비스 지속률은 무려 98%에 달한다. 그 인기 비결이 무엇일까?

첫째, 1,980엔부터 시작하는 요금이다. 향수는 고액으로 한 병

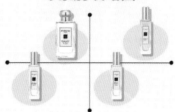

카라리아는 인스타그램에서 다양한 향수를 소개 및 추천하고 있다.
출처: 카라리아 인스타그램 공식 계정

에 몇만 엔(몇십만 원)씩 하는 상품도 있어 몇 병씩 구입하기에는 부담된다. 또한 한 병의 양이 많아 다 쓰지 못하는 경우도 적지 않다. 매월 약 2만 원 정도의 요금을 내고 다양한 향수를 손쉽게 체험해볼 수 있는 서비스는 주머니 사정이 여의치 않은 20대들에게 인기를 끌 수밖에 없다.

둘째, 향수를 쉽게 선택할 수 있도록 만들었다. 향기는 눈에 보이지 않기 때문에 온라인에서 선택하기 어렵다. 이를 보완하기 위해 향수를 쉽게 선택할 수 있는 기능을 홈페이지에서 확충해나갔다. 대표적으로 2021년 12월부터 시작한 '향수 진단' 기능이다. 이 진단은 '향수에 대해서 잘 아는지' 혹은 '좋아하는 계절은?' 같은 간단한 질문에 1분 정도 대답하면 자신에게 맞는 향기 유형과 그에 따른 구체적인 상품을 표시해준다. 향수 진단 건수는 100만 회를 돌파했으며 진단 결과를 바탕으로 한 주문 예약 건수는 2022년 1월부터 2023년 3월까지 누적 3만 건을 넘어설 정도로 인기가 높다.

'향기 프로필' 기능도 고객들의 선택을 돕는 데 기여한다. 고객이 사용한 향수에 대한 평가를 쌓으면 '좋아하는 향기', '좋아할 만한 향기'가 표시되고, 이를 바탕으로 제품 선택에 대한 조언을 받을 수 있다. 서비스를 계속 이용하다 보면 자신이 좋아하는 향수를 더 쉽게 찾을 수 있게 된다.

카라리아는 향수를 '소유'하는 것이 아니라 '체험'하는 것으로 비즈니스를 설계했다. 그리고 Z세대의 2가지 페인 포인트(pain point)인 '향수는 비싸다', 그리고 '어떤 향수를 써야 할 지 모르겠다'를 해결해주었다. 겉으로 보기에는 상품을 배송하는 서비스처럼 보이지만 카라리아는 소유가 아닌 경험의 욕구를 해소해주며, '다음에는 어떤 향수가 배송될까'라는 설렘을 전한다.

가챠 서비스를 포함해 여기에서 소개한 서비스들은 선택을 피곤해하는 심리를 저격한 것에 더해 어떤 제품이 나올지 알 수 없다는 점으로 재미를 선사한다. 다수의 기업이 가챠 뽑기를 활용한 마케팅을 진행하는 가운데 특히 Z세대에게 큰 인기를 끌었던 캠페인이 있다. 바로 '목적지를 알 수 없는 여행 가챠'다.

# 어디로 갈지 모르는 여행,
# 설렘이 배가되다

한국에 〈무한도전〉이 있다면 일본에는 〈수요일 어떠십니까(스이요도우데쇼, 水曜どうでしょう)〉라는 전설적인 TV프로그램이 있다. 출연자 2명이 일본과 세계를 여행하며 다양한 기획으로 에피소드를 만들어가는 리얼리티 쇼로 1996년에 시작되어 20년 전인 2002년에 종영했지만 지금도 종종 일본 TV에서 재방송될 정도로 인기가 많았던 방송이다.

그중에서도 가장 인기가 높았던 기획 중 하나는 주사위를 던져 나오는 행선지로 두 출연자가 여행을 떠나는 것이었다. 시청자 입장에서는 흥미롭지만 떠나는 사람 입장에서는 곤욕이었을 기획이다. 국토가 남북으로 긴 일본은 홋카이도부터 오키나와까지 기후가 꽤 다른데, 갑자기 점퍼 하나 없이 추운 홋카이도로 향하는 등 출연자들이 고생하는 모습이 시청자들에게는 즐거움을 전해주었다.

하지만 내가 막상 출연자라면 어떨까? 어디로 갈지 모르는, 주사위에 나의 운명을 맡기는 여행을 가고 싶은 사람이 얼마나 될까? 이러한 어디로 갈지 모르는 여행을 자처해서 떠나는 사람들이 있다.

여행의 행선지가 어디가 될지 모르는, 무작위로 목적지가 결정되는 피치(Peach) 항공의 가챠가 큰 인기를 모았다. 피치 항공은 오사카를 거점으로 하는 저비용 항공사(Low Cost Carrier)다. 2021년

8월, 오사카의 번화가인 신사이바시(心斎橋)에 위치한 파르코 백화점 내에 처음으로 가챠 기계를 설치했다. 가챠 캡슐 하나를 얻기 위해 필요한 금액은 5천 엔(약 5만 원). 5천 엔을 내고 뽑은 캡슐에는 종이 한 장과 기념 배지가 담겨 있다.

종이에는 지정된 행선지와 여행지에서의 미션, 지정된 행선지의 항공권을 살 때만 사용할 수 있는 6천 엔(약 6만 원)분의 포인트와 교환 가능한 코드가 적혀 있다. 이 코드를 피치 항공 홈페이지에서 입력하면 항공권으로 바꿀 수 있다. 항공권 가격은 시기에 따라 변동되기 때문에 언제 여행을 가느냐에 따라 왕복 운임 전부를 포인트로 결제 가능한 경우도 있고, 포인트를 이용하고 차액은 직접 지불해야 하는 경우도 있다.

당시 코로나19 팬데믹으로 인해 여행이 예전만큼 자유롭지 못한 상황이었지만 '어디로 갈지 모르는 항공권'이라는 참신한 기획은 순식간에 화제가 되었다. 캡슐을 뽑기 전까지는 어디로 가게 될지 모른다는 점은 여행의 설렘을 2배로 만들어주었기 때문이다. 피치 항공의 '어디로 갈지 모르는 항공권(旅くじ)'은 판매 개시 후 두 달 만에 3천 개 이상 팔릴 정도로 히트 상품이 되었으며, 하루에 150개 이상의 캡슐이 팔린 날이 있을 정도였다.

인기에 힘입어 피치 항공은 오사카가 아닌 다른 도시에서도 출발이 가능한 항공권을 판매하기 시작했다. 두 번째 출발지는 도쿄. 2021년 10월 13일부터 캡슐 판매를 시작했는데, 이날 가챠 기계가 들어선 시부야의 파르코에는 개점 시간 전부터 여행 가챠를 뽑

행선지가 정해지지 않은, 어디로 가게 될지 모르는 여행 가챠

기 위해 기다리는 사람들의 긴 행렬이 만들어졌다. 도쿄에서의 판매도 대성공을 이룬 후 피치 항공은 나고야, 후쿠오카, 삿포로에도 차례차례 가챠 기계를 설치했으며, 가챠가 들어서는 곳마다 아침부터 긴 줄이 늘어선 광경이 펼쳐졌다.

피치 항공은 '어디로 갈지 모른다는 두근거림'과 '여행의 설렘'에 '재미'까지 더했다. 캡슐 안에는 당첨된 여행지와 함께 여행지에서 수행해야 할 미션이 적혀 있다. 예를 들어 오키나와의 이시가키섬 당첨자에게는 '해안을 걸으며 이상한 물건을 발견하기' '가장 잘생긴 이시가키 소를 찾아오길!' 같은 미션이 주어진다. 삿포로에서는 삿포로의 명물인 게를 체험할 수 있도록 '고생스럽지만 게 껍질을 깐 후 옆 사람에게 주기'와 같은 미션을 준다. 메만베츠(女満別) 행에서는 '죄수복을 지참하고 감옥식을 먹고 반성하고 오길!' 이라는 알쏭달쏭한 미션을 받기도 한다.

여행지에서 이러한 미션을 수행한 후 사진을 찍어 피치 항공이 운영하는 SNS인 타비토코(tabinoco)에 투고하면 매월 1명을 추첨해 3천 엔(약 3만 원) 상당의 피치 포인트를 선물로 주기도 했다. 잘 모르는 지역이 당첨되더라도 미션을 달성하기 위해 여행지에 대한 정보를 검색하기에 해당 지역에 대한 이해도가 높아진다.

행선지를 모르는 여행, 그리고 행선지에서 달성해야 하는 미션은 설렘과 재미를 증폭시킨다. 또한 20대들이 가챠 기계에서 캡슐을 뽑는 장면과 두근거리는 마음으로 캡슐을 여는 장면을 담은 동영상을 SNS에 올리면서 화제가 되었고 각종 미디어에서도 소개되었다. 여행 가챠 판매를 시작한 지 4개월 만에 틱톡에는 가챠 관련 영상이 1,100만 회 이상 재생되었으며, 가챠는 1만 개 이상 판매되었다.

　피치 항공의 목적지를 알 수 없는 가챠가 대성공을 거둔 후 목적지를 알 수 없는 여행 상품들이 여기저기 쏟아져 나오며 한때 일본에서 붐을 일으켰다. JR 철도는 주사위를 던진 결과에 따라 목적지가 정해지는 복권을 오사카역에서 판매했다. 호텔업계도 가챠 마케팅에 참가, 토부 철도가 진행한 호텔 가챠 기획에서는 판매 장소인 도쿄 소라마치에 이른 아침부터 긴 줄이 늘어서 번호표를 배부할 정도로 인기였으며, 첫날 준비한 가챠 500개가 매진되었다.

　이 외에도 호텔 뉴오타니 도쿄나 프린스 호텔도 숙박권 혹은 레스토랑 식사권의 가챠를 연달아 기획했다. 이들 또한 일본 어느 도시에 있는 호텔의 숙박권에 당첨될지 모른다는 점으로 참가자들의 기대감을 높였다. 여행사도 '여행지를 모르는 여행' 기획에 동참했다. 요미우리 여행사는 구입 시점에서 행선지를 모르는 대신 일반 요금의 반액인 4,980엔(약 4만 9천 원)으로 저렴하게 다녀올 수 있는 당일 버스 투어(行き当たりばっ旅)의 판매를 시작했다.

　이러한 여행 가챠 상품들이 금전적으로 커다란 이득을 주는 것은 아니다. 피치 항공은 5천 엔(약 5만 원)을 지불하고 6천 엔(약 6만 원)의 포인트를 받으니 1천 엔(약 1만 원)의 이득이 있을 뿐이다. 많은 사람이 1만 원을 절약하기 위해 개점 1시간 전부터 기다리는 것은 아닐 것이다. 이들은 금전적 이득이 아닌 두근두근하는 설렘을 구입하기 위해 긴 줄을 마다 않는 것이다.

가챠 서비스는 특히 20~30대 젊은 세대의 이용이 많았다. 노무라경제연구소의 마츠시타(松下) 컨설턴트는 무작위로 결정되는 서비스가 늘어난 배경에는 SNS의 알고리즘에 불안감을 느끼는 사람들이 많아진 것도 한몫하는 것 같다고 지적한다. 내가 관심을 표한 게시물이 알고리즘에 의해 우선적으로 보여지면서 우리가 접하는 정보가 좁혀지게 된다.

"아직 모르는 매력적인 상품이 숨어 있을지도 모른다는 불안감이나 시야를 넓혀야 한다는 불안감이 어딘가에 있어 평소 자신의 취향과 다른 물건이나 장소를 추구하는 경향이 생겨난 것일지도 모릅니다."

무엇을 입을까, 무엇을 먹을까, 계속 울리는 스마트폰의 알람을 볼까 말까. 우리는 하루에도 선택해야 할 것들이 너무 많다. 이러한 의사결정의 일부를 대신해주는 서비스를 기획해보는 것은 어떨까. 여기에 재미 한 스푼 더한다면 Z세대에게 인기를 끄는 서비스가 탄생할지도 모르겠다.

# 여행하지 않는

## 젊은이들을 위한

## 호텔

이번 장의 도입부에서 언급했듯이 일본 젊은 층의 소비행태에 관해 설명할 때 '바나레'라는 용어를 많이 사용한다. '바나레(離れ)'는 '떨어지다' '멀리하다'라는 뜻의 동사에서 유래되었으며 무엇인가를 갖고 싶지 않을 때 주로 사용한다. 젊은이들이 자동차를 사지 않으려는 현상을 '구루마 바나레(車離れ)', 술을 마시지 않는 현상을 '사케 바나레(酒離れ)'로 표현하는 것이다. 다양한 제품에서 '바나레'가 진행되고 있지만 그중에서도 가장 많이 들리는 단어는 사케 바나레 혹은 알코올 바나레이다.

술을 마시는 20대들이 줄어드는 현상은 단지 일본에 국한되지 않는다. 최근 전 세계적으로 '소버 라이프(Sober Life)'라 불리는 술을 멀리하고 건강한 생활을 선택하는 젊은이들이 늘고 있다. 글로벌 데이터 전문기관인 프레시던트 리서치(Precedence Research)에 의하면 전 세계 무알코올 음료 시장의 규모는 2023년 1조 2,200억 달러(약 1,600조 원)에 이르며, 2033년까지 약 2배로 성장, 2조 500억 달러(3,200조 원)에 이를 것으로 전망한다. 한국의 무알코올 및 저알코올 맥주 시장 또한 2020년 240억 원에서 2023년 590억 원까지 성장했으며, 일본의 무알코올 음료 시장 규모 또한 2019년 663억 엔(약 6,600억 원)에서 2022년 818억 엔(약 8,200억 원)으로 성장했다. 일본의 주류업체들도 술을 마시지 않는 젊은 층이 늘자 고민에 빠지게 된다.

'앞으로 우리는 어떻게 성장해야 할 것인가'

주류회사는 이에 대한 답을 아이러니하게도 주류가 아닌 곳에서 찾은 듯하다. 최근 일본의 주류 제조사들은 술을 마시지 않는 사람들을 위한 제품과 서비스 개발에 여념이 없다.

## 술을 마시지 않는
## Z세대를 위한 바

───

전 세계적으로 무알코올 맥주와 저도수 주류의 인기가 높다. 건강을 중시하는 헬시 플레저(healthy pleasure) 트렌드와 함께 MZ세대를 중심으로 알코올이 없는 혹은 도수가 1% 미만인 '비(非)알코올' 맥주의 수요가 높아지고 있는데, 일본 또한 매우 비슷한 상황이다.

앞서 1장에서도 술을 마시지 않는 사람이 증가하는 트렌드를 설명했다. 특히 20~30대 중 술을 마시지 않는 이들의 비중이 높다. 요즘 젊은이들 사이에서는 '취하지 않는 것이 멋있다'라는 가치관이 확산되고 있기 때문이다. 실제로 일본 후생노동성이 실시한 조사에 의하면 주 3회 이상 한 번에 180ml 이상 술을 마시는 20대 남성의 비율이 1999년에는 34%에서 2019년에는 13%로 급감했다.

무알코올 음료 경쟁이 격화되면서 맥주 기업들 또한 무알코올 맥주의 품질 향상에 힘을 쏟고 있다. 알코올을 마시지 않는 고객층에게도 소구할 필요가 있기 때문이다. 예를 들어 아사히 맥주의 무알코올 맥주인 '아사히 제로'는 보통 맥주보다 2배 농도가 짙은 맥주를 만들고 거기에서 알코올을 빼는 방법을 사용해 알코올이 들어간 맥주와 비슷한 맛을 낸다. 무알코올 맥주는 맛이 밍밍하다 혹은 맛이 없다는 개념을 깨기 위해 각사가 노력 중이다.

이러한 상황에서 일본 맥주 점유율 1위를 달리는 아사히 맥주가 선보인 행보가 흥미롭다. 술을 마시지 않는 사람이 늘자 Z세

스마도리 바 전경

출처: 스마도리 바 홈페이지(sumadoribar-shibuya.jp)

대를 타깃으로 술을 마실 수 없는 사람들을 위한 바를 연 것이다. 2022년 6월, 아사히 맥주와 디지털 마케팅 에이전시인 덴츠 디지털(Dentsu Digital Inc.)이 공동 출자해 스마도리 바(SUMADORI-BAR)를 만들었다. 아사히 맥주는 그동안 간과되어왔던 '술을 마시지 않는 사람들'에 주목하고 술을 마시지 않는 사람과 술을 마시는 사람이 함께 즐길 수 있는 사회를 만드는 '스마트 드링킹'이라는 개념을 제안했다. 그리고 그 개념을 구현하는 장소로 스마도리 바를 만든 것이다.

스마도리 바는 도쿄 시부야의 중심가에 위치해 있으며 메인 타깃은 20세 이상의 Z세대부터 넓게는 밀레니얼 세대까지 포괄한다. 이곳의 콘셉트는 '술을 못 마시는 사람에게도 술 마시러 가자고 권할 수 있는 공간'이다. 이에 따라 같은 음료라도 알코올 도수를 0%, 0.5%, 3%의 3가지로 제안해 고객이 선택하도록 한다.

여태까지는 술을 마시지 못하는 사람은 소프트드링크 외에는 선택지가 없었다. 하지만 스마도리 바에서는 알코올 도수를 자유롭게 선택할 수 있기에 술을 마실 수 있는 사람과 마실 수 없는 사람이 같은 음료를 즐기며 술자리를 함께할 수 있다. 얼굴이 빨개져도 다른 사람이 못 알아채도록 가게의 조명을 오렌지색으로 달아놓는 등 술을 잘 마시지 못하는 고객을 배려한 점도 인상 깊다.

스마도리 바는 단순히 술을 마시지 않는 사람을 위한 가게가 아니다. 이곳을 운영하는 아사히 맥주는 스마도리 바를 술을 마시지 않는 고객을 이해하기 위해 행동 데이터를 수집하는 거점으로 만들고자 한다. 이를 위해 스마도리 바에서는 라인(LINE) 메신저 앱을 통한 주문 시스템을 활용한다. 라인은 한국의 카카오톡과 같은 전 국민의 80% 이상이 사용하는 메신저 앱이다. 방문객이 라인 앱을 통해 주문을 하도록 시스템을 구축, 이를 통해 한 사람 한 사람으로부터 주문 내역에 관한 데이터를 얻을 수 있다.

방문객이 QR코드를 스캔하면 먼저 간단한 설문이 표시된다. 예를 들어 음주 가능 알코올량, 술자리 선호도, 성별, 나이 등을 묻는다. 이 설문에 답하면 메뉴 화면으로 넘어가는데, 메뉴에서 상품을 선택한 후 알코올 도수를 선택하고 결제하면 된다. 아사히 맥주는 주문 앱을 통해 얻은 설문 데이터와 구매 데이터를 분석함으로써 알코올에 대한 내성이 낮은 사람들이 선호하는 메뉴는 무엇인지, 시간대별로 어떤 메뉴가 잘 팔리는지, 성별과 연령별대로 특징적인 음주 성향은 무엇인지 등을 분석할 수 있다. 아사히 맥주는 방문자의 인사이트를 자사의 신상품 개발에 활용할 뿐만 아니라 음식점 영업에도 활용할 계획이다.

IT회사인 빅로브(BIGLOBE)의 조사에 의하면, 일상에서 술을 마시고 싶다고 한 Z세대(20~27세)는 22%에 불과했는데, 그 이유가 흥미롭다. '밤에 술 마시는 시간이 아깝다', '다른 활동을 하고 싶다'는 사람이 많았다. 동시에 '술자리에 참여하는 것은 가성비가 안 좋다'는 의견도 있다. 술자리 한 번에 약 5천 엔(약 5만 원) 정도 드는데 그 돈으로 좀 더 의미 있는 체험을 하고 싶다는 것이다. 즉, 술을 마시는 행위는 '효율적으로 시간과 돈을 쓰고 싶다'는 타이파(시성비)와 코스파(가성비)를 중시하는 젊은이들의 가치관에 맞지 않는 것이다.

게다가 술을 못 마시는 사람은 이자카야에서 소프트드링크를 마시는 경우가 많은데 이때 소외감을 느낀다. 또한 술을 마시는 사람이 술을 못 마시는 사람을 초대하는 케이스가 많은데 술 마시는 사람이 편안한 마음으로 초대할 수 있는 공간이 거의 없는 것이 현실이다.

TV 도쿄(TV Tokyo)의 경제 뉴스에 출연한 스마도리의 다카하시(高橋) 사장은 다음과 같이 전한다.

> "고객의 니즈와 가치가 다양화되고 있습니다. 우리가 커버하지 않는 니즈가 있다면 그 니즈에도 대응해 새롭게 제품 및 서비스를 개발하고 있습니다."

## 여행을 가지 않는다면
## 이자카야 이상 여행 미만은 어때?

'청년들이 여행을 가지 않는다(若者の旅行離れ)'라는 단어가 언론에 자주 등장한다. 젊은 세대는 이전 세대만큼 여행에 관심이 없다는 것이다. 이러한 현상과 이유를 이해하기 위해 일본을 대표하는 고급 리조트와 호텔을 운영하는 호시노 리조트(Hoshino Resorts)의 마

120

케팅 담당자들은 20대를 대상으로 포커스 그룹 인터뷰를 실시했다. 조사 결과, 일상적으로 이자카야에 모여 술은 마시지만 '여행'이라고 하면 허들이 높게 느껴진다는 답변이 많았다. 돈이 더 드는 것은 물론이고 예약을 해야 하는 등 여행을 계획하고 실행하는 일정에 부담을 느끼는 것이다.

20대들이 느끼는 여행이란 마음만 먹으면 언제든지 가볍게 떠날 수 있는 것이라기보다는 부모님 혹은 연인과 특별한 날에 미리 계획해서 가는 것이라는 이미지를 가지고 있다. 또 한 가지, 조식 시간이 정해져 있어서 늦잠을 자기도 힘들고 일정이 자유롭지 못하다는 인상을 가지고 있는 이들도 많았다. '여행'을 부담스럽게 느끼는 20대, 이들을 어떻게 하면 떠나도록 할 수 있을까?

이러한 고민을 진지하게 하는 사람은 호시노 리조트의 호시노(星野) 대표다. 호시노 대표는 코로나19 확산 전부터 여행 시장에 있어 젊은 고객층의 중요성을 강조했다. 그는 일본의 관광 산업은 외국인 관광객을 주요 타깃으로 하고 있는데, 중장기적인 관점에서 젊은 고객층을 확보하지 못하는 것은 여행 업계에 있어 불안 요소라고 강조한다. 호시노 대표에 의하면 지금의 젊은 세대와 기성 세대는 여행에 대한 정의와 목적이 달라지고 있다.

"기성세대에게 있어 여행이란 지방의 온천 등에 가서 최소 1박 이상 머무는 것이었습니다. 반면 요즘 젊은 세대에게는 전철로 세 정거장 정도 떨어진 곳이라도 평소와 다른 곳이라면 훌륭한

여행이 됩니다. 조금 떨어진 친구의 집에 묵는 것도 여행이라는
감각을 가지고 있습니다."

즉, 기존에는 먼저 어디를 갈지 지역을 정하고 그곳에 가면 유
명한 관광지를 둘러보고 그곳의 음식을 맛보는 것이 여행이었다.
하지만 최근 젊은이들에게는 방문지가 멀리 떨어져 있을 필요가
없고, 장소가 어디든 상관없으며, 그곳에 명소가 있든 없든 별로
상관없다는 대답이 많았다. 관광은 부차적인 것이다. 중요한 것은
'어디로 가는가'가 아니라 '누구와 함께 어떤 공간에서 어떤 시간
을 보내는가'이며 이것이 여행의 주된 목적이다. 이러한 감각이라
면 집에서 몇 정거장밖에 안 떨어진 친구의 집도 여행처럼 인식하
게 된다는 것이다.

젊은 층의 여행에 대한 정의가 바뀌면서 숙박 시설에 요구되는
점도 달라졌다. 친구 집에 가는 것처럼 캐주얼하고 느슨한 느낌을
선호하는 젊은이들이 늘면 지금까지 일반적인 호텔에서 가지고 있
던 다양한 규칙, 예를 들어 조식 시간, 체크아웃 시간, 로비에서 음
식 반입 금지 등과 같은 제약을 없애는 것이 젊은이들을 끌어들이
는 하나의 방법이 될 수 있을 것이다.

호시노 리조트는 일정한 규모의 시장이 예상되는 특정 소비자
집단을 타깃으로 삼는 '스몰 매스 마케팅 전략'을 실행 중이다. 반
려동물과 함께 머물 수 있는 호텔, 시니어를 위한 호텔, MZ세대를
위한 호텔 등이 호시노 리조트가 정의한 스몰 매스 시장이다. 그리

고 이렇게 뾰족하게 타깃한 고객 그룹을 위한 호텔 브랜드(OMO, 카이 등)를 지속적으로 선보이고 있다. 그중 BEB5(베브 파이브)는 20~30대를 타깃으로 만든 호텔 브랜드다. 〈니혼케이자이 신문〉 인터뷰에서 호시노 대표는 이렇게 말했다.

> "국내 여행의 80%는 외국인이 아닌 일본인이 합니다. 어떻게 하면 일본의 젊은이들이 여행을 더 자주 나서게 할 것인가를 연구해 만든 곳이 BEB5 카루이자와(軽井沢)입니다. 미래의 여행 산업을 지탱할 20~30대에게 국내 여행의 매력이 더욱 알려졌으면 좋겠습니다."

여행을 부담스럽게 느끼는 젊은 친구들을 타깃한 호텔은 어떤 모습일까? BEB5라는 이름을 단 첫 번째 호텔은 도쿄에서 기차로 1시간이면 도착하는 유명 휴양지인 카루이자와라는 곳에 위치했다.

"평소처럼 마음 맞는 친구들과 친밀한 장소에서 즐기는 것도 좋지만 가끔은 조금 특별한 것을 하고 싶다. 하지만 여행은 허들이 높다." 이러한 생각을 가진 MZ 고객이 약간의 '비일상적인 감각'을 느낄 수 있는 장소, 친구와 여유롭고 자유롭게 시간을 보낼 수 있는 곳, '이자카야 이상 호텔 미만'의 콘셉트를 가진 공간, 이것이 BEB5가 노리는 바다.

이를 실현하기 위해 29세 미만의 고객은 1박에 1만 5천 엔(약

20대 고객을 타깃으로 '이자카야 이상 호텔 미만'을 콘셉트로
만든 호텔 BEB5 카루이자와

출처: BEB5 카루이자와 홈페이지(hoshinoresorts.com)

15만 원)이라는 가격에 머물 수 있도록 한다. 3명이 이용하면 1인당 5천 엔(약 5만 원), 2명이 이용하면 1인당 7,500엔(약 7만 5천 원)으로 숙박이 가능하다.

한 가지 특이한 점은 보통 호텔의 경우 변동 가격제, 즉 성수기와 주말에는 가격을 비싸게 책정하는 것이 일반적이지만 BEB5는 365일 가격이 변하지 않는 고정 요금제를 시행하고 있다. 이는 몇 달 전부터 계획해서 떠나는 것이 아니라 기분 내키면 언제든 쉽게 카루이자와로 떠날 수 있도록 하기 위한 의도다. 체크아웃 시간도 오전 11시로 설정되어 있지만 11시를 넘어도 문제가 없으며 추가 요금을 받지 않는다.

'이자카야 이상 호텔 미만'이라는 콘셉트가 잘 드러나는 곳은 일반 호텔과는 사뭇 다른 공용 공간이다. 호텔의 널찍한 로비에는 테이블과 의자, 소파, 긴 탁자뿐만 아니라 누워서 쉴 수 있는 소파 베드도 몇 개 마련되어 있어 다양한 인수와 니즈에 맞추어 시간을 보낼 수 있다. 각종 보드게임이 비치되어 있어 원하면 언제든지 게임도 할 수 있다. 타마리바(TAMARIBA)라고 불리는 외부 공간에는 모닥불, 그리고 나무로 만들어진 벤치와 의자 및 테이블이 놓여 있어 자연을 만끽할 수 있다.

가장 흥미로운 점은 음식과 음료를 외부에서 사와 공용 공간에서 즐길 수 있으며, 공용 공간은 24시간 오픈되어 있다는 것이다. 일반 호텔이라면 근처의 편의점에서 맥주와 과자를 사서 객실이 아닌 로비에 앉아서 마시는 광경을 찾아보기 힘들 것이다.

BEB5가 외부 주류의 반입을 허용하는 이유는 호텔에서 파는 술만 마시면 고객들이 부담되어 오래 머물지 못하기 때문이라고 전한다. 호텔 옆에는 편의점이 위치해 큰돈을 들이지 않고 술과 안주를 구입할 수 있다. 모닥불도 사람이 남아 있을 때까지는 끄지 않는다. 실제로 필자가 묵었을 때도 밤 12시가 넘어서도 로비에는 술을 마시며 담소를 나누는 젊은이들로 가득했다.

이렇게 BEB5는 호텔 업계가 통상적으로 적용하던 엄격한 규칙을 없애는 것으로 20대가 숙박 시설에 대해 가졌던 불만을 해소했다. 또한 친구들과 함께 쉴 수 있는 시설과 게임 등을 보강해 그들이 중시하는 여행, 즉 '누군가와 함께 즐거운 시간을 보내는 것'을 만끽할 수 있도록 했다. 그 결과, BEB5는 20대가 고객의 70%를 차지할 정도로 젊은 세대에게 이례적인 인기를 누리고 있다.

호시노 대표는 코로나19 확산 전부터 일본 여행업의 외국인 의존도가 너무 높다고 지속적으로 지적해왔다. 성장이 멈춘 국내 시장을 공략하기 위해 호시노 리조트는 타깃을 명확하게 나누고 각각의 니즈에 맞는 숙박 시설과 서비스를 선보이고 있는데, 호시노 리조트가 진입하기 전에는 20대를 주요 타깃으로 하는 호텔 브랜드가 없었다. 20대는 인구도 적고 경제적으로 여유가 없기 때문에 호텔 산업이 공략하고 싶어하는 그룹이 아니기 때문이다. 하지만 이는 역으로 말하면 경쟁자가 없다는 뜻이다.

사람의 라이프 스테이지가 바뀌면 여행 스타일도 바뀐다. 20대가 BEB5를 통해 호시노 리조트를 경험하면, 이들이 언젠가는 호시노의 다른 브랜드인 온천 료칸 '카이'나 럭셔리 브랜드 '호시노야' 등에 관심을 가질 가능성이 높아진다. 만약 결혼을 하고 아이를 낳는다면, 가족 여행객에게 인기 있는 리조트 호텔인 '리조나레'를 이용할 수도 있을 것이다. 젊은 층이 일찍부터 자사 브랜드의 팬이 되는 것은 장기적으로 봤을 때 큰 장점이 된다.

어떠한 산업이든 시장이 성숙함에 따라 시장을 세분화하고 각 타깃에 맞는 제품이나 서비스를 만드는 것이 중요하다. 하지만 호텔 업계는 아직도 5성급, 4성급으로 호텔을 분류하며 대부분 비슷비슷한 서비스를 제공한다. 호시노 리조트는 호텔 산업 또한 새로운 기준으로 시장을 세그멘테이션하는 것이 필요하다는 점을 보여준다. 혹자는 이미 소비 여력이 충분한 중장년층만을 타깃으로 마케팅을 하는 것을 생각할 수도 있을 것이다. 하지만 이는 중장기적으로 볼 때 좋은 생각이 아니라고 호시노 대표는 주장한다.

"지금 여행에 가장 많은 돈을 쓰는 40대, 50대도 20년만 지나면 60대, 70대의 고령자가 되어 소비력이 떨어집니다. 대신 주축이 되는 것은 지금의 20대, 30대입니다. 그 연령대의 사람들에게 젊은 시절부터 여행이 즐겁다는 것을 체험할 수 있는 계기를 만들어 미래 여행 수요로 이어질 수 있는 토대를 마련하는 것이 무엇보다 중요합니다."

"젊은 층이 결코 여행에서 멀어진 것이 아닙니다. 단지 여행의 목적과 정의가 크게 달라졌습니다. 이를 깨닫지 못한 채 기존의 여행과 숙박 스타일을 강요하고 있기 때문에 젊은 층의 선택을 받지 못했던 것입니다."

호시노 대표는 '젊은이들의 여행 바나레'야말로 기회가 될 수 있다고 보고 있다. 이는 비단 여행업에만에 적용되는 이야기는 아닐 것이다. 젊은이들 혹은 소비자들이 떠나가는 산업이 있다면 현재의 서비스와 제품에서 무엇을 근본적으로 바꾸어야 할지 곰곰이 생각해보자. 도리어 기회의 땅이 될 수도 있다.

# 영화관에서

## 영화를 보지 않는다,

## Z세대의 타이파

『도쿄 트렌드 인사이트』에서도 다루었고 이 책에서도 자주 언급한 '타이파(タイパ)'는 시간 대비 효과, 즉 어떤 일에 투자한 시간과 그 시간 동안 얻은 효과나 만족도를 나타내는 단어다. 타이파를 중시하는 소비는 특히 Z세대에게 많이 보인다.

일본의 온라인 쇼핑몰인 라쿠텐(Rakuten)의 조사에 의하면 일상생활에서 타이파를 의식한다는 사람의 비중이 30~40대는 40%에 달하는 반면 Z세대는 무려 70%에 달한다. 타이파 니즈를 겨냥해 최근 가전 제조사 및 식품회사들도 시간을 단축시켜주는 제품을 다수 출시하고 있다. 건조 기능이 달린 옷걸이나 1인 가구를 위한 미니 식기세척기, 전자레인지로 편하게 조리 가능한 냉동식품 등이 그 예다. 매일 먹는 식품에서부터 인생에서 가장 중요한 결정이 될 수도 있는 취업 활동까지 Z세대의 타이파 심리를 공략해 설계한 서비스가 최근 일본에서 주목받고 있다.

## 배속 시청, 온라인 수업…
## Z세대의 효율 추구

———

비용 대비 효과를 뜻하는 코스파(Cost Performance, 가성비)라는 단어에서 파생된 단어인 타이파(Time Performance, 시성비)는 '2022년 올해의 신조어'에 선정된 후 최근 일본 언론뿐만 아니라 일상에서도 빈번하게 쓰이고 있다. 특히 다른 세대에 비해 Z세대가 타이파를 중시하는 경향이 강하다. 이러한 의식은 Z세대의 생활과 소비에 어떠한 영향을 미치고 있을까? 타이파 중시 심리를 비즈니스에 활용하는 방법은 무엇일까?

우선 Z세대의 타이파를 중시하는 소비행태의 예를 몇 가지 살펴보자. 넷플릭스와 같은 동영상 서비스에서 영상을 1.5배 혹은 2배의 빠르기로 보는 '배속 시청'을 한다. 동영상은 나중에 다시 볼 수 있기 때문에 한 번에 다 이해하지 않아도 되기에 속도를 높여 시청한다. 장시간의 영상을 잘라내는 '자르기' 문화가 부상한 점,

그리고 10~20초 안에 내용을 압축한 틱톡(TikTok) 영상 및 유튜브 쇼츠의 인기를 통해서도 디지털 네이티브 세대의 타이파 중시 경향을 읽을 수 있다.

업무나 수업, 취업 활동을 온라인으로 하는 것도 타이파 소비로써 널리 받아들여지고 있다. Z세대는 코로나19의 영향으로 온라인 수업에 익숙해져 있으며, 취업 활동에서의 온라인 면접 또한 당연하게 여기고 있다. 온라인 수업은 이동 중에도 시청할 수 있고, 배속 시청을 통해 속도 조절이 가능하기 때문에 무언가를 병행하고 싶은 이들에게 효율적인 학습방식으로 자리 잡았다.

Z세대 중에는 넷플릭스나 아마존 프라임에 너무 익숙해져 영화관에서 영화를 볼 수 없는 이들도 있다고 한다. 영화를 보는 동안 다른 일을 할 수 없는 상황을 견디지 못하며 무언가 작업을 하거나 이동하는 시간에 배속을 조절하면서 영화를 보는 것이 훨씬 생산성이 높다고 생각하는 것이다.

'실패하고 싶지 않다'는 의식이 강한 Z세대는 돈과 시간을 투자했는데 재미없었다는 감정을 느끼는 것을 싫어한다. '재미없을지도 모르는 영화에 시간도 돈도 들이고 싶지 않다'라는 감정 또한 영화관에 가는 것을 주저하게 만든다. 영화가 재미 없다면 '영화를 보는 시간에 다른 즐거운 것을 소비할 수 있었을 텐데…'라는 부정적인 감정에 빠지는 것을 피하기 위해 때로는 영화를 보기 전에 결말을 미리 알아보는 것도 마다하지 않는다.

지금은 구독 서비스의 발달로 집이나 지하철 안에서도 영화를 즐길 수 있는 시대다. 영화관에서 상영된 작품이 동영상 서비스에 등장하는 속도도 훨씬 빨라졌기 때문에, 보고 싶은 영화를 스마트폰으로 원하는 시간에 원하는 장소에서 보는 것이 타이파를 중시하는 이들에게 더 효율적이다. 인터넷 속도 향상과 구독 서비스 강화 등 기술의 발전으로 인해 Z세대는 시간 대비 효율적인 방법을 선택할 수 있게 되었다. 굳이 비효율적인 방법을 선택함으로써 얻을 수 있는 '불편함'을 감수하지 않는 한 Z세대가 타이파를 의식하는 것은 필연적인 현상이다.

Z세대가 유독 타이파를 중요시하는 이유는 2가지가 있다. 첫 번째는 불편함에 대한 면역력이 없다는 것이다. 예전에는 기차로 반나절 이상 걸려야 도착하던 지역을 지금은 신칸센으로 1시간이면 갈 수 있다. 인터넷 쇼핑몰에서 구입한 물건이 2주 정도 걸리던 것이 당일에 도착하는 등 세상은 매우 편리하고 빨라졌다. 하지만 젊은 세대는 지금 당연하게 여겨지는 빠른 서비스가 존재하지 않던 시절을 살아본 적이 없기 때문에 불편함에 익숙하지 않다. 옛날을 알면 불편함의 장점을 느낄 수 있을 텐데 애초에 그런 경험을 해보지 않았기 때문에 참을 수 없게 되는 것이다.

두 번째는 점점 편리한 사회가 되면서 '시간을 의식하지 않을 수 없는' 일이 많아졌다. 우리가 손에서 놓지 못하는 스마트폰에는 항상 시간이 표시되어 있고, 시청하는 동영상에는 얼마나 긴 동영상인지 표시되어 있다. 이로 인해 스마트폰이나 PC를 접하는 Z세대는 항상 '당신은 지금 ○분 동안 SNS를 보고 있습니다',

'○시간 동안 동영상을 보고 있습니다'라는 점을 의식한다. 이렇게 숫자로 확연하게 나의 시간 활용 내역이 표현되면 자연스럽게 조급함과 불안감을 느끼고, 동영상 시청 속도를 높이거나 동시다발적으로 일을 처리하는 등 효율화를 꾀하게 된다.

## '불합격한 사람'이 아니라
## '최종 면접까지 간 우수 인재'입니다

———

타이파를 의식하는 이들이 사회의 중심이 되는 시대에는 분명 비즈니스의 모습도 달라질 것이다. 일하는 방식은 물론, 마케팅 방식도 시대에 맞게 변화할 것이다. 타이파를 중시하는 Z세대의 특성을 잘 파악하면 새로운 비즈니스를 만들 수도 있다.

예를 들어 최근 취업 활동에서도 타이파를 중시하는 학생들이 많아지고 있다. SNS를 분석해 채용 마케팅을 지원하는 노 컴퍼니(No Company)의 조사에 의하면 '취업 활동 시 타이파를 의식하는지'를 묻는 설문에 '의식한다'라고 답한 학생은 68.6%로 전체 응답자의 약 2/3에 달했다. 취업 활동은 한정된 시간 안에 다수의 회사를 조사하고 면접을 준비해야 하는 만큼 얼마나 효율적으로 준비할 수 있느냐가 관건이다. 기업에 관한 정보를 얻을 수 있는 플랫폼이 늘면서 취업 활동에서도 타이파를 의식하며 정보를 수집하는 경향이 강해지고 있는 것이다. 취업 활동에서 타이파를 의식하는 젊은

이들이 증가하고 SNS로 얻을 수 있는 정보가 늘어나면서 Z세대를 둘러싼 취업 활동의 분위기 또한 크게 바뀌었다.

여기에 더해 간과할 수 없는 점은 일본의 '일손 부족' 문제다. 신문에서 자주 접할 수 있는 '구인배율'이라는 단어는 노동의 수요와 공급을 나타내는 지표로, 구인배율 1.3은 구직자 100명당 일자리가 130개 있다는 의미다. 일본의 구인배율은 2015년 이후 항상 1을 넘어섰으며 최근에는 약 1.3 정도를 기록했다. 즉, 일본은 일하려는 사람보다 일자리가 많은 상황으로 기업들이 대학생들에게 자기 회사에 입사해 달라며 구애를 하는 중이다. 이에 따라 기업들은 자사를 홍보하는 데 열을 올리고 있으며, 타이파를 의식하는 대학생들이 늘자 홍보 전략을 바꾸어야 한다는 인식 또한 퍼지고 있다. 예를 들어 글자 수가 많고 한눈에 보기 어려운 콘텐츠보다는 빠르게 기업에 관한 정보를 일목 요연하게 정리해서 전하는 콘텐츠를 만드는 것이다.

이러한 사회적 현상을 배경으로 최근 취업 준비생과 기업의 시간을 아껴주는 타이파를 의식한 서비스가 눈길을 끈다. 2020년 설립된 '아바바(ABABA)'라는 벤처기업은 '최종 면접에서 떨어진' 취업 준비생을 '최종 전형까지 남은' 취업 준비생으로 관점을 전환해 가치를 부여하고 있다. 아바바를 창업한 구보(久保) 대표가 대학생이었던 2020년 6월, 취업을 준비하던 친구가 대기업 최종 면접까지 갔지만 결국 불합격을 했다. 그 친구는 한동안 멘탈이 무너져 약 한 달 정도 연락이 닿지 않았다. 당시 구보 대표는 '모든 노력이

최종면접까지 갔던 당신을 기업이 스카우트한다는 메시지를 전면에 내세운 아바바 홈
페이지

출처: ABABA 홈페이지(hr.ababa.co.jp)

물거품이 되는 것이 아깝기도 했지만, 최종 면접까지 간 친구는 다
른 기업에서 보기에도 상당히 매력적인 인재인데…'라는 생각을
했다. 구보 대표의 이러한 생각은 새로운 서비스의 개발에 힌트가
되었다. 신입사원 채용 과정에서 기업이 학생들에게 보내는 '불합
격 통지 메일'을 역으로 활용하는 것이다.

　기업 측이 최종 선발까지 갔지만 아쉽게도 탈락한 취업 준비생
에게 보내는 '불합격 통지' 이메일의 말미에 아바바의 등록 링크를
첨부한다. 이곳에 등록한 취업 준비생은 어느 기업의 최종 인터뷰
까지 합격했는지 입력할 수 있으며, 아바바와 제휴한 기업의 채용
담당자는 이를 열람할 수 있다. 즉, 기업은 타사가 이미 역량이 있
다고 평가한 취업 준비생에게 기업이 접근할 수 있으며, 취업 준비

생은 '최종 전형까지 남았다'는 사실을 강점으로 평가받는 구조다.

최종 면접까지 갔던 학생들은 이미 어느 정도 역량을 인정받은 상태다. 불합격한 취업 준비생의 대부분이 역량이 부족하다기보다는 기업과의 핏이 맞지 않는 경우가 많다. 기업과 학생 입장에서 모두 에너지와 시간을 썼는데 여태까지 들인 노력이 아까운 것이 사실이다. 아바바는 이러한 채용 프로세스에 들인 기업과 학생의 노력을 버리지 않고 활용하는 것이다.

실제로 한 기업이 약 500명 정도에게 불합격 통보 메일을 보냈는데, 메일에 첨부된 링크를 통해 약 300명의 취업 준비생이 아바바에 등록했다. 2020년 서비스 출시 후 3년이 지난 2023년, 약 1,100개 기업이 아바바 서비스를 도입했으며 4만 5천 명의 취업준비생이 등록되어 있다. 때로는 기업의 채용 담당자로부터 '○○기업의 최종 면접까지 간 학생이라면 우리 회사에서는 최종 면접만 하면 된다'라는 제안을 받기도 하는 등 취업 준비생이 우대받는 경우도 있다. 또한 채용이 몰리는 시기에는 채용 인원을 충원하기 위해 막바지에 아바바의 도움을 받아 서류 전형과 1차 면접은 생략하고 2차 면접부터 진행할 학생을 모집하는 경우도 있다. 인재 서비스 기업 캐리어스의 조사에 따르면, 신입사원 채용에 '어려움을 겪고 있다'고 답한 기업이 무려 60%를 넘었다. 저출산으로 지원자 수를 확보하기 힘든 기업 또한 비용과 시간을 절감할 수 있다.

학생들의 반응도 매우 긍정적이다. 일본은 아무리 학생이 기업을 골라가는 취업 시장이라 해도 최종 불합격 통보를 받는 것이 감정적으로 쉬운 일은 아니다. 최종까지 엄청나게 시간을 들였는데 모든 것이 헛수고가 되었다는 느낌을 지우기 힘들다. 때로는 자신을 부정당한 듯한 느낌을 받는다는 학생들도 있다. 하지만 아바바에 등록한 후 기업으로부터 스카우트 제안이 와서 자신감을 얻게 되었다는 학생도 많다. 아바바는 기업과 취업 준비생의 노력과 시간을 아껴주고, '불합격한 학생'을 '최종 면접까지 간 우수 인재'로 긍정적으로 포지셔닝함으로써 새로운 시장을 개척했다.

## 쉐이크 쉐이크,
## Z세대의 마음을 훔친 우동

———

일본 밴드인 '코메코메클럽'의 〈Shake Hip〉이라는 곡에 맞추어 젊은 여배우와 인기 댄서들이 우동이 담긴 컵을 흔들며 오모테산도에서 춤을 추고 있다. 이러한 독특한 광고를 내세우며 데뷔한 제품은 일본의 대표적인 우동 체인점인 마루가메제면(丸亀製麺)이 2023년 5월에 출시한 '마루가메 쉐이크 우동(振るうどん)'이다. 이 우동은 출시 3일 만에 21만 개를 판매하는 기록을 세웠다. 코로나19가 엔데믹으로 전환되고 테이크아웃 상품의 인기가 시들해질 무렵 출시한 테이크아웃 상품이 어떻게 이런 인기를 얻게 된 것일까?

코로나19가 확산된 3년간 음식의 테이크아웃은 매장 내에서

컵 모양의 용기에 면과 재료를 담아 흔들어
먹는 쉐이크 우동이 Z세대에게 인기를 끌고
있다.
출처: 마루가메제면 홈페이지(jp.marugame.com)

먹을 수 없기에 어쩔 수 없이 선택된 경우가 많았다. 하지만 팬데
믹이 종식되면서 상황이 달라졌다. 고객들이 매장 내에서 식사하
기 시작했고, 매력적이지 않은 테이크아웃 상품은 고객의 선택을
받지 못할 가능성이 높아졌다.

　　"새로운 시대의 테이크아웃은 이트인(eat in)을 대체하는 것이 아
　　니라 테이크아웃이기에 느낄 수 있는 '즐거움'과 '설렘'을 제공

하는 것이 중요합니다."

_마루가메제면의 최고 마케팅 책임자(CMO)

나구모 카츠아키(南雲克明)

쉐이크 우동은 이름 그대로 흔들어 먹는 우동이다. 컵 모양의 용기에 우동 한 그릇과 육수, 채소 등의 재료가 담겨 있고 컵을 위 아래로 흔들면 면과 재료가 잘 섞이도록 만들었다. 이 제품을 출시한 가장 큰 목적은 마루가메제면의 고객층을 확대하는 것이다. 특히 여태까지 마루가메제면의 이용 기회가 적었던 Z세대에게 어필하는 것이 목표이며 원하던 대로 Z세대를 중심으로 큰 인기를 얻었다. 그 이유는 무엇일까?

첫째, 상품의 타이파(시성비)가 높다. 마루가메제면의 히트작인 우동 테이크아웃 상품의 경우 육수와 면, 그리고 건더기가 분리된 용기에 포장되어 있다. 우동을 먹기 위해서는 국물 용기 안에 면과 건더기를 이동시켜야 하는데, 이 과정에서 먹는 이의 손과 테이블이 더럽혀질 가능성이 높다. 반면 쉐이크 우동의 경우 용기가 하나로 통합되어 있어 흔들기만 하면 바로 먹을 수 있다. 타이파에 민감한 Z세대가 일하면서 혹은 공부하면서, 즉 무언가를 '하면서' 먹기에 적합한 상품이다.

둘째, 높은 가성비다. 쉐이크 우동은 390엔(약 3,900원)이라는 가격에 설정되어 있다. 보통의 프랜차이즈 식당은 센트럴 키친에서 재료를 만들어 각 점포로 배달한다. 예를 들어 우동 면을 만들어

마루가메제면의 우동 테이크아웃 제품
출처: 마루가메제면 홈페이지(jp.marugame.com)

프랜차이즈 매장으로 배달하고 각 점포에서 기타 재료를 조합해 음식을 만들어 운영의 효율화를 꾀한다. 하지만 마루가메제면은 오랜 기간 축적된 운영 노하우로 모든 매장에서 직접 면을 뽑아 갓 만든 쫄깃한 면을 제공하고 있다. 언뜻 생각하면 비효율적으로 들리지만 갓 뽑은 면을 390엔에 먹을 수 있다는 점에서 고객들은 가성비가 좋다고 느낀다.

마루가메제면은 쉐이크 우동이 인기를 끌면 반드시 모방 상품이 등장할 것으로 보고 있다. 아마도 가장 먼저 컵 우동을 출시하는 곳은 편의점이 아닐까 마루가메제면은 예측한다. 하지만 편의점에서 갓 뽑은 면을 사용하는 것은 거의 불가능하다고 본다. 마루가메제면의 '갓 뽑은 쫄깃한 우동'을 4천 원 이하의 가격으로 먹을 수 있다는 점에서 가성비가 좋은 제품인 것이다.

마지막으로 흔드는 순간의 '재미'다. 재미는 Z세대 대상 마케팅에 있어 중요한 요소다. 재미있는 상품과 서비스는 Z세대 소비자들이 스스로 콘텐츠를 만들어 적극적으로 SNS에 공유하기 때문이다. 유저 제너레이트 콘텐츠(User Generated Content, UGC)라고 불리는 소비자가 직접 만들어 확산시키는 콘텐츠는 Z세대 대상의 마케팅에서 큰 영향력을 미치고 있다. 실제로 2023년 5월, 시부야에서 열린 쉐이크 우동 행사에서 컵을 흔드는 모습을 촬영한 콘텐츠가 틱톡, 인스타그램, X(구 트위터)를 중심으로 확산되어 제품 인지도를 높이는 데 크게 기여했다.

다른 외식업체들은 테이크아웃 상품을 줄이고 있는 상황에서 테이크아웃 상품을 강화하는 움직임은 역설적으로 느껴진다. 마루가메제면은 왜 위험을 무릅쓰고 승부수를 던진 것일까? 마루가메제면의 최고 마케팅 책임자(CMO) 나구모 카츠아키 씨는 트렌드를 쫓다 보면 비슷비슷한 상품이 만들어지고 결국 가격 경쟁으로 귀결된다고 전한다.

"항상 사용자에게 새로운 가치를 제공하도록 스스로 채찍질해야 합니다. 기존에 없던 경험을 제공할 수 있는 상품을 기획해야 합니다."

# Z세대의

## 감정을 움직여라,

## 에모 소비

 

다양하고 질 좋은 물건이 넘쳐나는 시대에 태어나고 자란 탓일까? Z세대의 소비 기준은 기성세대와 조금 다르다. 이들은 '자신의 삶과 세계관이 풍요로워지는 것'에 중점을 둔다. Z세대를 대상의 마케팅을 제안하는 회사인 '보쿠토와타시토(僕と私と) 주식회사'를 운영하는 이마타키(今澤) CEO는 Z세대를 이해함에 있어 '에모'에 주목한다.

'에모'란 영어단어 emotion(이모션, 감정)에서 유래한 일본어로 '감정적, 감성적'이라고 이해하면 될 것이다. 『도쿄 트렌드 인사이트』에서 소비의 트렌드가 '모노(물건) 소비'에서 '코토(경험) 소비'로, 그리고 '토키(순간) 소비'로 변하고 있다고 설명했다. 토키란 '순간, 그 시간'을 의미하는 단어로 그 시점과 그 순간에만 맛볼 수 있는 경험을 추구하는 소비행태다. 좋아하는 아이돌 그룹의 콘서트를 즐기는 것, 핼러윈 기간에 분장을 하고 나가 모르는 사람과 어울리며 함께 사진을 찍는 것 등이 토키 소비의 예가 된다.

최근에는 토키 소비와 함께 '에모(감정, エモ) 소비'라는 키워드도 등장했다. 에모 소비는 어떠한 상황에 공감하는 것, 어떠한 사물을 접하고 행복하다고 느끼는 것, 그리고 누군가와 커뮤니케이션하고 소통하며 감정을 나누는 것 등을 포함한다. 지금의 Z세대는 상품 그 자체의 매력보다는 상품을 구매함으로써 얻을 수 있는 감정을 중시하는 소비를 한다는 것이다. 이마타키 대표는 앞으로는 어떻게 감정을 만들어 Z세대에게 전달하느냐가 마케팅의 핵심이 될 것이라고 전한다.

에모 소비는 Z세대의 경험을 중시하는 소비행태와 그 맥을 같이한다. 경험에서 우리가 얻고자 하는 것은 결국 긍정적인 기분, 설렘, 재미다. Z세대가 몰려드는 팝업 스토어에서 그들은 친구들과 함께 경험하고 소통하며 행복감을 느낀다. 일본 Z세대의 공감을 불러일으키고 이들의 감정을 자극함으로써 인기를 얻은 제품과 공간은 어떠한 곳이 있을까?

## 노래 가사에 맞추어
## 맛이 변하는 사탕

———

일본의 많은 상품 및 서비스가 젊은이들이 찾지 않는 '바나레' 현상을 겪고 있는데, 그중 하나는 다름 아닌 사탕이다. 우리가 흔히 보는 딱딱한 사탕인 '하드 캔디'를 찾는 10~20대는 급감하는 대신 젤리의 인기가 높아지고 있다. 대표적으로 일본의 캔디 제조사인 칸로(Kanro)가 만든 '구미첼'은 국내외를 불문하고 Z세대에게 큰 인기를 끌고 있다. 프레첼 모양으로 만들어진 구미첼 젤리는 겉은 바삭하고 속은 촉촉한 식감으로 인해 씹을 때 아삭아삭한 소리가 나는데, 이를 ASMR 콘텐츠로 올리는 유튜버들이 많아지며 유명세를 타기 시작했다.

비록 구미첼 젤리로 히트를 친 칸로이지만 사탕에서는 고전을 면치 못하고 있다. 칸로는 오랜 기간 일본에서 사랑받아온 스테디셀러 사탕을 다수 보유하고 있지만 대부분 중장년층이 구매하고 있는 실정이다. 어떻게 하면 젊은 층을 사탕 시장으로 끌어들일 수 있을지 고민에 고민을 거듭하던 칸로는 '감성 사탕(Emotional Candy)'이라고 불리는 상품을 발매해 Z세대 사이에서 히트를 쳤다.

감성 사탕은 칸로가 잡화점인 플라자(PLAZA)와 함께 공동으로 개발한 제품으로, 프로젝트는 감성 사탕의 타깃인 20대 여성들이 주축이 되어 진행했다. 먼저 논의된 것은 젊은이들이 사탕을 소비하지 않는 이유를 분석하는 것이었다.

"젤리는 모양이 다양합니다. 톡톡 튀면서 귀여운 모양의 젤리가 속속 등장하고, 식감도 부드러운 것부터 약간 딱딱한 것까지 다양해 즐길 수 있는 요소가 많아요. 반면 캔디는 모양이 둥글고 전통적인 느낌이에요. 색은 단색이 많고, 맛도 사과맛, 포도맛 등 한 알에 한 가지 맛만 있는 것이 여전히 정석이죠. 즉, 거의 진화하지 못했다고 봐도 됩니다."

_칸로의 브랜드 개발부

또한 Z세대에게 사탕에 대한 인상을 묻는 설문도 진행했다. 그러자 '입 안에서 머무는 시간이 길다', '맛이 변함없이 단조롭다'는 부정적인 뉘앙스의 의견이 속속 나왔다. 상품을 선택하는 기준을 묻자 다른 세대와는 다른 Z세대 특유의 가치관도 드러났다.

"Z세대가 제품을 선택하는 기준은 단순히 맛이나 기능성뿐만 아니라 '공감할 수 있는지'가 핵심이었습니다. 또한 SNS를 능숙하게 사용하는 세대답게 'SNS에 게시해서 남에게 보여주고 싶다', '친한 사람에게 이해받고 싶다'는 점도 중요한 조건이라는 것을 알게 되었습니다."

_PLAZA의 상품 바이어 겸 개발부

젊은이들이 공감할 수 있는 상품을 만들기 위해서는 감성을 자극해야 한다. 어떻게 하면 감성을 자극할 수 있을까? 논의를 거듭

가사에 맞추어 맛이 변하는 감성 캔디

출처: 플라자 홈페이지(www.plazastyle.com)

하던 중 한 프로젝트 멤버가 내뱉은 말이 돌파구가 되었다.

"길고 지루하게 여겨지는 사탕이 입 안에 머무는 시간에 의미를 부여할 수 없을까?"

"사탕이 입 안에서 녹아내리는 모습에서 허무함을 느낀다. 이 감정과 연계해 사탕이 입에 머무는 시간을 감정적으로 활용하는 장치를 만들 수 없을까?"

아이디어는 점점 확장되어 갔다.

"패키지 위에 이야기나 음악을 표현하고, 사탕과 이를 연동시켜 사탕이 입 안에 머무는 시간 동안 스토리를 느낄 수 있도록 하면 어떨까?"

즉, 사탕이 사라지기까지의 시간 동안 스토리나 풍경이 떠오르도록 만들어 감성적인 기분을 느끼게 하는 것이다.

이러한 콘셉트로 탄생한 감성 캔디(이모셔널 캔디)를 살펴보자. 반투명한 플라스틱 소재의 컬러 패키지 안에 7개의 캔디가 들어 있다. 패키지는 스마트폰 모양으로 위에는 음악 재킷 사진과 같은 느낌의 일러스트가 그려져 있고, 아래에는 일시정지, 곡 넘기기, 곡 되돌리기 등의 조작 버튼이 인쇄되어 음악 앱을 연상케한다. 사탕의 이름도 독특하다.

'바람을 가르고 난 뒤(風をきってつぎへ)', '사랑이었다고 말할 수 없어(恋だったなんていえない)', '밤이여, 끝나지 말아요(夜よおわらないで)' 등 마치 노래 제목과 같은 이름이 붙어 있다. '사과맛', '포도맛' 등으로 불리는 일반적인 사탕과 사뭇 다르다. 그리고 뒷면에는 스마트폰 음악 앱에서 흔히 볼 수 있는 것처럼 가사가 적혀 있다. 정말 사탕스럽지 않은 패키지다.

무엇보다 가장 인상적인 점은 가사에 맞추어 사탕의 맛이 변하는 것이다. 뒷면에 적힌 노래 가사를 읽으면서 캔디를 녹여 먹으면 가사의 내용과 느낌에 따라 사탕 맛이 변한다. 가사 내용의 변화에 따라 달콤하던 맛에서 신맛으로, 그리고 다시 쓴맛으로 바뀐다. 사탕 자체의 색깔에도 신경을 썼다. 일반적으로 사탕은 단색인 경우가 많아 색다르게 느껴지지 않는데, 칸로의 감성 캔디는 서로 다른 옅은 색을 겹쳐서 대리석과 같은 무늬를 만들었다. 실제로 캔디 모양이 귀여워서 구입했다는 후기도 잇따른다.

이렇게 색다른 풍모의 감성 캔디는 2022년 2월 수량 한정으로 출시되자마자 SNS를 중심으로 화제를 일으키며 날개 돋친 듯 팔려나가 품절 사태를 빚었다. 칸로의 감성 캔디는 에모 소비의 대표적인 성공 사례로 꼽힌다. 사탕이라는 흔하게 볼 수 있는 제품에 감정을 입혀 Z세대의 공감을 불러일으켰다. 이들은 사탕이 먹고 싶어 혹은 사탕이 맛있어서 감성 캔디를 구입한 것일까? 이들은 사탕이 불러일으키는 감정을 산 것이 아닐까?

# '나를 데려 가세요'
## 코카콜라가 나에게 말을 걸다

"나를 데려 가세요"

코라콜라가 잔뜩 진열된 매장에 들어가니 콜라 캔이 나에게 말을 걸어온다. 이러한 놀라운 경험을 할 수 있는 공간이 도쿄에 등장했다. 2024년 2월 한시적으로 일본 코카콜라가 오픈한 '리빙 마트(LIVING MART by Coca-Cola ZERO)'다. AI가 생성한 1만 개의 프로필이 부여된 살아 있는 콜라, 이러한 참신한 기획 뒤에는 어떠한 배경이 숨겨져 있을까?

일본 코카콜라가 코카콜라 제로 캠페인의 일환으로 2024년 2월 6일부터 18일까지 도쿄 하라주쿠에 오픈한 기간 한정 점포 '리빙 마트'에서의 체험이 화제가 되었다.

매장을 둘러보기 전, 잠시 코카콜라의 글로벌 홍보대사인 그룹 뉴진스를 활용한 TV 광고를 보자. 냉장고에 진열된 코카콜라들이 매장에 들어온 뉴진스 멤버를 보고 놀라며 뉴진스 멤버에게 뽑히기 위해 '내 탄산이 더 풍부하다' '내가 더 시원하다'는 말을 걸며 자신을 어필한다. 리빙 마트는 바로 이 TV CM의 세계관을 체험할 수 있는 곳이다.

편의점과 같은 느낌으로 만든 매장 내에서는 코카콜라 제로와 컬래버레이션한 뉴진스의 곡인 〈Zero〉가 흘러나오고 있으며 매장

냉장고의 콜라들이 뉴진스 멤버에게 뽑히기 위해 어필하는 모습의 TV CM

출처: PR Times

벽면은 코카콜라 제로로 가득 차 있다. 가장 흥미로운 점은 코카콜라가 스스로 움직이며 말을 거는 것이다. 뉴진스의 CM에서 본 것처럼 말이다.

'이쪽이야! 이쪽!' '골라보세요!' '코카콜라 맛있다!'라는 말을 연발하며 사람들의 이목을 끈다. 코카콜라 제로뿐만 아니라 점포 내의 컵라면 등 다른 상품들도 움직이거나 방문객들에게 말을 걸어오기에 마치 가게 자체가 살아 있는 것과 같은 느낌이다.

냉장고 안에서 코카콜라 1개를 고른 후 계산대로 가 바코드를 읽으면 영수증이 출력된다. 출력된 영수증에는 '당신의 운명의 코카콜라 제로는 이러한 제로!'라는 소개말과 함께 코카콜라 제로의 출신, 직업, 취미, 특기, 꿈 등이 적혀 있다.

살아있는 코카콜라를 재현한 팝업 스토어 '리빙 마트'

출처: 코카콜라 재팬(www.ccbji.co.jp)

'운명의 코카콜라'라는 네이밍에 더해 마치 사람과 같은 콜라 각자의 프로필을 읽으니 나만을 위해 만든 콜라라는 느낌을 받게 된다. 실제로 매장에 진열된 1만 병의 코카콜라 제로에는 각각 프로필이 부여되어 있다. 이 '1만 명'의 캐릭터는 AI가 만든 것이다. 코카콜라 재팬은 "출신지, 나이 설정만으로는 재미가 없습니다. 돌아가는 길에 방문자끼리 서로가 선택한 상품의 프로필을 보여주며 말하고 싶을 정도가 되어야 하기에 1만 가지의 캐릭터를 만들게 되었습니다."라고 말한다.

AI가 생성한 1만 가지의 프로필은 모두 사람이 직접 확인했다. 받는 사람에게 혹여 불쾌감을 줄 수 있는 표현이 없는지 판단하기 위해서였다. 1만 가지에 달하는 캐릭터를 단시간에 만들기 위해 AI를 활용한 반면 디테일한 영역은 사람이 담당한 것이다.

코카콜라 재팬은 코카콜라를 정기적으로 마시는 사람을 늘리기 위해 몇 가지 마케팅 전략을 실행하고 있다. 그 첫 번째는 콜라를 '식사와 함께 마시는 상품'으로 정착시키는 것이다. 외국에 비해 일본에서는 식사와 함께 콜라를 마시는 습관이 없는데 식사에 콜라를 곁들이는 습관을 만들어 콜라의 섭취 빈도를 높이고자 한다. 두 번째는 20대 이하의 젊은 층이 자신이 좋아하는 일을 하는 시간에 코카콜라와 함께 하도록 하는 것이다. 그리고 마지막으로 코카콜라 제로의 매출을 확대하는 것이다. 일본에서 코카콜라 제로는 인지도에 비해 마시는 사람이 적다. 그 이유 중 하나로 꼽히는 것이 많은 이들이 코카콜라 제로는 오리지널 콜라보다 맛이 없을 것이라는 이미지를 가지고 있기 때문이다. 리빙 마트는 이러한 이미지를 바꾸기 위한, 즉 제로 콜라가 오리지널 콜라와 비교해도 맛에 손색이 없다는 것을 알리기 위한 캠페인의 일환이다.

일본 코카콜라 마케팅 본부에 의하면 2023년부터 마케팅 전략의 목표가 가능한 많은 사람에게 다가가는 것에서 경험을 제대로 전달하는 것으로 바뀌었다. 즉, 지금까지는 TV 광고나 옥외광고 등 대중을 대상으로 한 홍보를 주로 기획해왔으나 이제는 소비자 개개인이 코카콜라의 세계관을 깊이 있게 체험할 수 있는 캠페인을 진행하는 것이다. 코카콜라 제로를 그냥 나누어주는 방법도 있지만 그냥 나눠주는 것만으로는 소비자의 인상에 남지 않을 것이기에 체험형 점포를 만든 것이다.

이러한 전략의 변경은 디지털 네이티브인 20대 이하의 젊은 층을 의식했기 때문이다. 모든 사람이 고기능의 스마트폰을 들고 다니며 각자가 모두 다른 콘텐츠를 보는 시대에는 대중을 대상으로 한 광고의 노출 효과가 예전 같지 않다. 특히 한 사람이 접하는 정보량이 많은 지금, 나에게 딱 맞는 콘텐츠가 아니면 외면당하기 쉽다. 정보를 취사선택하는 젊은 세대에게 어필하기 위해서는 자발적으로 정보를 얻고 싶게 만드는 장치가 중요하며 체험형 장치가 그 해답의 하나가 될 수 있다고 본 것이다.

"AI가 만든 1만 가지의 아이덴티티를 가진 콜라가 살아있는 것처럼 말을 걸고 움직이는 체험형 매장. 마치 판타지 영화에서나

볼 법한 이러한 비일상적인 공간에서 만난 나만을 위한 운명의 코카콜라"

코카콜라 재팬은 체험, 소통, 개인화, 재미, 이 모든 것을 담아 Z세대의 감정을 행복하게 만드는 공간 만들기에 성공했다.

3장

# [공간] 쓰임이 바뀌다

1장의 '저성장', 그리고 2장의 'Z세대'는 『도쿄 트렌드 인사이트』에서도 다루었던 키워드인 반면, 3장의 키워드인 '공간'은 새롭게 추가된 테마다. '공간'이라는 키워드에 주목한 이유는 최근 주거부터 상업 공간에 이르기까지 공간의 쓰임이 바뀌는 현상이 두드러지게 나타나기 때문이다.

공간의 변화는 라이프스타일과 트렌드의 변화를 반영한다. 우리가 먹고 마시고 잠을 자고 시간을 보내는 곳이 바로 공간이기 때문이다. 공간의 변화를 살펴보면 소비자들의 변화를 읽을 수 있다. 많은 경우 MZ세대가 공간의 변화를 주도하기에 어떠한 공간이 떠오르고 있는지 살펴보는 것만으로도 젊은 세대의 변화되는 니즈를 발견할 수 있다.

특정 콘셉트에 특화된 코리빙과 같은 주거 공간의 등장을 통해서는 1인 가구의 증가와 함께 커뮤니티에 진심인 젊은이들의 가치관을 엿볼 수 있다. 최근 확산되고 있는 이머시브 체험 공간은 오프라인 공간에서 소비자들이 얻고자 하는 체험의 강도가 점점 높아지고 있음을 시사한다. 코로나19 팬데믹 이후 위기에 직면한 오프라인 상업 시설의 변신 또한 극적이다. 한국에서도 기존 백화점의 공식을 깬 '더현대 서울', 신세계백화점의 '하우스 오브 신세계(House of Shinsegae)'가 화제였다. 최근 백화점들은 기존 공간을 재구성해 판매가 아닌 체험을 강화하고 있다. 이러한 사회 인구학적 변화와 소비 트렌드를 반영해 기업들은 새로운 공간을 만들고 있다.

이번 장에서는 먼저 주거 공간의 변화부터 살펴볼 것이다. 한국에 비해 일찍부터 1인 가구가 증가한 일본에서는 특정 콘셉트에 특화된 코리빙하우스 및 임대주택이 인기를 끌고 있다. 일본의 주거 문화와 한국의 주거 문화는 다르지만 변화하는 인구 구조하에서 주거는 어떤 가치를 제공해야 하는지에 관한 힌트를 얻을 수 있을 것이다.

이어 최근 도쿄 곳곳에서 만들어지고 있는 몰입형 엔터테인먼트를 소개한다. 관람객이 다가가면 빛이 반응하는 미디어아트 전시, 관람객이 능동적으로 참여하는 스토리형 테마파크, 호텔에서 벌어지는 스토리를 숙박하며 체험하는 '숙박형 연극' 등 다양한 형태의 몰입형 전시가 등장하며 사람들을 끌어모으고 있다.

마지막으로 '판매 공간'이 아닌 '전시 공간'으로 변신하고 있는 오프라인 점포의 변신을 살펴볼 것이다. 지금 세상의 곳곳이 제품을 알리는 미디어의 역할을 하거나 고객 데이터를 모으는 장소로 그 쓰임이 바뀌고 있다.

지금부터 하루가 다르게 변신하는 도쿄의 공간들을 만나러 가보자.

# 집,

---

## 라이프스타일을

---

## 공유하는 공간이 되다

---

### 하우스 리터러시(住宅リテラシー)

일본의 유명 디자이너인 하라 켄야(原研哉)가 『새로운 상식으로 집을 짓자(新しい常識で家をつくろう)』라는 간행물에서 제안한 개념이다. 리터러시(literacy)란 문자로 된 기록을 읽고 그곳에 담긴 정보를 이해하는 능력을 의미한다. 즉, 하우스 리터러시란 나에게 집이란 어떤 곳이며 앞으로 어떠한 집에서 살고 싶은지를 아는 것을 말한다.

한국에 비해 일본에는 집을 '자산 축적'의 도구가 아닌 '생활 공간'으로서 받아들이는 사람들이 많다. 1980년대 거품경제가 붕괴하면서 주택 가격이 급락하는 것을 목격했기에 일본인들이 갖게 되는 집에 대한 이미지는 한국인들이 가지고 있는 것과 다를 수밖에 없다. 거품경제 붕괴 이후 30년간 지속된 장기 불황, 고령화와 저출산에 따른 인구 구조 변화로 인해 장기적인 관점에서 집이 자산 증식의 수단이 될 것이라 믿는 사람은 한국에 비해 적었다. 이러한 사회적 배경 때문일까? 일본에서는 자가를 소유하지 않고 임대주택에서 생활하는 사람이 많다. 또한 1인 가구가 많고 전세 개념이 없는 일본에서는 우리보다 일찍 공유 주거를 대표하는 코리빙하우스와 쉐어하우스 문화가 발달했다.

최근에는 임대주택과 코리빙하우스가 다양한 모습으로 진화하고 있다. '취미와 좋아하는 일에 몰두하면서 살고 싶다'라는 바람을 충족시켜줄 특정 취미에 특화된 콘셉트 임대주택이나 쉐어하우스가 늘고 있는 것이다. 사는 것 자체가 하나의 체험이 되고 있으며, 이러한 공간에 입주하기 위해 대기하는 사람들이 늘 정도로 인기를 끌고 있다. 취미뿐만 아니라 거주자의 일과 창업을 지원하는 주거 공간도 등장하고 있다.

집이라는 공간이 단지 잠을 자는 공간에서 라이프스타일을 공유하는 공간으로 바뀌고 있다. 세분화된 니즈에 맞추어 진화하는 주거 공간을 만나보자.

## 취미에 푹 빠져 사는 이들을 위한
## 주거 공간

———

일본에서는 한국보다 일찍 코리빙(Co-living)하우스 혹은 쉐어하우스로 대표되는 공유 주거 공간이 발달했다. 코리빙하우스는 개인별로 독립된 주거 공간을 가지면서 업무, 휴식, 취미생활 등이 가능한 공용 공간을 입주자들과 공유하는 주거 형태를 말한다. 이에 반해 쉐어하우스는 혼자서 사용하는 1인실이 존재하지만 여러 명이 방을 쓰는 경우도 있다.

일본과 한국 모두 1인 가구가 빠르게 증가하고 결혼 연령이 높아지고 있다. 다만 일본은 한국과 다르게 전세 제도가 없기에 주거 공간을 마련하기 위해서는 집을 빌려야 하며 월세가 소득에서 차지하는 비중이 꽤 크다. 저성장으로 인해 소득이 늘지 않자 젊은이들 중에는 주거비를 줄이기 위해 쉐어하우스 혹은 코리빙하우스로 눈을 돌리는 사람들이 많다. 실제로 일본 내 쉐어하우스는 지속적으로 증가해 2022년 기준, 무려 5,800개의 쉐어하우스가 운영 중이다.

그런데 최근 일본 내 쉐어하우스의 변신이 심상치 않다. 특정 취미나 콘셉트에 특화된 공간이 속속 등장, 공통의 목적을 가진 사람들이 단지 공간을 공유하는 것을 넘어 라이프스타일을 공유하는 공간으로 진화하고 있다. 명확한 타깃 고객을 상정하고 만든 쉐어하우스를 몇 군데 둘러보자.

도쿄 분쿄쿠(文京区)에 위치한 쉐어하우스의 한 방문에는 '수행하는 방(修行部屋)'이라는 흥미로운 문패가 걸려 있다. 건축한 지 50년 넘는 고민가(古民家)를 개조해 만든 이 쉐어하우스의 월세는 6만 3천 엔(약 63만 원)이며 주방과 거실은 입주자들끼리 공유한다. 이곳은 오픈하자마자 모든 방이 다 채워졌고 현재는 입주를 원하는 대기자가 줄을 서고 있는데, 인기의 원인은 '수행하는 방'에서 찾을 수 있다. 이곳은 '근육 강화'라는 콘셉트를 전면에 내세운 쉐어하우스다. 전속 트레이너가 상주하면서 입주자들에게 퍼스널 트레이닝을 진행한다(퍼스널 트레이닝 비용은 따로 지불). 다른 입주자들과 함께 트레이닝을 하고 운동 목표와 과정, 힘든 점 등을 서로 공유하기에 동기부여가 된다.

인테리어 디자인과 설계 시공을 하는 파노마(Panoma)는 2022년 도쿄도 조후시(東京都 調布市)에 자전거를 좋아하는 여성을 위한 쉐어하우스를 만들었다. 훌륭한 자전거 코스가 있는 타마강(多摩川)에서 가까운 곳에 위치한 이 쉐어하우스의 입주 조건은 여성으로 자전거나 트라이애슬론(Triathlon)을 취미로 하고 있거나 앞으로 시작하려는 사람이다. 임대료는 3만 8천~4만 8천 엔(약 38만~48만 원)이며 공용 시설 이용비와 관리비로 1만 7천 엔(약 17만 원)을 별도 지불한다.

이곳은 자전거족의 니즈를 세심하게 배려해 공간을 설계했다. 자전거를 보관할 수 있는 유료 트렁크 룸과 자전거를 정비할 수 있는 작업장, 그뿐만 아니라 쉐어하우스 주민이 아니더라도 자전거

음악 애호가들을 위한 콘셉트 임대 아파트 '뮤지션'
출처: 뮤지션 홈페이지(musision.jp)

를 타는 사람이라면 누구나 들러서 쉴 수 있는 라운지를 만들어 자전거를 좋아하는 사람들이 자연스럽게 어울리도록 한다.

비단 쉐어하우스뿐만 아니다. 특정 콘셉트를 내세워 차별화를 꾀하는 임대 아파트도 등장하고 있다. '뮤지션(MUSISION)'은 음악 애호가들에 특화된 임대주택이다. 예를 들어 가와사키시(川崎市)에 운영하는 임대주택 내 18세대의 모든 방에서 그랜드 피아노, 바이올린, 색소폰 등 악기 연주가 가능하다. 100명 정도 들어갈 수 있는 지하 공간에서는 입주자들이 지역 주민을 초청해 라이브 공연을 정기적으로 개최한다.

임대료는 주변 시세의 1.3배 정도이지만 입주 희망자가 끊이지

각기 다른 콘셉트를 가진 가루간츄아의 방들
출처: 가루간츄아 홈페이지(okumiyaen.com/gargantua)

않아 현재 대기자 명단에는 3,900명이 등록되어 있다. 처음에는 음대생이나 음악 관계자들의 이용을 예상했지만, 입주자의 70%는 취미로 악기를 연주하고 싶은 사람, 영화나 음악을 크게 틀어 놓고 감상하고 싶은 사람 등 음악 관계자가 아닌 이들이다. 최근에는 유튜버나 게임 방송을 하는 게이머들의 입주도 늘고 있다.

치바현 카시와시(柏市)에 위치한 임대주택인 가루간츄아(Gartantua)를 둘러보자. 회사의 홈페이지를 방문하니 '취미가 있는 인생을 응원하고 싶다'는 문구가 눈에 띈다. 보유한 9개 방이 모두 각기 다른 취미에 특화된 임대주택이다. 골프 시뮬레이터가 있는 방, 볼더링(bouldering) 벽이 있는 방, 도예 공간이 있는 방, 천장까지 닿는 대형 책장이 있는 방 등 다양한 요구에 부응한다. 방마다 인테리어가 다르기 때문에 임대료는 주변 시세보다 10만 엔(약 100만 원) 정도 높지만, 2020년 준공 이후 거의 만실 상태를 유지하고 있다.

흥미로운 점은 대부분의 쉐어하우스 혹은 임대주택이 하나의 취미 혹은 비슷한 취미를 가진 사람들이 모이도록 설계하고 있는 반면, 가루간츄아는 다른 취미를 가진 사람들이 입주하도록 만들었다. 가루간츄아의 운영사 오쿠미야엔(奧宮園) 대표이사는 이렇게 말한다.

> "같은 취미를 가진 사람들이 모이는 것은 즐거운 일이고, 그런 임대주택은 흔합니다. 하지만 남들과 다른 것을 좋아하는 저는 '전혀 다른 취미를 가진 사람들끼리 서로 자극을 주고받을 수 있는 집을 만드는 것이 더 재미있지 않을까'라는 생각에 전 세대 다른 사양으로 만들었습니다. 사업적으로는 비효율적일 수밖에 없지만, 사람은 새로운 경험을 추구하는 존재입니다. 반드시 공감해주시는 분들이 나타나서 새로운 가치를 만들어주실 것이라 믿습니다."

이러한 취미에 특화된 주거 공간은 특히 MZ세대에게 인기를 끌고 있다. 밀레니얼 세대를 위한 경제 미디어인 어피티(UPPITY)가 진행한 조사에 의하면 대한민국 MZ세대의 81%는 취미를 가지고 있다고 답했다. 경제적으로 풍족한 환경에서 자란 20~30대는 자기만의 확고한 취향과 취미를 가진 경우가 많다. 취미는 자기표현의 수단이며 자신의 취미를 이해하고 함께할 수 있는 이들과 자유롭게 교류할 수 있다는 점은 커다란 매력이다.

그리고 최근에는 취미에 국한되지 않고 비슷한 일을 하는 사람들을 연결하는 커뮤니티 역할을 하는 주거 공간도 등장했다.

## 당신의 일을
## 응원합니다

———

쉐어하우스를 운영하는 회사가 취미를 넘어 입주자들의 일에 깊게 관여하는 사례도 등장하고 있다. 대표적으로 창업을 준비하는 사람들이 모인 쉐어하우스다. 리버티하우스 스타트업(LIVERTY HOUSE START UP)에서는 입주민들 앞에서 자신의 비즈니스 모델을 공유하고 피드백을 받는 세션이 정기적으로 열린다. 이 자리를 통해 비즈니스 모델을 정교하게 만드는 데 도움이 되었다는 창업자들이 많으며, 입주자들끼리 사업에 도움이 될 만한 사람을 소개시켜주는 일도 종종 있다. 월 6만 2천 엔(약 62만 원)에 제공되는 방은 언제나 만실이며 3년 이내 10개까지 지점을 확대할 예정이다.

만화가들이 모이는 쉐어하우스 또한 흥미롭다. 만화가 혹은 만화가 지망생들을 위한 '타마 토키와소 단지(多摩トキワソウ団地)'는

평범한 쉐어하우스가 아니다. 이곳에서는 만화가인 주민과 기업을 중개해 주민들이 지속적인 수입을 창출하도록 돕는다. 쉐어하우스를 운영하는 비영리법인인 '레지카(LEGIKA)'는 만화 제작 및 만화가 육성 사업을 하는 회사다. 만화가 육성 사업의 일환으로 쉐어하우스를 만들었으며, 광고대리점 등 기업으로부터 만화 및 일러스트 작업을 의뢰받아 거주자들에게 업무를 연결해준다.

　또한 주민들이 그린 작품을 만화 앱에 게재해 판매하는 등 주민들이 지속적으로 일과 수입을 얻을 수 있도록 한다. 2023년 7월부터는 대형 출판사에서 수년간 만화 편집장을 역임한 사람을 섭외해 주민들이 그린 만화에 피드백을 주기도 한다. 만화가들은 자기 작품을 판매할 유통 채널을 확보하고 레지카는 자신들의 비즈니스를 함께할 만화가를 발굴하며 윈윈 관계를 만들고 있다.

만화가 지망생들을 위한 쉐어 하우스 타마 토키와소 단지 전경
출처: 토키와소 홈페이지(tokiwa-so.net)

이렇게 명확한 콘셉트를 가진 쉐어하우스 및 코리빙하우스가 인기를 끌자 코리빙 사업에 진출하는 회사들도 늘고 있다. 캠퍼스 노트로 유명한 일본의 문구용품 및 사무용 가구 제조업체인 고쿠요(KOKUYO)가 선보인 색다른 코리빙하우스 또한 화제가 되었다.

주거공간과 카페, 스튜디오를 완비한 이곳의 이름은 '더 캠퍼스 플랫 토고시(THE CAMPUS FLATS TOGOSHI)'다. 건물은 지하 1층과 지상 5층 규모로 2층부터 5층까지는 39개의 방이 위치하며, 지하 1층과 지상 1층은 입주자 외 동네 주민들도 이용할 수 있는 스튜디오와 카페가 들어섰다.

고쿠요가 만든 쉐어하우스의 가장 큰 특징은 '스튜디오'라고 부르는 시설이다. 요가와 댄스 등을 할 수 있는 피트니스 스튜디오, 요리를 할 수 있는 쿠킹 스튜디오, 음식점 영업허가를 받은 주방, 회의나 개인 레슨이 가능한 회의실 등 총 8가지 타입의 스튜디오를 갖추고 있다. 소정의 이용료를 내야 하지만 주민이라면 누구나 스튜디오의 이용이 가능하다.

무엇보다 흥미로운 점은 스튜디오를 활용해 입주자가 비즈니스를 해도 된다는 점이다. 예를 들어 음식점 영업허가를 받은 스튜디오에서는 바, 카페 등 자신의 가게를 한시적으로 운영하는 것이 가능하다. 피트니스 스튜디오에서는 요가 교실을 열 수도 있으며 접이식 침대를 갖춘 뷰티 스튜디오에서는 마사지 및 메이크업 등 자신이 가진 기술을 활용해 수익을 낼 수도 있다.

일본의 유명 문구 및 사무용 가구 제조업체인 고쿠요가 만든 코리빙하우스, 더 캠퍼스 플랫(위)

커튼으로 프라이버시를 지키면서 요가나 댄스 등에 이용할 수 있는 피트니스 스튜디오(아래)

출처: 더 캠퍼스 플랫 홈페이지(flats.the-campus.net)

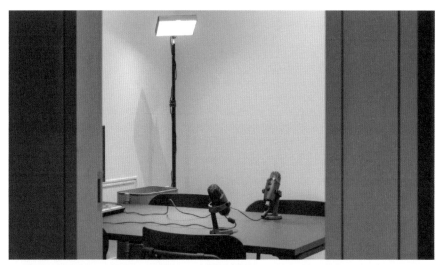

방음 시설이 완비된 스튜디오. 개인 방송 등에 사용할 수 있다(위).
음식점 영업허가를 갖춘 주방이 딸린 스튜디오. 1일 단위로 가게를 열 수 있다(아래).
출처: 더 캠퍼스 플랫 홈페이지(flats.the-campus.net)

"더 캠퍼스 플랫 토고시의 콘셉트는 살면서 언젠가 해보고 싶었던 것을 시도해볼 수 있는 '프로토타입을 만드는 삶'입니다. 일하는 방식과 생활 방식이 다양해지며 어떻게 살아갈 것인가에 대한 선택권이 비약적으로 늘어난 지금, 인생의 다음 스테이지를 모색할 수 있는 그런 소중한 시간을 제공합니다."

_고쿠요 경영기획본부 이노베이션센터

입주자들은 자신의 사업을 본격적으로 시작하기 전에 테스트 마케팅 차원에서 다양한 시도를 해볼 수 있다.

"최근 사업 환경이 변화하고 사람들의 가치관도 변화하고 있습니다. 고쿠요는 사회에서 우리의 역할을 '워크 앤 라이프스타일 컴퍼니'로 재정의했습니다. 문구, 가구라는 카테고리에 얽매이지 않고 풍요로운 삶의 방식을 창조하는 기업이 되는 것을 목표로 하고 있습니다."

"입주 대상은 앞으로의 커리어를 모색하고 싶다거나, 자신이 잘하는 것, 좋아하는 것을 발신하고 싶다거나, 현재 하는 활동을 좀 더 본격적으로 하고 싶다는 등 취미 이상의 무언가를 제공하거나 세상에 발신하고 싶은 사람입니다."라는 고쿠요의 말에서 더 캠퍼스 플랫 토고시가 타깃을 명확하게 설정하고 있다는 점을 알 수 있다.

다른 쉐어하우스에서는 찾기 힘든 서비스를 제공하기 때문일까? 입주하고 싶은 사람은 고쿠요 측의 인터뷰를 거쳐야 하는 등 입주를 위한 허들이 높다. 이는 더 캠퍼스 플랫 토고시가 구현하고자 하는 라이프스타일에 맞는 사람이 입주함으로써 주민들이 만들어가는 커뮤니티의 질을 담보하기 위함이다.

이렇듯 최근 주거 공간에서는 취미를 넘어 일의 영역에까지 비슷한 사람들이 모여 교류하는 커뮤니티를 만들고 이를 지원하는 하드웨어를 제공해 새로운 가치를 만들고 있다. 최근 한국에서도 늘고 있는 코리빙에서도 공간 운영의 중요한 요소로 '콘텐츠'와 '커뮤니티'를 꼽는다. 지점마다 지역적 특성과 타깃 입주자에 맞추어 다양한 프로그램을 만들어 제공하고 있다. 단지 멋지게 공간을 꾸며 놓는다고 입주자가 몰리는 것이 아니다. 우선 타깃 고객을 명확히 하고 그들을 위한 커뮤니티가 자연스럽게 만들어질 수 있도록 공간을 설계한다.

같은 취미, 같은 일이라는 공통분모를 찾아 설계한 코리빙하우스에는 자신과 비슷한 가치관과 삶의 모습을 가진 사람들과 교류하고 싶은 이들이 모인다. 하지만 마음 한편에 이런 걱정도 떠오른다. "누군가와 공간을 공유하는 것이 스트레스지 않을까?"

## 때로는 혼자, 때로는 함께,
## 느슨하게 연결되다

———

일본의 다양한 코리빙하우스 중에서도 20~30대에게 특히 인기를 끄는 곳은 소셜아파트먼트(ソーシャルアパートメント)다. 소셜아파트먼트는 이름이 의미하는 그대로 '교류형(소셜) 임대 아파트'라는 콘셉트로 도쿄 수도권을 중심으로 50개동, 약 3,100실(2024년 3월 기준)을 운영하고 있다. 2015년부터 90% 이상의 높은 가동률을 유지해왔으며, 2024년 3월 기준 99%의 가동률을 기록, 거의 만실 상태다. 입주자는 20~30대 초반이 약 70%를 차지한다. 일반적인 쉐어하우스는 8~10명 정도가 함께 지내는 경우가 많으나 소셜아파트먼트는 한 동을 통째로 운영하며 약 60~80명이 공동으로 생활한다.

예를 들어 사이타마현 와코시(和光市)에 운영 중인 소셜아파트먼트 'FILMS WAKO'는 약 3평 정도의 개인 방 123실이 있다. 약 40평 크기의 공용 라운지에는 소파와 테이블이 여러 개 준비되어 있어 마음대로 사용할 수 있다. 그 외에도 고급 토스터기나 에스프레소 머신 등 젊은 1인 가구가 구입하기에는 가격대가 높은 가전제품을 완비한 주방이 있다. 원격 근무에 적합한 워킹 스페이스도 누구나 사용할 수 있다.

공용 라운지 중에서도 가장 특징적인 곳은 넷플릭스 등 스트리밍 서비스나 보유 중인 DVD 등 영상 작품을 볼 수 있는 16석 규모의 극장이다. 스피커와 프로젝터는 고급 장비를 넣어 영화관 못지 않은 사운드를 자랑하며, 좌석도 영화관에서 사용하는 좌석과 같다. 영화 및 드라마 감상이라는 동일한 취미를 가진 사람들이 모이기 쉬운 환경을 조성한 것이다. 이 외에도 각각의 소셜아파트먼트는 특정 테마를 가지고 운영되는 경우가 많다.

여기까지만 들어도 소셜아파트먼트가 왜 인기 있는지 이해되지만 이곳이 젊은이들의 지지를 받는 이유가 또 하나 있다. 그 답은 바로 소셜아파트먼트의 동선에 숨겨져 있다.

큰 건물을 리노베이션해 만든 소셜아파트먼트의 건물 내부는 호텔과 같은 형태로 만들었다. 그리고 모든 건물에서 지키고 있는 규칙은 '입주자가 라운지 등 공용 공간을 한 번도 거치지 않고 자기 방으로 갈 수 있도록 하는 것'이다. 너무 당연하게 들리는 이야기일 수도 있지만 일반적인 쉐어하우스에서는 크기나 구조의 문제로 이를 실현하기 어려운 경우가 많다.

이 동선이 왜 중요한 것일까? 소셜아파트먼트를 운영하는 글로벌 에이전트의 이치가와(市川) 씨의 말을 빌려보자.

"쉐어하우스에 살고 싶어 한다면 '언제든지 사람들과 교류하고 싶다', '사람들과 어울리는 것을 좋아한다'는 성향을 가진 사람이 많을 것이라 생각합니다. 하지만 사람들과의 교류에 그다지 적극적이지 않은 사람들도 많습니다. 이들이 쉐어하우스에 사는 이유는 내가 아는 사람이 근처에 살고 있다는 안정감을 원하기 때문입니다. 이들에게는 누구와도 마주치지 않고 자기 방으

소셜아파트먼트 FILMS WAKO의 공용 라운지

로 들어갈 수 있는 동선을 확보하는 것이 중요합니다."

즉, 소셜아파트먼트는 '사람들과 교류하고 싶다'는 사회적인 욕
구뿐만 아니라 '안심하며 살고 싶다'는 안정감, 그리고 '프라이버
시'까지 모두 확보 가능한 공간인 것이다. 일반적인 쉐어하우스는
동거하는 인원이 적기 때문에 자주 마주칠 뿐만 아니라 관계도 밀
접해지기 쉽다. 하지만 소셜아파트먼트는 동거인이 많기 때문에
어느 정도 익명성을 유지할 수 있으며, 원한다면 마음이 맞는 사람
들만 교류하고 그 외의 사람은 피하는 생활도 가능하다.

여기에서 우리는 사람과의 교류에서도 타이파(시성비)를 중시하
는 요즘 20대의 성향을 알 수 있다. 자신이 중요하게 생각하는 사

소셜아파트먼트 FILMS WAKO 내 극장

출처: 소셜 아파트먼트 홈페이지(social-apartment.com)

람에게는 시간을 쓰지만 그렇지 않은 사람에게는 일말의 시간을 내어주지 않는다. 소셜아파트먼트는 때로는 연결되지만 때로는 혼자 있고 싶은, 즉 '느슨하게 연결되고 싶다'는 니즈, 그리고 '온오프를 명확히 하고 싶다', '프라이버시는 소중히 하고 싶다'는 니즈를 반영해 쉐어하우스의 장점과 혼자 사는 경우의 장점만 취합했다.

이렇듯 최근 일본에서는 코리빙하우스가 다양한 모습으로 진화하고 있다. 특히 1인 가구에 있어 코리빙하우스는 인맥을 쌓고 때로는 친구를 만나고 사람들과 교류하는 곳이다. 다양한 배경과 취향을 가진 사람이 하나의 취미와 일로 만나 커뮤니티를 형성한다.

소셜아파트먼트를 운영하는 글로벌 에이전트(グローバルエージェンツ)의 야마사키 다케시(山﨑剛) CEO는 『월간 디자인』과의 인터뷰

(2017년 11월호)에서 다음과 같이 전한다.

"한 공간의 성공 여부는 그 공간을 사용하는 이들이 스스로 얼마나 활발한 커뮤니티를 구축해 나가느냐로 결정됩니다. 도쿄는 대도시에서 느끼는 개인의 고립감이 오랜 사회문제로 논의되어왔어요. 소셜아파트먼트는 비용 절감이나 통근을 위한 거점이기 이전에 타인과 연결되는 새로운 삶의 방식에 기꺼이 도전할 사람들을 보조하고자 합니다."

또한 그는 "신기술과 SNS로 연결되는 현대인들은 역설적으로 진정 의미 있는 관계는 구축하지 못하는 것 같습니다. 우리는 실제 공간에서 실시간으로 '진짜' 사람들과 교류하는 곳을 만들고 싶습니다. 많은 입주자가 이러한 시도 자체에 관심을 갖고 문의합니다."라며 교류와 커뮤니티의 중요성을 전한다.

최근에는 인구가 감소하고 빈집이 늘어나자 낡은 건물을 개조한 후 특별한 콘셉트를 부여해 코리빙하우스로 개발하는 사례도 많이 보인다. 명확한 콘셉트를 정한 뒤 거주자들의 니즈를 지원하는 하드웨어 시설을 만든다. 그리고 커뮤니티와 서비스 등의 소프트웨어를 제공함으로써 부동산의 가치를 높이고 있다. 지금, 주거 공간이 단지 잠을 자는 공간이 아니라 라이프스타일을 공유하고 교류하는 공간으로 변신하고 있다.

# 확산되는

## 이머시브(몰입형)

## 공간

2023년 9월, 미국 라스베가스에 세계 최대 규모의 공 모양 건축물인 '스피어(Sphere)'가 그 정체를 드러내자 화제가 되었다. 스피어는 총공사비 23억 달러(약 3조 2천억 원)를 들여 만든, 약 1만 8천 명을 수용할 수 있는 구 모양으로 생긴 거대한 시설이다. 높이 111m, 너비 157m의 외벽은 전면 LED로 덮여 있고, LED에서 송출되는 화려한 영상이 시선을 사로잡는다. 외벽뿐만 아니라 내부 공연장 또한 LED로 덮여 있으며, 16만 7천 개의 스피커가 설치되어 있다. 스피어에서 열린 록밴드 U2의 공연에서는 라이브 공연과

싱크로된 영상이 공연장 전체를 감싸며 지금까지와는 전혀 다른 '몰입형 공연'을 선사했다.

이머시브(Immersive)는 '몰입되는, 몰입'의 의미로 최근 마케팅 업계에서 주목하는 키워드다. 2024년 5월 출간된 마케팅 구루인 필립 코틀러(Philip Kotler) 교수의 신작 『마켓 6.0』에서 그는 다음 시대의 마케팅은 '몰입형 마케팅'이 될 것이라 전한다. 지금의 마케팅은 제품을 출시하고 판매하는 것을 넘어서 탁월한 고객 경험을 전달하는 추세로 전환되고 있으며, 몰입형 마케팅이란 물리적 고객 경험과 디지털 고객 경험을 하나로 모으는 마케팅을 의미한다.

이러한 변화는 디지털 네이티브(digital native)라 불리는 Z세대와 알파 세대의 등장에 기인한다. 두 세대는 인터넷이 당연한 세상에 태어났기에 물리적 공간과 디지털 요소가 혼합된 몰입 경험에 익숙하기 때문이다. '몰입'이라고 하면 가상현실(VR) 기기를 착용하고 즐기는 이미지를 떠올리는 사람이 많을 것이다. 하지만 그 개념이 이제 온라인을 넘어 현실로 확장되고 있다.

3D 영상, 음악, 조명, 향기 등 최신 기술을 융합해 오감을 자극함으로써 콘텐츠의 세계관에 깊이 빠져드는 경험을 제공하는 공간이 일본에서도 확산 중이다. 물리적 공간에 디지털 기술을 입혀 여태까지 없던 공간을 연출하는 시도가 다수 등장하고 있으며 엔터테인먼트를 넘어 호텔, 기업 브랜딩 등 다양한 영역에서 이머시브 공간 만들기에 힘을 쏟고 있다.

## 디지털×아트,
## 세계의 관광객이 몰려들다

———

팀랩은 2018년, 도쿄 오다이바에 세계 최초의 디지털 아트 뮤지엄인 '모리 빌딩 디지털 아트 뮤지엄: 엡손 팀랩 보더리스(MORI Building DIGITAL ART MUSEUM: EPSON teamLab Borderless)'를 선보였다. 1년 만에 세계 160개국에서 온 입장객 약 230만 명이 방문하며 압도적인 집객력을 과시했다. 팀랩이 만든 또 다른 전시인 '팀랩 플랫닛(team Lab Planets)'은 2023년 4월부터 2024년 3월까지 250만 명이 넘는 사람들이 방문, 세계에서 가장 많은 관람객이 방문한 박물관으로 기네스 세계 기록에 올랐다.

단기간에 이렇게 많은 외국인 관람객을 유치할 수 있었던 이유는 무엇일까? 몰입형 체험을 전면에 내세우는 '세계에 유례가 없는 완전히 새로운 박물관'이기 때문이다.

최근 도쿄에서 가장 화제가 되고 있는 장소인 아자부다이 힐스(Azabudai Hills)의 지하에도 팀랩의 디지털 아트 전시가 들어섰다. 아자부다이 힐스를 만든 모리 빌딩은 예술이 있는 도시를 만드는 것을 목표로 새로운 빌딩을 선보일 때마다 예술 작품을 넣는 행보를 보인다. 이러한 모리 빌딩이 무려 6,400억 엔(약 6조 4천억 원)을 들여 만든 야심작인 아자부다이 힐스에 들어설 미술관으로 선택한 곳은 바로 팀랩이다.

'팀랩 보더리스'라는 전시의 이름처럼 관내에 펼쳐지는 것은

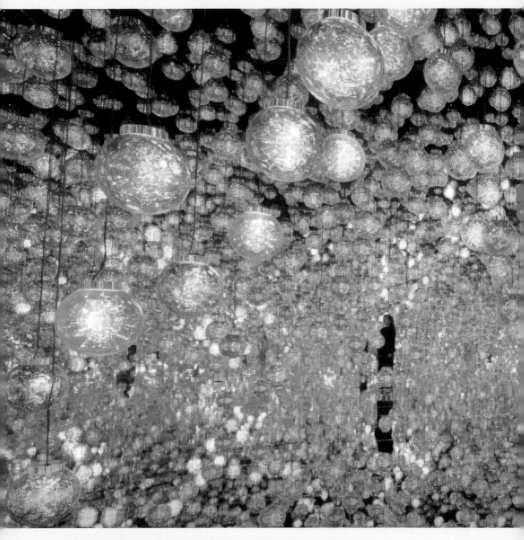

팀랩 보더리스의 '버블 유니버스'

출처: 팀랩 홈페이지(teamlab.art)

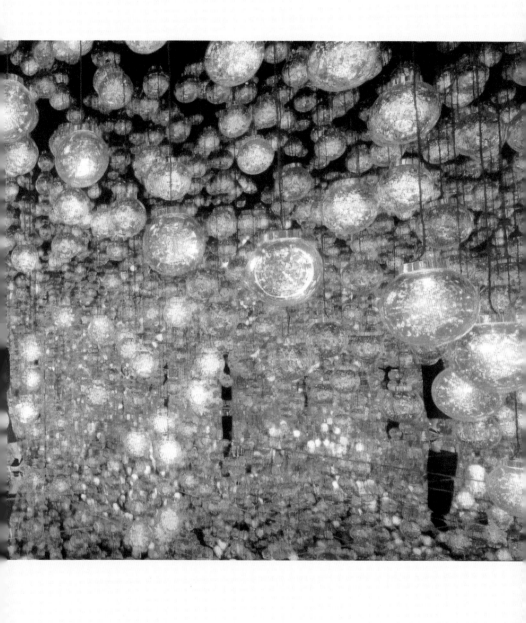

'보더리스(Borderless, 경계가 없는)'한 세계다. 작품과 작품을 가르는 경계가 없고, 광활한 공간 전체를 스크린으로 삼아 디지털 아트가 종횡무진으로 움직이며 섞인다. 순서도 지도도 없다. 희미한 공간 속에서 나타났다 사라지는 예술을 따라 관람객 스스로가 방황하고, 탐색하고, 발견한다. 미로처럼 얽히고설킨 공간들을 따라가다 보면 갑자기 시야가 열리고 눈앞에 웅장한 폭포가 쏟아져 내린다. 그 환상적인 광경에 넋을 놓고 바라보며 마음껏 몰입할 수 있는 체험형 콘텐츠는 국경과 언어를 뛰어넘어 전 세계 사람들에게 전달된다.

팀랩 보더리스 중에서도 아자부다이 힐스에 처음 선보인 전시 '버블 유니버스(Bubble Universe)'는 거울로 덮인 공간이 여러 개의 구체로 채워져 있고 사람이 가까이 다가서면 빛의 연쇄가 일어난다. 바닥도 거울로 되어 있어 변화하는 공간에 빨려 들어가는 느낌을 받는다. "디지털과 테크놀로지에 의해 어느 곳에도 경계가 없고, 신체적으로 아름다움을 느낄 수 있는 공간을 만들고 싶습니다."라며 팀랩 관계자는 전한다.

실제로 팀랩의 전시를 방문해보면 테크놀로지와 예술, 그리고 자연과 도시 공간이 융합된 작품들이 전하는 환상적이고 신비로운 느낌으로 탄성을 멈추지 못한다. 자연스럽게 이러한 아이디어를 기획한 이들이 누구인지 궁금해진다. 세계에서 제일 유명한 디지털 아트를 기획하는 팀랩은 엔지니어, CG 에니메이터, 건축가, 수학자 등 다양한 분야의 전문가가 모여 만든 집단이다. 팀랩의 쿠도 타카시(工藤岳) 씨는 언론과의 인터뷰에서 현실 공간에서의 체험의

팀랩 보더리스의 전시들
출처: 팀랩 홈페이지(teamlab.art)

중요성을 전한다.

"인터넷이 보급되면서 굉장히 편리해졌죠. 하지만 인터넷으로 사물의 본질을 어디까지 이해할 수 있을까요? 최근 주목받고 있는 메타버스를 예로 들 수 있습니다. 가상세계에서 인간은 다양한 경험을 하지만, 그 현장의 분위기까지는 파악할 수 없습니다. 사람이 세상과 관계를 맺기 위해서는 역시 직접 발로 뛰는 것이 가장 좋은 방법입니다. 신체적으로 정보를 접하는 것, 그 경험이야말로 가치관을 넓혀줍니다."

인간의 많은 활동에 디지털 기술이 적용되고 SNS에서 친구를 사귀며 인터넷에서 모든 것을 구입할 수 있는 시대이지만 도리어 지금, 현실 세계에서의 체험을 갈구하는 사람들이 늘고 있다. 엔터테인먼트 업계는 이들을 위해 다른 공간에서는 맛볼 수 없는 스토리와 경험을 설계하고 있으며, 그 방법 중 하나로 디지털과 현실 공간을 융합해 몰입감을 극대화한다.

미술 업계의 전시에도 변화가 일고 있다. 기존의 딱딱한 분위기에서 서서 예술을 감상하는 것이 아니라 이야기를 나누고 사진을 찍으며 온몸으로 체험하는 전시가 인기를 끌고 있다.

한국에서도 이미 진행된 '반 고흐 라이브 전시'는 도쿄를 자주 찾는다. 반 고흐의 작품을 오감으로 즐기는 체험형 전시로 어두운 전시실에 들어서면 벽과 바닥에 고흐 작품의 영상이 투사된다. 마

반 고흐 라이브 전시

출처: 고흐 라이브 재팬 홈페이지(goghalivejp.com)

치 거대한 캔버스에 둘러싸여 있는 듯한 기분이다. 영상의 한 사이 클은 약 40분으로 고흐의 연고지를 돌아보는 구성이다. 고흐의 유 명 작품인 〈해바라기〉를 포함해 수많은 인물상 등이 360도 펼쳐지 며 고흐가 그려낸 세계에 압도당한다. 내가 미술관을 걸어 다니며 작품을 하나하나 감상하며 돌아다니는 기존 전시와는 다르게 작품 들이 내게 다가와주는 듯한 느낌이다. 그림뿐만 아니라 전시장에 는 영상에 맞춰 클래식 음악이 흐르고, 오리지널 아로마 향이 은은 하게 퍼져 오감으로 고흐를 느낄 수 있다.

2024년 5월, 사이타마현 도코로자와시에 위치한 카도가와 무 사시노 뮤지엄(角川武蔵野ミュージアム)에서도 달리의 체험형 전시 회인 '살바도르 달리'가 열리고 있다. 300평이 넘는 공간에 32대의 프로젝터를 설치한 '체험형 디지털 아트 극장'에서는 12막으로 구 성된 약 30분 분량의 영상이 흘러나온다. 달리의 작품을 비롯해 달 리의 사진과 영화 등으로 구성된 영상이 상영되는데, 사람들은 앉 거나 서거나 때로는 멈춰서는 등 자유롭게 움직이면서 각자만의 전시를 즐긴다. 기존의 회화전과는 다른 느낌의 공간 전체가 예술 인 전시다.

전시 프로듀서인 이마이(今井) 씨는 "어느 한 곳도 정면이라고 부를 수 있는 곳이 없고, 올바른 감상법도 없습니다. 360도로 둘러 싸여 있어 보는 사람에 따라 보이는 것이 다릅니다. 각자 자신만의 전시를 만들 수 있습니다."라며 매력을 전한다.

몰입형 체험을 설계하기에는 실내가 더 적합하지만 자연과 디

月に導かれるシンフォニー

오다이바 공원의 프로젝트 맵핑
출처: 콘코르디아 홈페이지(concordia-odaiba.jp)

지털을 융합한 몰입형 전시도 가능하다. 2023년 11월, 오다이바의 해변 공원에는 해변 전체를 프로젝션 맵핑으로 연출한 콘코르디아(CONCORDIA)라는 프로젝트가 진행되었다. 가을과 겨울에는 날씨가 추워 해변을 방문하는 사람들이 적은데, 몰입형 경험을 통해 새로운 매력을 만들어내면 비수기에 줄어드는 수요를 극복할 수 있다고 생각해 진행한 것이다.

가상 현실 게임, 아이맥스 영화관 등 엔터테인먼트 영역에 있어 소비자들이 경험하는 몰입감이 높아지고 있다. 이제는 단순하고 평면적인 전시로 관객을 만족시키기 어려워지고 있다. 이에 따라 디지털 기술을 오프라인 공간에 융합해 작품과 내가 하나가 되는 듯한 느낌을 주는 몰입형 전시가 다수 등장하고 있다. 이전에는 경험해보지 못한 새로운 공간과 감각을 체험하기 위해 오늘도 많은 이가 몰입형 전시를 찾고 있다.

## 무대와 객석의 경계를 허물다, 몰입형 극장

———

디지털 아트와 기술을 활용한 전시가 대표적인 몰입형 엔터테인 먼트의 사례이지만 기술을 활용하지 않아도 관객을 몰입하도록 만드는 곳이 있다. 바로 디즈니랜드와 같은 테마파크다. 테마파크 는 시설 전체의 건물, 출연진의 의상, 행동 등을 전략적으로 구성 하고 가상의 세계를 만들어 방문객들이 세계관에 몰입하도록 만 든다.

최근에는 몰입형 체험에 중점을 둔 이머시브 포트 도쿄 (Immersive Fort Tokyo)가 2024년 3월 도쿄 오다이바에 문을 열었다. 테마파크를 들어서자 마치 유럽의 한 마을과 같은 공간이 펼쳐지 는데, 거리를 걸어 다니면 중세 유럽의 복장을 한 테마파크의 스태 프가 말을 건넨다. "들었어? 2시에 'B코마츠'가 유럽 투어로 우리 마을에 온다고! 굉장하지 않아?"

공간에 들어선 순간 이미 나는 유럽 한 마을의 주민이 된 것이 며, 마을 곳곳에서는 다양한 몰입형 쇼가 진행된다. 예를 들어 약

90분에 걸쳐서 진행되는 '더 셜록'은 명탐정 셜록 홈스가 용의자를 쫓는 스토리로 배우가 혼자서 연기를 하는 것이 아니라 관객들이 함께 수수께끼를 풀거나 등장인물을 쫓아다니며 스토리에 몰입한다. '에도 오이란 기담'에서는 200년 전 에도 시대로 거슬러 올라가 100개 이상의 스토리와 등장인물을 만난다. 넷플릭스 시리즈인 '앨리스 인 보더랜드(Alice in Borderland)'를 배경으로 만든 '이머시브 데스 게임(Immersive Death Game)'에서 참가자들은 폭탄을 목에 착용하고 살아남기 위해 게임을 한다. 인기 애니메이션 〈최애의 아이〉에 등장하는 아이돌 그룹인 'B코마치'가 우리 마을에서 콘서트를 한다.

즉, 이머시브 포트 도쿄는 다양한 스토리를 현실에서 재현한 쇼를 모아 만든 새로운 개념의 테마파크다. 이곳은 '비너스 포트(Venus Fort)'라는 상업 시설이 폐장한 자리에 들어섰다. 비너스 포트는 한때 중세 유럽의 거리를 그대로 재현한 콘셉트로 화제가 되며 인기를 끌었지만, 코로나19 이후 방문객이 급감하며 결국 문을 닫게 되었다. 비너스 포트의 유럽풍 인테리어를 그대로 활용하고 여기에 스토리를 입혀 몰입형 테마파크로 전환한 것이다. 이머시브 포트 도쿄를 기획한 이는 실적이 저조한 일본 내 테마파크를 다수 부활시킨 모리오카 츠요시(森岡毅)인데, 그는 〈닛케이 비즈니스〉 인터뷰에서 이머시브 포트 도쿄의 장점을 다음과 같이 설명한다.

"기존의 테마파크는 어트랙션이라는 장치를 통해 그 자리에 있

이머시브 포트 도쿄

출처: 정희선

는 모든 사람이 획일적인 경험을 할 수 있도록 설계되어왔습니다. 이것도 좋지만, 그보다 더 자극적인 엔터테인먼트가 있습니다. 나만 아는 순간, 나만 아는 이야기가 나를 주인공으로 삼아 진행되는 것입니다."

기존의 테마파크에서 방문객들은 놀이기구라는 하드웨어에 몸을 싣고 수동적으로 즐겼다. 혹은 3D 안경을 쓰고 영상에 맞추어 좌석이 움직이거나 관객의 오감을 자극해 몰입감을 연출하는 경우가 많았다. 하지만 이머시브 포트 도쿄에서는 놀이기구라는 하드웨어는 존재하지 않는다. 대신 스토리를 이용해 정밀하게 설계된 세계로 관객이 빠져들어 적극적으로 참여한다. 관객은 스스로 움직이고 참여하며 능동적으로 세계관에 들어간다는 면에서 진정한 몰입을 경험하게 된다.

몰입형 쇼 자체가 새로운 것은 아니다. 이미 2000년대 영국 런던에서 몰입형 연극이 시작되었으며 최근에는 도쿄에서도 몰입형 연극을 관람할 수 있다. 2023년 9월에 개관한 극장 '언씬유(Unseen you)'에는 객석이 없다. 1층부터 3층까지를 전부 무대로 삼은 공간에서 8명의 연기자가 춤을 추고 연기를 한다. 무대와 객석이 구분되어 있지 않으며 관객은 연기자들과 함께 극장 내를 돌아다니며 관람한다. 배우가 이야기의 비밀을 풀 단서가 될 만한 아이템을 건네주기도 하고 이야기를 진행하기 위해 관객의 행동을 유도하기도 한다. 관객은 자신이 연기자 중 한 명이 된 듯한 기분이 든다.

이 작품은 하나의 큰 이야기를 따라 흘러가는 한편, 등장하는 캐릭터 한 명 한 명에게도 다른 스토리가 있기에 연기자들은 각각 다른 장소에서 자신의 이야기를 풀어나간다. 따라서 어떠한 연기자를 따라다니며 어떠한 시간을 보내느냐에 따라 관객의 여정 및 결말에 대한 느낌이 전혀 달라지기 때문에 몇 번을 관람해도 같은 장면을 볼 수 없다.

몰입형 극장은 관객이 움직이고 참여하게 한다. 관객의 적극적인 참여를 요구하는 새로운 시대의 엔터테인먼트인 몰입형 연극은 관객이 스스로 움직여 해당 세계관에 빠져드는 장치를 얼마나 잘 설계할 수 있느냐가 관건이 될 것이다. 즉, 하드웨어가 아닌 소프트웨어인 스토리의 힘이 무엇보다 중요하다.

최근에는 엔터테인먼트 산업뿐만 아니라 다른 산업에서도 몰입형 쇼를 활용한 새로운 경험을 제공해 고객을 끌어들이고 있다. 일본의 한 호텔이 좋은 예가 되고 있다.

교토시와 오사카시에 있는 호텔 쉬(HOTEL SHE)에는 현실과 엔터테인먼트의 경계가 없다. 호텔에 숙박하면서 연극을 감상하고 체험하는 '숙박형 연극(泊まれる演劇)'을 상연하고 있다. 객석에서 무대를 보는 일반적인 연극과 달리 로비나 객실 등 호텔 한 동이 무대가 된다. 관객에게도 역할이 주어져 고객이 체크인하는 순간부터 체크아웃할 때까지 스토리가 이어지며, 호텔에서 실제로 일어난 사건인지 만들어진 이야기인지 구분이 안 될 정도로 몰입도가 높다.

이머시브 포트 도쿄에서는 관람객이 다양한 스토리 속의 주인공이 된다.

출처: 이머시브 포트 도쿄 홈페이지(immersivefort.com)

스토리는 고객이 호텔에 머무는 1박 2일에 걸쳐 진행되도록 설계했다. 이야기의 큰 줄기는 정해져 있지만 배우의 대사는 대부분 애드리브다. 숙박객과의 대화에서 위화감이 생기지 않도록 정교하게 캐릭터를 설정한다. 예를 들어 악역으로 등장하는 마녀의 경우 악역이 된 경위까지 세밀하게 설정한다. 실제 무대에서는 전혀 다루지 않는 내용까지 설정해 캐릭터에 깊이를 더하는 것이다. 배우들은 캐릭터의 인물상에 대해 마치 취업 면접을 보듯 집요하게 질문을 받는다고 한다. 이렇게 캐릭터에 대한 몰입도가 높아지면 자연스럽게 관객들 또한 이야기에 대한 몰입도가 높아지게 된다. 심지어 캐릭터에게 편지를 쓰는 관객이 있을 정도다.

2024년 5~8월까지는 '퀸즈 모텔(QUEEN'S MOTEL)'이라는 스토리를 상연하고 있다. 『이상한 나라의 앨리스』를 모티브로 한 판타지 동화로 숙박객이 객실 혹은 호텔 로비 등 건물을 자유롭게 돌아다니면 배우가 연기하는 이야기 속의 캐릭터와 대화하게 되고 자연스럽게 스토리에 빠져들게 된다. 몰입감을 높이기 위해 퀸즈 모텔에서는 빨간색 혹은 검은색 드레스 코드를 추천한다. 앞서 소개한 이머시브 포트 도쿄에서도 자신이 좋아하는 스토리나 캐릭터의 이미지에 어울리는 옷을 입고 방문한 사람들이 종종 보였다.

현실과 이야기의 구분이 없는 몰입형 숙박은 특히 젊은 층에게 인기를 끌고 있다. 20대 후반에서 30대까지의 여성이 관객의 약 70~80%를 차지한다. 일반적인 엔터테인먼트에서는 부족함을 느끼거나 일로 인한 스트레스가 심해서 비일상적인 장면에 몰입하고 싶은 사람들이 주로 방문한다. 약 1~2개월 정도 진행되는 공연에 1천 명 정도 참여가 가능한데 거의 만석인 상황이며, 관객의 75% 정도는 다음 공연도 또 보러오는 등 충성 고객이 많다.


## 몰입형 경험을
## 활용한 브랜딩

———

몰입형 경험을 브랜딩과 홍보에 이용하는 움직임도 엿보인다. 대표적인 곳이 아사히 맥주가 2024년 4월부터 약 5개월간 도쿄 긴자에 선보인 '슈퍼 드라이 이머시브 익스피어런스(SUPER DRY

Immersive Experience)'다. 지하 1층부터 지상 2층까지 3개 층으로 구성 된 매장에서는 맥주의 제조 과정을 체험할 수 있는 몰입형 콘텐츠 를 즐길 수 있다.

2층에 위치한 '슈퍼 드라이 고라이드(SUPER DRY Go Ride)'에서는 너비 11m, 높이 2.3m의 대형 스크린에 맥주 제조 라인을 재현한 고화질 4K 영상이 투사되며 참가자는 캔 위에 올라탄 느낌으로 맥 주 제조 공정을 체험할 수 있다. 빠르게 흘러가는 제조 라인 영상 에 몰입하다 보면 곳곳에서 바람과 진동도 발생해 마치 롤러코스 터를 탄 듯한 박진감도 든다. 맥주가 만들어지는 과정을 생동감 넘 치게 표현한 영상을 몰입해 보고 있자니 자연스럽게 빨리 한 잔 마 시고 싶다는 생각으로 가득 찬다. 약 5분에 걸친 체험 후 1층으로 내려가 실제로 아사히 맥주를 마시니 평소보다 맥주가 몇 배는 더 맛있는 듯한 느낌이다. 입장료 700엔(약 7천 원)을 지불해야 하지만 맥주 한 잔을 마실 수 있을 뿐만 아니라 맥주 거품에 로고를 그려 넣는 폼 아트를 포함한 다양한 콘텐츠를 체험할 수 있어 퇴근길에 가볍게 방문하는 사람들이 많다.

아사히 맥주가 몰입형 체험 시설을 만든 이유는 브랜드와 접점 이 적은 고객들을 새롭게 유입하기 위함이다. 평소 맥주를 마시지 않는 사람들이 체험형 시설을 방문하면 브랜드는 거기서부터 고객 과 접점을 만들어나간다. 맥주 박물관에도 맥주를 좋아하는 사람 들이 맥주에 관심 없는 친구를 데려오는 경우가 많기에 비슷한 흐 름을 도쿄에서도 만들고자 한 것이다.

아사히 맥주가 선보인 이머시브 체험형 바
출처: 슈퍼 드라이 이머시브 바 홈페이지(superdry-immersive-experience-bar.com)

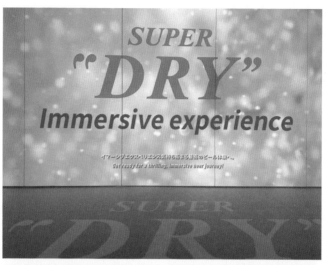

슈퍼 드라이 이머시브 익스피어런스에서는 맥주의 제조 공정을 몰입감 있
게 체험할 수 있다.

출처: 정희선

앞으로 이러한 몰입형 공간은 엔터테인먼트를 넘어 레스토랑, 상업 시설, 미술관, 박물관 등으로 확산되며 새로운 관광지로 떠오를 것으로 전망한다. 또한 이러한 몰입형 경험은 언어가 필요 없는 경우도 많기에 국경을 뛰어넘어 인기를 얻을 수 있다. 팀랩 전시를 보기 위해 도쿄를 방문하는 외국인들이 많은 것처럼 잘 만든 몰입형 전시는 전 세계의 관광객을 끌어들이는 힘을 가지고 있다.

사람들은 왜 몰입형 경험에 열광하는 것일까? 스마트폰을 통해 수동적으로 콘텐츠를 시청하는 시간이 많아진 지금, 역설적으로 자신이 주인공이 되어 오감으로 느끼며 몰입하는 비일상적인 경험을 원하는 사람들이 늘고 있다. 지금까지 소개한 전시들은 체험하는 동안 그 세계에 내가 녹아 들어가는 느낌을 받는다. 단순히 눈으로 보는 것이 아니라 장소에 몸을 맡겨야만 느낄 수 있는 경험이다. 수많은 정보에 둘러싸여 정신없이 돌아가는 현대 사회에 지친 이들 중에는 뇌를 비우고 오로지 감각에 의존해 체험하는 공간에서 힐링되는 감각을 느끼기도 한다.

고해상 LED와 프로젝션 맵핑의 비용이 낮아지며 현실과 디지털 기술이 융합한 공간을 연출하는 것이 가능해진 점 또한 몰입형 공간의 확산에 기여하고 있다. 애플의 비전 프로(Vision Pro)와 같은 가상현실(Virtual Reality) 기기의 등장으로 우리는 쉽게 가상공간에 몰입할 수 있게 되었다. 하지만 장소에 상관없이 저렴한 비용으로 새로운 세계에 몰입할 수 있는 VR기기가 확산될 수록 아이러니하게도 '그곳에 일부러 가지 않으면 경험할 수 없는' '지금, 여기서, 당신만이 느낄 수 있는' 몰입형 시설에 고객들은 더 열광할 것이다.

팀랩의 글로벌 브랜드 디렉터인 쿠도 타카시(工藤岳) 씨의 인터뷰 중 한 문장이 최근 몰입형 공간에 사람들이 몰리는 이유를 설명한다.

"인간은 카메라처럼 세상을 보는 것이 아니라 신체로 세상을 인식하는 것이 아닐까요?"

# 오프라인 공간,

## 미디어가

## 되다

최근 한국의 성수동은 거리 전체가 미디어 혹은 잡지가 되었다고 해도 과언이 아닐 정도로 브랜드를 알리는 팝업 스토어가 즐비하다. 최근 몇 년 사이에 가장 주목받은 상업 시설인 '더현대 서울'은 매장의 절반 정도를 휴게 공간으로 만들었다. 어느새인가 소비자들은 물건을 사기 위해서가 아니라 체험하고 즐기며 시간을 보내기 위해 오프라인 점포로 몰려들고 있다.

이렇듯 오프라인 점포의 역할이 '판매'에서 '소통'과 '전시'로 바뀌고 있는 양상은 비단 한국에 국한되지 않는다. 옆 나라 일본에서도 본질은 비슷하지만 한국과 조금 다른 모습으로 '판매'가 아닌 '체험'에 중점을 둔, 소위 '팔지 않는 가게'들이 등장하고 있다. 상품은 진열되어 있지만 그 자리에서 구매할 수 없는 '쇼룸형 매장'이 늘고 있는 것이다. 이들 매장의 목적은 고객에게 브랜드의 철학을 전달하고 상품과 서비스에 대한 이해를 높이는 것이다. 공간이 브랜드의 박물관이 되고 홍보 전시관이 되는 것이다.

이에 한 발 더 나가 최근 많은 업계에서 오프라인 공간에서 소비자 행동을 분석하고 데이터를 수집하기 시작한다. 소비자를 이해하는 데 귀중한 단서가 되는 행동 데이터를 얻기 위한 목적으로 팝업 스토어를 열기도 한다. 최근 도쿄에 등장하는 새로운 상업 시설은 물건을 파는 점포로 시설을 채우는 것이 아니라 브랜드가 자사의 제품을 홍보할 장소를 제공하는 데 중점을 두고 있다. 즉, 도쿄에서도 오프라인 공간의 '미디어화'가 진행되고 있는 것이다.


## 물건을 '팔지 않는 점포'의
## 확산

———

'팔지 않는 가게(売らない店)'


2018년쯤부터 등장한 이 용어를 어느새 일본 매체와 잡지들이 즐겨 사용하고 있다. '(물건을) 팔지 않는 가게'라는 새로운 비즈니스 모델에 대한 관심은 코로나19 전부터 시작되었다. 특히 백화점 업계의 관심이 높았는데, 1991년 약 10조 엔(약 100조 원)에 달하던 매출이 2019년에는 약 5조 8천억 엔(약 58조 원)으로 거의 반토막이 나면서 새로운 비즈니스 모델이 필요했기 때문이다.

마루이 백화점이 그 선두 주자라고 할 수 있는데, 2019년 매장의 10%를 물건 판매가 아닌 체험을 위한 매장으로 만들었고 그 비중을 점점 늘리고 있다. 예를 들어 오프라인 매장에 처음으로 입점한 패브릭 도쿄(FABRIC TOKYO)는 온라인에서 맞춤형 정장을 판매하는 브랜드로 마루이 백화점 매장에서는 옷을 살 수 없다. 고객은 치수를 재고 정장을 입어본 후 제품을 원할 경우 온라인에서 구입한다. 마루이 백화점은 물건을 판매하지 않으므로 판매 수수료가 발생하지 않는다. 대신 D2C 브랜드에 장소를 임대하고 매장 운영 노하우를 제공해 수익을 얻는다.

체험과 전시를 주목적으로 하는 '팔지 않는 가게'에 기업들의 관심은 높아져 갔지만 실제로 이를 확산시킨 계기는 코로나19였다. 한국에 비해 온라인 쇼핑 침투율이 낮았던 일본은 코로나19를 계기로 온라인 쇼핑이 급성장했고 오프라인 매장 중 일부는 문을 닫았다. 클릭 한 번으로 원하는 물건이 다음 날 도착하는 시대에 오프라인 매장은 새로운 가치를 제공하지 않으면 안 되는 상황이 닥친 것이다.

이에 일본을 대표하는 백화점들은 속속 '팔지 않는 매장'을 선보였다. 소고 세이부 백화점이 만든 '츄스베이스시부야(CHOSEBASE

SHIBUYA)', 다이마루 백화점 4층 일각에 자리한 '아스미세(明日
見世)', 그리고 신주쿠 다카시마야 백화점 내의 '미츠스토어(Meetz
STORE)' 등 이들은 모두 코로나19가 확산한 2020년 이후에 만들어
진 공간이다.

세 곳은 모두 물건을 판매하는 것이 주된 목적이 아니라 브랜
드에 공간을 빌려주고 제품을 전시한다. 자사 매장을 가지지 않은
온라인 태생의 D2C 브랜드들이 일정 구획을 빌려 제품을 전시하
고 소비자들은 제품을 체험한다. 특정 테마를 가지고 평균 1~3개
월 단위로 전시되는 상품들을 교체하기에 고객들은 방문할 때마
다 새로운 제품과 브랜드를 만나는 즐거움을 가지게 된다. 백화점
은 공간을 임대함으로써 새로운 수익원을 만들 수 있을 뿐만 아니
라 젊은 고객층을 백화점으로 끌어들이는 효과를 기대한다. 동시
에 오프라인 매장이 없는 신생 혹은 중소 규모의 브랜드들은 자사
의 제품을 홍보하는 장을 가지게 된다.

다이마루 백화점에 위치한 '아스미세'의 경우에는 '앰배서더
(ambassador)'라 불리는 다이마루 백화점에 소속된 직원이 고객에게
브랜드에 관해 설명해주고 제품을 체험하도록 유도한다. 브랜드
의 직원이 아닌 백화점 직원이 브랜드의 철학과 신념을 공부해서
해당 브랜드의 장단점을 객관적으로 알린다. 제품을 팔지 않기에
앰배서더는 출품 기업의 세계관을 객관적으로 전달할 수 있으며
고객들은 제품을 구입해야 한다는 부담감 없이 편하게 체험할 수
있다.

# 제품의 전시를 넘어
# 고객의 행동을 분석하다

———

일본의 '팔지 않는 매장'은 최근 한국에서 많이 볼 수 있는 팝업 스토어와 목적은 비슷하나 그 형태가 조금 다르게 전개되고 있다. '팔지 않는 점포'는 백화점과 같은 유통 기업이 공간을 제공하고 다양한 소규모의 브랜드를 유치한다. 브랜드들은 백화점으로부터 공간을 대여해 제품을 전시하고, 필요한 경우에는 백화점 직원이 고객과의 커뮤니케이션 또한 지원한다.

일본을 대표하는 '팔지 않는 가게' 중 하나는 베타(b8ta)다. 가로 60cm×세로 40cm 크기의 진열대 공간을 '1구획'이라고 구분 지으며, 제조사는 1구획에 자사의 제품을 전시하고 월 30만 엔(약 300만 원)을 지불한다. 제품의 전시는 브랜드에 따라 3개월, 6개월, 길게는 1년 단위로 계약을 하기도 한다.

여기까지는 앞서 설명한 '팔지 않는 가게'와 크게 다를 바 없어 보이지만, 차이점이 있다. 베타의 가장 큰 특징은 점포 내 설치된 인공지능(AI) 카메라가 고객의 동선과 행동을 분석한다는 점이다. 고객이 매장을 들어서는 순간부터 카메라가 나이와 성별, 움직임과 동선, 어느 제품에 관심을 보였는지, 어느 제품을 체험해보았는지 등을 추적한다. 그 결과 몇 명이 매장을 방문했고, 그중 몇 명이 특정 제품에 관심을 보였는지, 몇 명이 실제로 제품을 체험했는지 등을 분석한다.

정량적인 데이터뿐만 아니라 정성적인 데이터 또한 수집한다. 베타의 스태프가 고객과 대화하면서 얻는 제품에 관한 의견을 제조사에 전달한다. 베타에 출점한 제조사는 소비자에게 브랜드를 홍보하는 것에 더해 타깃 고객을 이해하고 제품에 대한 고객들의 생생한 의견을 들을 수 있다. 자사 상품이 이용자들에게 어떻게 받아들여지고 있는지 파악할 수 있기 때문에 상품 개발 및 마케팅에 활용하고자 하는 기업들의 출점 문의가 잇따르고 있다.

예를 들어 일본의 일용품 및 화장품 제조사인 가오(KAO)는

30~40대 여성을 대상으로 미용기구를 개발했다. 시장에 출시하기 전 소비자들의 반응을 알아보기 위해 베타에 출점했다. 그러자 주요 타깃 고객으로 상정한 30~40대 여성뿐만 아니라 20대 남성들이 제품에 높은 관심을 보인다는 사실을 발견하고 20대 남성을 위한 마케팅 캠페인을 기획했다.

흥미로운 점은 최근 선보이는 일본의 '팔지 않는 가게' 대부분이 제품과 브랜드의 홍보에 더해 베타와 같은 '고객 행동 분석'이라는 데이터 수집 기능을 넣고 있다는 것이다. 데이터 분석 기능이 없던 쇼룸형 매장들도 AI 카메라를 설치하는 곳들이 늘기 시작한다.

2023년 2월, 매일 100만 명 이상이 이용하는 도쿄역에 식음료의 체험을 위한 쇼룸 '앤파운드(&found)'가 기간 한정으로 오픈했다. '웰빙'이라는 주제로 총 6개 업체가 참가해 부스를 개설하고 약 30종류 제품의 시식과 시음이 이루어졌다.

앤파운드는 크게 2가지 목표를 가지고 있다. 첫 번째는 전시되는 상품들을 홍보하는 것이다. 이를 위해 일부러 역 내에 매장을 만들었다. 앤파운드에 의하면 일반적인 쇼룸형 매장은 정보에 대한 민감도가 높은 이노베이터나 얼리어답터라고 불리는 사람들이 목적을 가지고 방문하는 경우가 많으며 매장 내에서도 일정 시간을 들여 제품을 체험하는 경우가 많다고 한다. 반면 앤파운드처럼 역 내에 매장을 만들면 직장인들이 출퇴근길에 우연히 들러 10분 정도 짬을 내어 체험하는 경우가 많다. 즉, 기존 쇼룸형 매장과는 다른 고객층에게 접근할 수 있으며 그동안 접점이 적었던 고객층의 데이터를 수집할 수 있다는 장점이 있다.

두 번째는 매장 내 카메라와 비콘(무선 송수신기)을 활용해 마케팅 데이터를 확보하는 것이다. 매장 내 카메라는 방문자 수, 성별, 연령대, 상품 앞을 지나가는 사람 수 등 정량적인 데이터를 분석한다. 여기에 더해 적외선 레이저 빛을 활용해 물체까지의 거리를 측정하는 3D 라이다(LiDAR) 모션 센서를 이용해 이용객의 동선 데이터를 보다 정확하게 분석한다. 이를 통해 만든 지도에는 일정 시간 동안 고객의 이동이 많은 곳은 빨간색으로 적은 곳은 파란색으로 표시된다. 즉, 빨간색일수록 이용객의 접근량이 많으며 빨간색 근처에 있는 제품은 눈에 띌 기회가 많다는 것을 뜻하기에 어느 부스에 얼마나 많은 사람이 들렀는지 정확하게 인식할 수 있다.

앤파운드는 점원과 이용객의 대화를 통해 정성적인 데이터 또한 수집한다. 출점자가 원하는 정확한 데이터를 얻기 위해 질문 사항을 사전에 협의해 제조사가 궁금한 점을 고객에게 중점적으로 묻는다.

이처럼 지금 일본의 팝업 스토어는 단지 제품을 전시하는 것을 넘어 고객의 행동 데이터를 얻는 공간으로 진화하고 있다.

## '팔지 않는 가게'를
## 만들어 드립니다

———

최근에는 '팔지 않는 가게'를 만들고 고객 데이터를 수집하도록 도 와주는 서비스까지 등장하고 있다. 베타는 베타의 판매 시스템, 분 석 툴, 베타의 스태프 트레이닝 등을 제공해 다른 소매업자가 자사 의 매장에 '팔지 않는 매장'을 만들 수 있는 '바이 베타(by b8ta)'라는 서비스를 선보였다.

2023년 4월, 후쿠시마현 내의 자동차 판매점인 후쿠시마 닛산 자동차(福島日産自動車)는 약 300평에 달하는 매장 내 약 40평을 베 타와 같은 곳으로 만들어 가전제품과 타이어 등의 상품을 전시하 고 있다. 자동차 정비나 상담을 위해 찾아오는 고객들이 정비를 기 다리는 동안 다양한 상품을 체험하도록 한다. 제품을 체험하며 수 집한 고객의 인구학적 특징, 어떤 제품에 관심을 보였는지 등에 관 한 정보를 제조사에게 전달한다. 후쿠시마 닛산자동차는 앞으로는 자동차 판매와 수리만으로는 수익이 나지 않을 것으로 판단, 새로 운 비즈니스를 모색하던 중 '바이 베타'를 알게 되어 자사 공간 중 일부를 '팔지 않는 매장'으로 만들게 된 것이다.

한국에서도 유명한 츠타야 서점을 운영하는 컬처 컨비니언스 클럽(Culture Convenience Club, CCC) 또한 팝업 스토어의 출점을 지원 하는 서비스를 시작했다. 빈 공간을 빌려주고 싶은 매장과 빈 공간 을 이용하고 싶은 브랜드를 매칭해 쇼룸형 매장을 만들어주는 사업이다. 서비스 이름은 '블록키조이팝(Blocky JOYPOP)'으로 오피스 빌딩이나 상업 시설의 빈 공간을 CCC가 빌린 후, 현장에서 조립할 수 있는 박스형 부스를 대여하고 브랜드는 부스를 활용해 팝업 스토어를 만든다. 가로 4.4m×세로 2.4m 크기의 박스 벽면과 부스 내 인테리어를 통해 브랜드의 이미지와 세계관을 연출할 수 있다. 또한 AI 카메라로 방문자 수와 체류 시간을 기록해 고객 데이터를 분석하는 서비스도 제공할 뿐만 아니라 고객의 방문을 촉진하기 위한 마케팅 서비스, 그리고 홍보 효과 검증 서비스도 제공한다.

> "미국에서는 브랜드를 직접 체험하게 하는 마케팅이 주목받고 있습니다. 블록키조이팝는 브랜드의 세계관을 담은 모바일(이동하는) 브랜드 스토어입니다."
>
> _컬처컨비니언스클럽 CMO본부 신규사업개발실
> 나가시마 유키지(長島幸司)

나가시마 씨는 "브랜드를 직접 체험하고, 실제로 상품을 확인한 후 구입하는 소비자의 비율은 60% 정도로 코로나19 기간 중에도 크게 변하지 않았습니다."라며 브랜드와 상품을 체험하는 것의 중요성을 강조한다.

CCC와 협업하는 브랜드는 팝업 스토어를 위해 한 번 부스를 만들면 여러 곳에서 동일한 부스를 다시 활용함으로써 효율성을

CCC는 쇼룸형 매장을 만들어주는 비즈니스를 론칭했다.
출처: CCC 공식 보도 자료

높일 수 있다. 앞으로 CCC는 자사가 운영하는 츠타야 서점, 복합 문화공간인 티 사이트(T-SITE)를 비롯해 대형 상업 시설, 유통매장, 공원, 오피스 빌딩, 이벤트 공간 등 부스를 설치할 장소를 점차 늘려나갈 계획이다. CCC의 모바일 브랜드 스토어는 사람들이 많이 모이는 곳에 팝업 형태로 점포를 만들고 싶은 기업에게 새로운 대안이 될 수 있을 것이다.

CCC와 비슷한 듯하지만 조금은 다른 형태로 공간과 브랜드를 연결해주는 비즈니스 모델도 등장했다. 일본 전국의 출판사와 서점을 연결하는 유통업체인 주식회사 토한(トーハン)이 신규 사업으로 론칭한 공간 대여 플랫폼인 북마크 스페이스(BOOKMARK_SPACE)다.

북마크 스페이스는 서점 내 공간을 대여하고자 하는 서점과 팝업 스토어를 만들고 싶은 제조사를 온라인으로 매칭해주는 서비스다. 즉, 서점에 특화된 공간 매칭 플랫폼이라고 보면 된다. 서점 내 공간에 출점하는 사업자는 서점에 방문하는 고객에게 자사의 상품이나 브랜드를 알릴 수 있다. 특히 서점을 방문하는 고객은 연령대가 다양하고 지적 호기심이 왕성한 사람들로 브랜드 입장에서는 새로운 고객과의 접점을 만들 수 있는 기회다. 서점 또한 기존의 점포 공간을 활용해 추가 수익을 올릴 수 있을 뿐만 아니라 서점 내 흥미로운 팝업 매장이 들어서면 더 많은 사람이 서점을 방문할 것으로 기대한다.

예를 들어 츠타야 서점 레이크타운 점포에서는 고급 오디오 기기 렌털 서비스인 온조(ONZO)의 프로모션을 진행했다. 군이 서점이라는 공간에서 프로모션을 진행한 이유는 서점이 엄선한 만화와 소설의 음악을 고급 헤드폰으로 감상할 수 있는 기획이었기 때문이다.

최근 오프라인 서점의 수가 감소하며 수익도 줄고 있다. 이에 토한은 서점이 가진 강점인 '넓은 고객층이 방문하는 장소', 즉 서점의 집객 파워에 주목하고 서점 공간을 대여해 추가적인 수익을 올릴 수 있는 비즈니스를 만들고 있는 것이다.

이렇듯 최근 일본에서는 자사의 공간을 브랜드에 임대해 브랜드가 소비자와 만나는 장을 만들고 임대 수익을 얻는 비즈니스 모델이 확산되고 있다. 일본에서도 오프라인 점포의 역할이 '물건 판매'가 아닌 '공간 대여' 및 '브랜드 전시'로 바뀌고 있는 것이다. 그리고 점점 많은 공간이 '데이터 분석'이라는 기능을 넣기 시작한다.

CCC 또한 팝업 출점 서비스를 시작한 이유를 첫째는 브랜드를 체험할 수 있는 접점을 전국으로 확대하는 것, 둘째는 거기에서 얻을 수 있는 데이터를 마케팅에 활용하는 것이라고 밝히고 있다.

'팔지 않는 가게'라는 용어가 의미하는 그대로 물건을 팔지 않는 오프라인 점포가 늘고 있다. 하지만 이들이 아무것도 팔지 않는 것은 아니다. 이제 그들은 물건이 아닌 '공간'과 '고객 데이터'를 팔기 시작한다.


## 세상 곳곳이
## 홍보의 장이 되다

————

브랜드를 운영하는 사람은 항상 고민한다. "어떻게 하면 고객들에게 더 많이 노출되고 더 많은 접점을 가져갈 수 있을까?"

미국에서는 에어비앤비와 같은 숙박 시설에 상품을 전시해 쇼룸으로 활용하는 기업이 등장했다. 미국의 미노안(Minoan)은 숙박 시설의 방을 브랜드들의 쇼룸으로 바꾼다. 휴가를 떠나 머무는 에어비앤비 혹은 부티크 호텔의 방에 세련된 커피머신, 안락한 의자, 향이 좋은 비누와 샴푸, 성능 좋은 와이파이 스피커가 있다. 이러한 제품들을 사용해본 후 QR코드를 스캔하면 실내에 놓인 물건 중 구매할 수 있는 상품 목록이 나온다.

이처럼 최근 공간 관련해 포착되는 트렌드 중 하나는 공간의 종류를 막론하고 많은 곳이 제품을 알리는 마케팅 및 홍보의 역할을 한다는 것이다. 단지 상업 시설뿐만 아니라 술을 마시는 바, 쉐어하우스, 심지어 목욕탕에 이르기까지 사람들이 모이는 곳은 이제 상품을 알리는 미디어가 되어 가고 있다. 공간이 미디어가 되고 있다는 것은 무슨 의미일까?

예를 들어 앞서 소개한 소셜아파트먼트에 입주하는 젊은이들이 늘자 입주자들이 관심 있어 할 만한 상품을 소셜아파트먼트 내에 전시하거나 샘플을 제공하고 싶다는 기업들의 문의가 증가하고 있다. 소셜아파트먼트는 이를 유료로 진행함으로써 예상치 못한 부수입을 얻고 있다.

다양한 잡화를 판매하는 도큐 핸즈는 도큐 호텔과 컬래버레이션해 2021년 기간 한정으로 도큐 핸즈의 상품이 전시된 방을 기획했다. 3개의 방은 각각 '미용', '비즈니스', '가볍게 한 잔'이라는 테마를 가지고 있다. 미용을 테마로 한 방에는 최신 미용기기, 마사지 기기, 그리고 욕실에는 샤워 헤드 3종류를 전부 갖추어 놓았다. 방의 콘셉트에 어울리는 상품들로 어메니티를 구성했으며 QR코드가 있어 그 자리에서 인터넷을 통해 상품을 구입하는 것도 가능하다. 도쿄 긴자에 위치한 무인양품이 만든 무지 호텔의 어메니티는 모두 무인양품이 만든 제품이며, 호텔 내 식당 또한 무인양품이 운영하는 식당이다. 이곳에 머물게 되면 자연스럽게 먹고, 마시고, 잠을 자는 24시간 동안 무지의 제품을 경험하게 된다.

이번에는 도쿄의 10~20대들이 많이 모이는 하라주쿠로 장소

를 이동해보자. 2024년 4월, 하라주쿠의 랜드마크가 될 새로운 상업 시설인 '하라카도(ハラカド)'가 오픈했다. 스트리트 브랜드를 포함한 일본의 수많은 트렌드가 탄생한 하라주쿠의 재개발을 담당한 도큐 부동산은 '하라주쿠가 앞으로도 일본의 문화를 이끌어가고 양산하는 곳이 되려면 무엇을 만들어야 할 것인가'라는 고민을 지속했고 그 결과를 담은 공간이 하라카도다. 도큐 부동산은 하라카도를 '단순한 상업 시설이 아닌 창조 시설'이라 정의하며, 라디오 방송국, 잡지 전문 도서관, 팟캐스트 스튜디오 등 크리에이터들이 자유롭게 창의력과 아이디어를 발신할 수 있는 공간들로 하라카도를 꾸몄다.

그중에서도 가장 흥미로운 공간은 지하 1층에 들어선 목욕탕이다. 상업 시설 안에 목욕탕이라니 뜬금없다는 생각이 들지도 모르겠다. 도큐 부동산은 도쿄 코엔지역(高円寺駅) 근처에서 지역 커뮤니티를 조성하며 목욕탕에 젊은 고객들을 불러 모으고 있는 고스기유(小杉湯)에 프로듀싱을 의뢰했다. 고스기유 목욕탕이 들어섬으로써 하라카도가 방문객의 일상에 스며들고 젊은 고객들이 교류하는 장소가 되기를 바라는 것이다. 여기에 더해 또 한 가지 흥미로운 점은 고스기유가 기업과 소비자를 연결하는 접점의 역할을 한다는 것이다.

"일본 고유의 문화로 발전한 목욕탕을 휴식 공간으로 재인식하고, 매일 당연하게 들어가는 목욕탕이라는 장소에 기업과 접점을 마련했습니다."

_고스기유 대표이사 히라마츠(平松),
〈니혼게자이 신문〉 인터뷰

목욕탕 앞에는 목욕 전후에 쉴 수 있는 넓은 공간이 마련되어 있다. 그리고 이 공간을 스포츠 브랜드인 언더아머, 삿포로 맥주, 미용 가전 제조사 등이 빌려서 방문객과의 접점을 만드는 것이다.

방문객은 언더아머의 의류와 운동화를 무료로 빌려 편하게 사용해볼 수 있다. 아침 일찍 언더아머의 운동화를 신고 근처 메이지 신궁에서 조깅을 하고 목욕을 한 뒤 출근하는 광경을 상상할 수 있다. 혹은 하라카도의 다른 층에서 머물며 일을 하다가 저녁에 돌아가기 전에 목욕을 하고 삿포로 맥주를 한 잔 마시며 미용 가전을 사용해보고 귀가할 수도 있다. 즉, 고객의 일상 속에서 제품을 경험해보면서 서서히 기업과 상품에 대한 공감대를 형성하는 것이 목욕탕과 파트너십을 맺은 기업들이 바라는 바다.

대중 목욕탕 고스기유의 공간을 빌려 자사의 제품을 사용해보도록 하고 있다.
출처: 정희선

"고스기유는 옷도, 신분도, 직함도, 나이도 벗고 있는 그대로의 '나'로 돌아갈 수 있는 곳입니다. 직접적으로 무언가를 판매하려는 기업의 논리에 지친 소비자의 일상 한 장면에 녹아드는 형태로 상품과 서비스를 자연스럽게 만날 수 있는 장소를 제공합니다. 기업 입장에서는 지금까지 없었던 마케팅과 프로모션을 제공할 수 있을 것으로 봅니다."

_하라카도의 Vice Head of Marketing,

노다 요시히로(野田佳宏)

이번에는 7층으로 올라가 보자. 7층 옥상 테라스에는 하라주쿠의 전경을 조망할 수 있는 정원이 마련되어 있다. 이곳은 하라카도를 방문한 사람들이 쉴 수 있는 정원의 역할을 함과 동시에 기업들에게는 좋은 커뮤니케이션 장소가 된다. 2024년 5월에는 녹차 브랜드 '아야타카(綾鷹)'의 홍보의 장으로 활용되고 있었다. 구름과 같은 크기의 물방울을 발생시키는 미스트와 연기를 분출해 마치 산 위의 구름바다에 있는 것과 같은 장면을 연출했다. 하라주쿠의 하늘에서 펼쳐진 구름바다에서 아야타카 녹차를 천천히 음미하는 시간을 기획한 홍보 전략이다.

이렇듯 하라카도는 고객이 머무는 시간 안에서 기업이 고객과의 접점을 가지고 자연스럽게 자사의 제품과 서비스를 광고하는, 즉 고객과 기업을 연결하는 플랫폼의 역할을 하고 있다.

## 일상의 장면에서
## 데이터를 얻다

———

세상의 곳곳이 홍보의 장이 되는 '미디어화'가 진행되는 것과 동시에 고객 관련 데이터를 수집하는 장소 또한 확대되고 있다. 앞서 소개한 '베타'처럼 고객의 데이터를 수집하는 것을 목적으로 점포를 만드는 것을 넘어 우리가 의식하지 못하는 사이에도 자연스럽게 데이터를 취할 수 있는 공간을 만든다. 술 한잔하려고 편하게 들른 바에서, 혹은 여행 중 들른 호텔에서 나의 말과 행동이 기업에게는 고객을 이해하는 힌트가 되는 것이다.

앞서 2장에서 살펴본 스마도리 바가 대표적인 예가 될 수 있다. 스마도리 바는 기존에 운영하던 바에 이어 2023년 9월, '더 피프스 바이 스마도리 바(THE 5TH by SUMADORI-BAR)'라는 이름의 회원제 바를 새롭게 오픈했다. 스마도리 바가 문을 연 지 1년이 지난 시점에 또다시 회원제 바를 오픈한 목적은 무엇일까?

스마도리 바에서 음료의 주문은 CX ORDER라는 앱에서 진행하는데, 바코드를 읽으면 메뉴가 표시되고 주문할 수 있는 시스템이다. 고객이 앱을 통해 주문 시 성별, 연령, 음주 스타일 등 간단한 설문에도 답하도록 하고 있어 주문한 상품 내역이 데이터로 쌓인다. 2023년 말 기준, 스마도리 바의 방문 고객 수는 약 3만 6천 명으로 이들의 정량적 데이터 수집은 착실히 진행되었다.

하지만 데이터가 쌓이면서 정량적 데이터에서 얻을 수 있는 정

THE 5TH by SUMADORI-BAR

출처: 아사히 홈페이지(asahibeer.co.jp)

보에는 한계가 있다는 것을 느끼게 되었다. 고객을 세그먼트하고 '이런 음주 성향의 사람은 이 상품을 주문하는 경향이 있다' 혹은 '음주에 대해 이러한 인사이트를 가지고 있을 것 같다'는 식의 분석을 할 수 있게 되었지만 스마도리 바의 관계자는 다음과 같은 고민을 털어놓는다.

> "(정량적 데이터에서는) 고객이 왜 그렇게 생각하는지까지는 알 수 없습니다. 인사이트를 더 깊게 파고들지 않으면 다음 액션으로 이어지지 않습니다."

설문조사는 방문자의 성향을 파악하는 데는 효과적이다. 하지만 깊은 인사이트를 파악하는 데까지는 이르지 못한다. 방문자들 또한 주문 앱에서 '자신의 정보를 제공하는 것에 대해 메리트를 느끼지 못한다'는 의견도 많았다. 즉, 시스템을 통해 기계적으로 고객을 분석하는 것만으로는 고객 경험에 영향을 미칠 수 없다고 느낀 것이다.

이러한 문제를 해결하기 위해 바로 회원제를 생각해냈다. 회원제 바에서는 주문 앱을 사용하지 않고 바텐더에게 직접 구두로 주문한다. 이 점이 기존의 스마도리 바와 크게 다른 점인데, 경력이 긴 바텐더의 설명을 들으면서 음료를 고르고 맛보는 것이다. 이에 따라 레이아웃도 스마도리 바와 조금 다르게 배치했다. 스마도리 바는 층 전체에 테이블을 배치한 반면 회원제 바는 층 중앙에 바 카운터를 배치해 바텐더와 손님이 대화를 나눌 수 있도록 설계했다.

이 바텐터와 고객과의 대화가 이곳의 핵심 경쟁력이다. 바텐더는 손님과의 대화를 통해 얻은 정보를 노트에 기록한다. 퇴근 후에도 방문 고객과 메신저 앱을 통해 바에서의 경험이나 술에 대한 선호도 등에 관해 지속적으로 대화를 나눈다. 이 채팅을 텍스트 마이닝을 통해 분석하고 축적해나가는 것이다. 즉, 수치나 고정된 설문조사만으로는 알 수 없는 인사이트를 대화를 통해 발굴해 정성적인 정보를 얻는다.

스마도리 바는 오픈 초기부터 정성적 데이터를 수집하는 것의 중요성을 느꼈다고 한다. 스마도리 바를 여러 번 방문한 사람들에게 인터뷰를 진행하기도 했으며, 정성적 인터뷰를 통해 상품 개발에 대한 힌트 혹은 홍보에 관한 아이디어를 얻기도 했다.

예를 들어 술을 싫어하는 사람은 맥주의 쓴맛을 싫어하는 경향이 있는데 정성 조사를 진행해보니 복숭아 맛 맥주라면 맛있다는 의견이 많았다. 실제로 판매 데이터를 보면 저알코올 복숭아 맥주는 술을 못 마신다고 답한 사람들이 많이 주문하는 것으로 확인된다. 이러한 정성 데이터와 정량 데이터를 종합해보면 저알코올에 과일향이 나는 음료가 맥주의 엔트리 상품이 될 수 있다는 것을 알 수 있다. 스마도리 바는 기존의 바와 회원제 바를 동시에 운영함으로써 정량적·정성적 데이터를 수집하고 술을 마시지 않는 사람들에 대한 이해를 높일 수 있었다.

소비자를 이해하고 데이터를 취득하기 위해 전혀 상관없어 보이는 기업과 손을 잡는 경우도 있다. NTT 데이터는 2024년 여름, 취침 중 심박수와 호흡수 등을 자동 측정하는 캡슐 호텔을 선보였다. 수면 데이터를 AI로 분석해 숙박객에게 수면 개선책을 제안하는 한편, 익명화한 빅데이터를 소비재, 의료, 제약회사 등에 판매하기 위함이다.

캡슐 호텔은 2024년 8월 도쿄 시나가와역 부근에 그 모습을 드러냈다. 각 객실에 설치한 적외선 카메라와 마이크, 체동 센서를 이용해 잠이 들었을 때, 일어났을 때, 뒤척일 때를 판단한다. 심박수와 호흡수, 코골이 횟수도 측정하며 NTT연구소가 개발한 심부 체온 센서(深部体温センサー)도 탑재해 내장 등 신체 중심부의 체온까지 측정하는 등 다각도로 데이터를 분석한다. 분석한 데이터, 수면의 경향, 여기에서 발견한 개선 사항 등을 보고서로 만들어 숙박객에게 제공한다. 의료기관과도 연계해 수면무호흡증 등의 질병이 의심되면 병원 진료나 생활 습관 개선을 권유한다. 숙박객의 동의가 없으면 데이터를 취득하지 않으며 수집한 데이터는 NTT 데이터의 국내 서버에 보관하고, 익명으로 처리해 보안과 개인정보 보호에 신경을 쓴다.

NTT 데이터는 수집한 대량의 수면 데이터를 외부에 판매하는 것도 계획하고 있다. 슬립테크는 전 세계적으로 관심이 높은 분야이며 많은 기업이 인간의 수면을 더 이해하기 위해 애쓰고 있다. 식품, 음료, 생활용품, 의료, 제약 등 제조업체들이 제품 및 서비스

개발에 수면 데이터를 활용하려는 움직임이 확산되고 있지만, 기업이 개별적으로 취득하는 데이터의 양에는 한계가 있다. 나이와 건강 상태 등에 따라 숙면에 필요한 요소는 달라지기 때문에 NTT 데이터가 호텔에서 수집한 데이터는 신제품 개발을 위한 마케팅에 도움이 될 것으로 보인다.

지금, 오프라인 점포를 중심으로 공간의 쓰임이 바뀌고 있다. 매장에서는 물건을 파는 것이 아니라 브랜드의 홍보를 위해 제품을 전시하고 있으며, 고객 데이터를 얻는 공간으로서의 역할이 점점 커지고 있다. 거의 모든 제품을 인터넷으로 구입할 수 있는 시대가 되면서 오프라인 공간만이 제공할 수 있는 가치에 기업들이 주목하고 있다. 소비자 데이터를 취득하기 위해 업계를 막론하고 다양한 산업에서 오프라인 점포를 만들고 있으며, NTT 데이터와 호텔의 사례처럼 의외의 기업들이 협업한다. 공간의 쓰임이 바뀌는 트렌드는 일본뿐만 아니라 전 세계의 공통적인 트렌드이기도 하며 앞으로 그 추세는 더 강화될 것으로 전망한다.

앞으로도 끊임없이 흥미로운 공간들이 만들어질 도쿄의 모습을 기대해도 좋을 것이다.

4장

# [고령화] 모든 것이 늙어가는 사회

고령화는 최근 한국 사회의 커다란 화두다. 2023년, 우리나라의 65세 이상 고령 인구는 973만 명으로 전체 인구의 19%를 차지한다. 65세 이상 인구가 총인구의 20% 이상인 경우 '초고령사회(超高齡社會, Super-aged Society)'로 분류하는데, 한국은 초고령사회로의 진입이 목전에 다가온 것이다. 일본은 약 20년 전인 2005년에 세계 최초로 초고령사회가 되었으며, 2023년 9월 기준, 전체 인구의 29.1%가 65세 이상에 달하는 세계에서 가장 늙은 나라다.

'고령화'라는 키워드는 『도쿄 트렌드 인사이트』에서도 다루었으며, 일본의 트렌드를 논할 때 빠질 수 없는 키워드다. 우리보다 앞서 초고령화 사회가 된 일본의 고령화 관련 비즈니스에 대한 기업들의 관심도 높다.

『도쿄 트렌드 인사이트』에서는 고령화 시대의 과제는 무엇인지, 그리고 이를 어떻게 디지털과 기술을 활용해 해결하고 있는지에 관해 살펴보았다. 혼자 사는 고령자의 신변을 지키는 일부터 간병 현장까지, 디지털 기술을 활용해 사회적 부담과 비용을 줄이고 고령자의 삶의 질을 높이고 있다.

『도쿄 트렌드 인사이트 2025』에서는 인간의 삶이 아닌 사회 인프라와 주변의 것들에 주목해보고자 한다. 전례 없이 빠른 속도로 고령화가 진행되는 대한민국은 현재 초고령사회에 발생할 다양한 문제를 예측하고 준비하는 데 관심이 높다. 대부분이 인간의 고령화에 초점을 맞추고 있지만 비단 인간뿐만이 아니다.

초고령화 사회가 되면 인간을 포함한 많은 것이 늙어간다. 인프라가 늙어가고, 집이 늙어 비게 되고, 반려동물도 늙어간다. 인구가 감소하는 고령화 사회에서 낡고 오래된 집은 사람이 살지 않는 빈집으로 방치되어 치안을 위협한다. 우리의 생활을 지탱하는 인프라인 수도관과 고속도로 등도 오래되어 빈번하게 사고가 발생한다. 고령자의 친구이자 가족인 반려동물도 나이가 들어 치매에 걸린다.

『도쿄 트렌드 인사이트 2025』에서 인간이 아닌 사회 인프라의 노화에 관한 이야기를 전하는 이유는 이러한 것들은 조금만 노력을 기울이면 사전 방지가 가능한 영역이기 때문이다. 예를 들어 일본 사회가 골머리를 앓고 있는 빈집 문제를 해결하는 가장 좋은 방법은 빈집이 되기 전에 방지하는 것이다.

어떠한 산업이 되었든 문제가 발생하면 이에 따라 해결책을 모색하는 과정에서 새로운 비즈니스 기회가 만들어진다. 모든 것이 늙어가는 일본에서는 인터넷과 디지털 기술을 활용해 빈집 문제, 인프라 노후화 문제를 해결하고자 하는 움직임이 엿보인다. 기술을 활용해 반려동물의 병을 예방하는 벤처기업들도 주목을 받고 있다.

사람도, 동물도, 사회도 늙어가는 것을 막을 수는 없다. '늙어감'에 따라 발생하는 문제를 예방할 수 없을지 유심히 살펴보자. 초고령화 시대, 새로운 비즈니스가 탄생할지도 모를 일이다.

# 빈집에 가치를 더하다,

## 빈집 시장의

## 탄생

고령화와 저출산으로 인해 인구가 감소하는 사회에서는 다양한 과제가 발생한다. 젊은이들은 도시로 떠나고 지방에는 고령자들만 남는다. 고령자가 사망하거나 요양원으로 들어가면 그 집은 방치된다.

최근 일본 사회가 골머리를 앓고 있는 문제 중 하나인 빈집(空き家, 아키야) 문제다. 지방에 있는 오래된 집을 상속받고자 하는 사람은 거의 없다. 집을 해체하는 데도 최소 200만 엔(약 2천만 원)이 들기에 그냥 내버려두는 사람이 많다. 빈집 문제가 심각해진 일본

에서 문제 해결에 나서는 곳은 정부뿐만이 아니다. 부동산 회사와 벤처기업들이 빈집 관련 영역에서 비즈니스 기회를 찾고 있다.

## 늘어나는 아키야,
## 빈집이 유통되기 시작하다

———

일본의 빈집 수는 2018년 850만 채로 전체 주택의 약 14%를 차지하고 있으며, 이는 30년 전에 비해 2배 이상 늘어난 수치다. 빈집이 발생하는 가장 큰 원인은 고령의 주인이 사망하거나 간병 시설에 들어간 후 방치되기 때문이다. 일본은 신축 물건의 인기가 높고 중고 주택의 유통 비율이 유럽과 미국보다 낮은 편으로, 이 점 또한 빈집 증가의 원인으로 꼽힌다. 사람은 줄고 신축 물건은 늘고 있기에 빈집은 앞으로도 계속 늘 수밖에 없는 구조다. 빈집은 방치하면 경관이 나빠질 뿐만 아니라 지가가 하락하고 마을의 치안도 안 좋아진다.

일본 정부는 2015년부터 빈집에 대한 적절한 대응을 규정한 「빈집 대책 특별조치법(空家対策特別措置法)」을 시행했으며 이후 지속적으로 법을 개정하고 있다. 법은 크게 2가지 방향으로 개정되고 있다. 첫째, 빈집 소유자가 짊어져야 하는 부담을 늘리는 것이다. 관리 상태가 좋지 않은 빈집의 고정자산세를 높이는 것이 대표적인 조치다. 둘째, 빈집의 활용을 촉진하는 것이다. 정부는

아키야 카츠요 주식회사의 CEO인 와다 씨가 운영하는 유튜브 채널, 빈집을 소개하며 매입자 혹은 임차인을 모집한다.

출처: youtube.com/@akiyayan

2023년, 빈집의 소유주가 건물 용도를 쉽게 바꾸어 이용할 수 있는 '촉진 구역'을 설정하는 내용을 개정안에 포함했다. 촉진 구역으로 지정된 곳에서는 재건축이나 용도 변경 절차를 간소화할 수 있다.

동시에 일본의 많은 지자체에서는 '빈집 은행(空き家バンク)'을 운영하고 있다. 빈집 은행은 빈집의 현황을 정확하게 파악할 수 있는 데이터베이스임과 동시에 빈집의 주인과 구매를 원하는 사람을 연결하는 플랫폼으로 기능한다.

최근 몇 년 사이에는 정부나 지자체가 아닌 사기업이 운영하는 빈집 관련 사업이 크게 늘었다. 대표적인 비즈니스 모델은 빈집 주인과 빈집을 원하는 사람을 매칭해주는 서비스다. 몇 가지 사례를 살펴보자.

스타트업 '아키야 카츠요 주식회사(空き家活用株式会社, 빈집 활용 주식회사)'의 CEO인 와다(和田貴充) 씨는 회사가 운영하는 유튜브 채널(@akiyayan)에 직접 출연해 오래된 민가를 소개하며 매입자 혹은 임차인을 모집한다. 160개 이상의 동영상이 올라와 있고 유튜브 채널 구독자 수는 4만 8천 명을 넘었으며 조회 수가 수십만 회에 달하는 동영상도 있다.

아키야 카츠요 주식회사는 홈페이지(aki-katsu.co.jp)에 매물 정보를 올려 매입자를 모집하고 지자체와 연계해 빈집 관련 상담을 지원한다. 홈페이지에 물건을 올리기 위해서는 게재료를 받는데, 월 1만~3만 엔(약 10만~30만 원)을 내면 몇 건이라도 게재할 수 있는 서비스를 포함해 다양한 요금제가 마련되어 있다. 실제 거래를 진행하게 될 경우 실무는 택지건물거래업 면허를 가진 부동산 회사에 맡기고 아키야 카츠요 주식회사는 소개료를 받는다.

유튜브 동영상은 매물을 널리 알리고 싶은 소유주를 위해 만들고 있으며 계약이 성사될 경우 동영상 제작비 50만 엔(약 500만 원)을 받는다. 동영상으로 소개한 매물의 약 30% 정도가 계약이 성사되었는데, 빈집의 매력을 효과적으로 전달하고 컨설팅을 함께 하면 예상보다 비싸게 팔리는 경우도 있다고 한다. 홈페이지에는 단지 매물 정보만 올리는 것이 아니다. 빈집이 위치한 마을의 정보를 소개해 이주를 고민하는 사람들에게 도움을 주는 등 빈집의 임대 및 매매를 고려하는 사람이 궁금해할 만한 내용이 가득하다.

아키야 카츠요 주식회사가 최근 힘을 쏟는 영역은 빈집의 데이터베이스화다. 지자체에 빈집으로 등록되지 않은, 즉 유통되지 않는 빈집이 많은데, 아키야 카츠요 주식회사는 사람이 직접 발로 뛰며 조사한다. 도쿄, 나고야, 오사카의 대도시권 주택가를 조사관이 돌아다니며 탐문하거나 우편함, 전기계량기 등으로 판단한 빈집을 등록해 데이터베이스로 만들었다. 등기부등본의 소유자 정보를 통해 조사되지 않는 미유통된 빈집 4만 5천 건을 검색할 수 있도록 만든 것이며 이러한 정보를 부동산업체에 유료로 제공할 예정이다.

비슷한 비즈니스 모델을 한 군데 더 살펴보자. '모두의 0엔 물건(みんなの0円物件)'이라는 이름의 홈페이지(zero.estate)는 홋카이도를 중심으로 전국의 약 1,500건의 물건을 소개하고 있다. 이름 그대로 소개되는 빈집은 모두 0엔, 즉 무료로 판매된다. 계약 성공률은 80%를 넘으며 양도된 빈집은 음식점이나 셰어하우스 등으로 개조되어 사용된다. '모두의 0엔 물건'을 통해 빈집을 구입한 어느 구매자는 빈집의 등기 비용과 개조 비용이 약 100만 엔(약 1천만 원) 이상 들었지만 역에서 가까운 입지를 살려 창고로 활용할 예정이라고 한다.

'모두의 0엔 물건'의 홈페이지에 빈집 정보를 게재하는 것은 무료다. 빈집 주인이 정보를 웹사이트에 올리고 이를 원하는 구매자가 주인과 직접 교섭하는 구조다. 서비스 요금은 2가지 종류가 있다. 구매자가 주인과 직접 교섭하고 등기를 포함한 모든 절차를 스스로 진행하는 경우 '모두의 0엔 물건' 측에 어떠한 비용도 지불하지 않는다. 다른 요금제인 '오마카세 플랜'은 빈집 매매와 관련된 프로세스를 회사가 전부 서포트하는 것으로 비용은 16만 5천 엔(약 165만 원)이다. 이용자의 70%가 오마카세 플랜을 이용한다. 팔린 빈집의 반 정도는 집이 아닌 카페 등으로 개조해 활용되며 나머지 반은 임대 물건으로 내놓는다고 한다.

최근 일본에서는 '아키야 카츠요 주식회사', '모두의 0엔 물건'처럼 빈집 매매를 중개하는 플랫폼을 다수 찾아볼 수 있다. 그뿐만 아니라 빈집을 해체하는 분야에서 사업 기회를 발견한 기업도 있다. 밸류크리에이션은 빈집 철거업체를 중개해주는 서비스인 '해체 창구(解体の窓口)'를 운영한다. 빈집 소유자가 매물 정보를 보내면 등록된 여러 철거업체로부터 견적을 받을 수 있으며, 이용자는 보내온 견적을 비교한 후 저렴한 비용으로 철거 가능하다.

이러한 회사를 창업한 이들의 인터뷰를 살펴보면 대부분이 빈집 문제를 해결하는 것을 넘어 지역 활성화라는 더 커다란 목표를 염두에 두고 있다. '모두의 0엔 물건'의 창업자인 나카무라 료(中村領) 씨의 말을 잠시 빌려보자.

"빈집에 딱 맞는 매수자를 찾는 것이 과제입니다. 물건이 팔린 후에 유효하게 활용되지 않으면 소유자는 좋을지 모르지만 마을에는 좋은 결과로 이어지지 않습니다. 따라서 물건을 잘 활용해 줄 매수자를 찾아주는 것에 힘을 쏟고 있습니다."

빈집을 개조해 새로운 공간을 만들고 이를 통해 마을에 다시 활기를 불어넣는 것이 이들의 궁극적인 목표인 것이다.

## 빈집,
## 손해보는 부동산이 아니야
———

그러면 어떠한 사람들이 빈집을 사고 싶어 할까? 부동산 기업이 직접 빈집을 구매해 별장 등으로 탈바꿈하는 케이스가 있다. 도치기현의 나스시오바라역(那須塩原駅)에서 차로 약 1시간을 달리면 부동산 정보 사이트를 운영하는 라이풀(LIFULL) 그룹이 만든 별장을 만날 수 있다. 별장으로 바꾼 건물은 원래 지은 지 30년이 넘는 빈집으로 주변에 아무것도 없기에 생활하기에 불편한 곳이었다. 라이풀은 '아무것도 없는 불편함'을 '자연을 만끽할 수 있다'라는 장점으로 바꾸어 마케팅을 한다.

'린네(rinne, リンネ)'라는 이름이 붙은 별장에서 눈길을 끄는 것은 베란다와 직결된 독특한 형태의 사우나다. 자연을 즐기며 재충전하고 싶은 사람들을 타깃으로 '아무것도 없는 자연 속에서 즐기는 사우나'를 콘셉트로 내세운다. 주말에는 1~2개월 전부터 예약이

빈집을 개조해 만든 별장, 독특한 형태의 사우나가 눈에 띈다.
출처: LIFULL 홈페이지(lifull.com)

꽉 차는 인기 시설로 변신했다.

빈집을 활용한 흥미로운 마케팅 기획도 눈에 띈다. 닛산 자동차가 이바라키현 다카하기시(次城高萩市)와 함께 기간 한정으로 운영한 어드벤처(ADVANTURE)라는 관광 상품이다. 어드벤처는 차박과 빈집을 결합해 캠핑족들의 불편함을 해소한다. 최근 일본에서도 캠핑을 즐기는 사람들이 많고 차박의 인기는 높아져 가지만 화장실이나 샤워가 불편한 점은 사실이다. 여기에서 힌트를 얻어 차 안에서 해결하기 힘든 부분은 빈집을 활용하게 했다.

닛산 자동차는 캠핑카를 빌려주고 다카하기시는 빈집을 빌려준다. 잠은 캠핑카에서 자지만 100년 이상 된 빈집의 화장실이나 샤워를 사용하도록 하는 것이다. 이렇게 되면 캠핑 초보자도 쉽게 캠핑카를 시험해볼 수 있으며 다카하기시는 관광객을 늘릴 수 있다. 일본의 규제상 사람이 숙박을 하면 여관업으로 분류되기에 별도의 허가를 받아야 하지만, 몇 시간 사용하는 것은 허가받지 않아도 되기에 바로 빈집을 활용할 수 있다.

다카하기시의 빈집 수는 353채로 5년 전에 비해 120채나 증가했다. 다카하기시는 지속적으로 빈집 문제 해결을 위해 노력해왔다. 80년 된 빈집을 사우나로 개조해 관광객이 방문하는 인기 시설로 변신시킨 이력도 있다. 하지만 300채가 넘는 빈집을 모두 임대하거나 개조하기는 사실상 쉽지 않기에, 빈집의 일부 혹은 일정 시간만이라도 활용하는 방안을 고안하게 된 것이다. 빈집 주인 입장에서도 부수입을 얻는 장점이 있다. 비록 2021년 가을 한시적으로 운영한 캠페인이었으나 캠핑카와 빈집의 활용이라는 반짝이는 아이디어가 돋보이는 사례다.

빈집은 대부분 지방에 있을 것이라 생각하지만 꼭 그런 것만은 아니다. 도쿄 도심 내에도 5만 채가 넘는 빈집이 있으며 빈집을 활용한 비즈니스가 도쿄에서도 확산되고 있다. 도쿄 이타바시구(板橋区)의 한 상점가에 위치한 '카메야 키친'은 80년간 이어온 신발가게 겸 주거지를 개조해 공유 키친으로 만들었다. 점포의 리노베이션부터 관리까지 담당한 곳은 젝트원(JECT ONE)이라는 부동산 회사가 운영하는 '아키사포(ㄱㅋㅕサポ)'다. 2009년 설립된 이 회사의 매

80년 된 주거지를 개조해 만든 공유 키친
출처: JECT ONE 홈페이지(jectone.jp)

출은 연 132억 엔(약 1,320억 원)에 달하며 약 100명의 직원이 근무하고 있다. 아키사포는 단독주택, 아파트, 폐건물 등 빈집 혹은 빈 건물을 개조하고 용도를 변경하는 것을 전문으로 한다. 7년간 약 260개 이상의 부동산을 성공적으로 리노베이션해 지역에 활기를 불러왔다.

아키사포는 빈 건물을 소유자로부터 일정 기간 빌려서 그 지역의 수요에 맞추어 리노베이션한다. 개조 비용은 전액 회사가 부담하며 리노베이션 후 임대인을 찾아 수입을 얻는다. 계약 기간이 끝나면 리노베이션한 건물은 소유주에게 그대로 돌아간다.

유동인구가 많은 지역의 물건만 찾을 것으로 생각하기 쉽지만 꼭 그런 것은 아니다. 해당 지역의 고유한 특성을 이해한 바탕 위에 공간의 활용을 제안하기 때문이다. 예를 들어 도쿄 오타구(大田区)의 인적이 드문 곳에 오랫동안 방치된 빈집은 근처에 오토바이 주차 공간이 부족하다는 주민들의 목소리를 듣고 차고로 만들었다. 젝트원은 주변에 어느 정도 인구가 있으면 각 지역의 수요에 맞는 용도를 찾을 수 있다고 말한다.

최근 개인들 사이에서도 빈집에 대한 관심은 높아지는 중이다. 일본에 정착한 외국인이 빈집을 저렴하게 구입해 민박이나 카페로 바꾼 스토리도 방송에 종종 소개된다. 리모트 근무가 지속되면서 지방으로 이주를 희망하는 사람들, 세컨드 오피스를 마련하려는 중소기업들도 빈집에 관심을 가진다. 빈집 자체를 투자처의 하나로 보는 사람들도 있다. 이에 따라 리모델링 전문가와 빈집 투자

플래너와 함께 빈집을 둘러보고 수익성 높은 빈집을 매입하는 모임도 정기적으로 개최되고 있다.

AI를 빈집 판별에 활용하고자 하는 움직임도 엿보인다. 도쿄 오타구는 도쿄공업대학과 함께 주택 이미지를 통해 AI가 빈집 여부를 판별하는 시스템 개발에 힘쓰고 있다. 특히 도시 내 빈집은 겉으로 봐서는 빈집인지 아닌지 파악하기 힘든 경우가 많다. 빈집의 실태를 확인하기 위해서는 막대한 시간과 비용이 들기 마련인데, 수천 장의 빈집 사진과 특징을 학습한 AI를 활용하면 빈집 여부를 빠르게 판단할 수 있다.

이렇듯 지금 일본에서는 빈집의 판별, 매매, 개조까지 다양한 영역에서 빈집의 활용을 촉진하는 비즈니스가 등장하고 있다. 이는 일본의 빈집 문제가 더 이상 피할 수 없는 사회적 과제로 떠올랐다는 의미로 이해해도 될 것이다.

한국에도 최근 빈집 관련 뉴스가 심심찮게 들린다. 기관별로 빈집 관련 통계는 제각각이지만 최소 10만 호 이상은 빈집으로 추정된다. 국내에서도 빈집은 증가할 것으로 보인다. 전 세계에서 가장 낮은 출산율과 빠르게 진행되는 고령화로 인해 지방을 중심으로 버려지는 집이 늘어날 것임은 누구나 쉽게 예측할 수 있다. 우리는 이미 빈집 문제로 인해 골치를 썩이고 있는 일본의 사례를 통해 빈집을 어떻게 활용하고 새로운 가치를 만들 수 있을지 힌트를 얻을 수 있을 것이다.

하지만 일본의 빈집 관련 전문가들이 입을 모아 하는 말이 있다. 바로 빈집이 되기 전, 사전 방지가 무엇보다 중요하다는 것이다. 1년 이상 집이 빈 상태로 지속되면 관리 및 수선이 힘들어지고 주인 혹은 상속자를 찾아 철거하기도 어려워진다. 가장 많은 케이스는 자가 소유의 집에 혼자 살던 노인이 고령자 시설에 입주하게 된 후 유통시장에 나오지 않고 빈집으로 남는 것이다.

이에 따라 일본의 지자체들은 사전 예방을 위해 '거주지의 종활(終活, 인생의 마지막을 마무리하기 위한 활동)'에 힘을 쏟는다. 향후 빈집이 될 가능성이 있는 주택에 대해 친족 간 협의를 쉽게 진행할 수 있도록 법적 절차와 활용 방법을 소개한다. 고령자들을 대상으로 건강할 때 주택을 계속 소유하고 싶은지 혹은 매각해 상속 분배하고 싶은지 생각을 정리하는 세미나를 개최한다. 또한 종활 세미나에서 가계도를 작성하도록 해 상속인이 누구인지 확인한다. 빈집 문제 해결에 특효약은 없다. 다양한 관점에서 꾸준하게 대책을 마련하는 것이 중요할 것이다.

# 빈 집 × 무인역,
## 지방을 살리다

───

빈집이 속출하는 지방 도시는 마을 자체가 소멸 위기에 처하는 경우가 많다. 자연스럽게 이러한 마을에 위치한 철도역의 이용객 또한 급감하기 마련이다. 일본에는 마을 주민이 고령화되고 젊은 인구가 도시로 떠나 이용객이 급감하는 철도와 역이 많다. 이용객과 역무원이 아예 없거나 혹은 매우 적은 '무인역'이라 불리는 역이 일본 전국에서 늘고 있다. 국토교통성에 따르면 2020년 무인역은 4,564개로 일본 전국 내 역의 약 반(48%) 정도가 무인역이다. 무인역은 철도 회사에 있어 유지비가 많이 드는 골칫거리이며, 지난 20년 동안 그 숫자가 약 10% 증가했다.

최근 일본에서는 지방의 빈집 한 채에 그치지 않고 마을 전체를 숙박 시설로 개발해 빈집과 무인역 증가라는 2가지 문제를 동시에 해결하려는 창의적인 시도가 화제가 되고 있다. 이러한 시도를 추진하는 곳은 JR 동일본이 출자한 스타트업 '연선 마루고토(沿線まるごと)'다. 회사명의 '마루고토'는 '통째로'라는 뜻으로 철도가 위치한 지역을 통째로 개발한다는 의미를 포함하고 있다. 무인역의 역사를 호텔의 프런트 데스크로 만들고 빈집이 된 오래된 민가를 객실과 레스토랑으로 개조해 마을 전체를 하나의 호텔로 개발한다. 이 과정에서 마을에 산재한 빈집을 활용하며 지역 주민은 호텔의 운영 스태프로서 참여한다.

"노후한 빈집 한 채만으로는 가치를 창출하기 어렵습니다. 우리는 다양한 점(빈집을 의미함)들을 선으로 연결해 지역 전체를 활성화하는 것을 목표로 하고 있습니다."

_연선 마루고토

호텔의 프런트 데스크 역할을 하는 역사에서 체크인을 한 후 숙박 시설로 이동한다.

이렇게 마을을 통째로 호텔로 만드는 아이디어를 실현한 첫 번째 프로젝트가 2024년 5월 공개되었다. 도쿄 중심부에서 약 60km 떨어진 작은 마을인 오쿠타마(奧多摩)가 그 무대다. 오쿠타마는 행정구역상 도쿄이지만 인구 5천 명이 되지 않는, 산과 강에 둘러싸인 전형적인 시골 마을이다. 이곳에 생긴 '마을 전체가 호텔'인 곳을 방문해보자.

JR의 코리(古里)역 혹은 하토노스(鳩ノ巣)역에서 내리면 역사에서 바로 호텔의 체크인을 한다. 무인역의 역무원실이 호텔의 프런트 데스크 역할을 하는 것이다. 체크인을 하고 역을 나오면 전동 삼륜차 혹은 자전거를 이용해 레스토랑이나 숙박 시설로 이동한다. 역에서 나와 레스토랑까지 이어지는 길과 숲이 호텔의 정원이 되는 것이다. 7년 전부터 빈집이었던 곳을 레스토랑으로 개조했고 원래 버려진 창고였던 곳을 사우나로 만들었다. 레스토랑의 식재료는 지역에서 재배한 야채를 활용한다. 규격에 맞지 않거나 일부 상처가 나서 시장에서 판매하기 힘든 식재료를 활용해 만든 요리를 제공한다. 역과 빈집을 함께 호텔로 개발하면 과소화가 진행되는 지역에 고용과 활기를 불어넣으며 지역 주민의 발이 되는 철도 고객도 늘어난다. 연선 마루고토는 2040년까지 일본 내 30개 지역의 마을을 호텔로 만들 예정이다.

이렇게 빈집과 상점을 숙박 시설로 개조해 '마을 전체가 호텔'인 듯한 경험을 제공하는 '분산형 호텔'이 빈집 문제와 지방 소멸 문제의 해결책으로 주목받고 있다. 오래된 빈집을 개조해서 만든

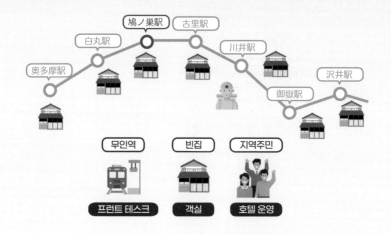

분산형 호텔은 무인역을 프런트 데스크로, 빈집을 객실로 만들고 지역주민이 호텔 운영에 참가한다.

출처: 연선 마루고토 홈페이지 내용을 바탕으로 그래픽 구성

호텔은 일본의 옛 정취를 느낄 수 있어 외국인 관광객에게도 인기다. 하지만 아무래도 빈집을 개조해 호텔로 만들면 일반 호텔에 비해 편의성이 떨어진다. 호텔 내 식사를 할 수 있는 공간이 없는 경우도 많고 샤워 시설도 부실할 수 있다. 이러한 부분을 다른 시설들, 예를 들어 마을 내 음식점, 카페, 목욕탕 등이 보완하는 것이다.

마을에서 공동으로 운영하는 프런트 데스크를 만들고 마을 주민이 호텔의 스태프가 되어 체크인을 도와준다. 숙박객들은 빈집을 개조해 만든 방에서 머물고, 동네 목욕탕에서 목욕을 하고, 동네 우동 집에서 식사를 한다. 필요한 경우 버려진 상가를 활용하기

세카이 호텔에 머물면서 주변 상점가를 탐방하는 숙박객들
출처: 세카이 호텔 홈페이지(sekaihotel.jp)

도 한다. 숙박비도 저렴할 뿐만 아니라 마을을 천천히 음미할 수 있다는 점에서 외국인 관광객들로부터 호평을 받고 있다. 관광객들이 지역을 방문하고 지역 내 다양한 상점에서 소비가 일어남으로써 마을에 활기가 돌고 경제적으로도 도움이 된다.

이러한 분산형 숙박 시설을 몇 군데 더 둘러보자. 세카이 호텔(Sekai Hotel)은 사용되지 않는 상점가의 점포를 호텔 객실로 개·보수해 운영한다. 오래된 상가나 공장의 외벽을 그대로 유지해 레트로한 감각을 유지하면서 유니크한 분위기의 객실을 만든다. 동시에 '세카이 패스'라는 상품권을 제공하는데 이 상품권은 호텔 주변 상점가에서 사용할 수 있다. 이를 통해 숙박객에게 상점가 전체가 하나의 호텔처럼 느껴지게 하는 것이다.

이러한 분산형 호텔은 2018년 6월 「여관업법」이 개정되면서 운영이 가능해졌다. 기존에는 숙박 시설 1개당 최소 객실 수가 몇 개 있어야 한다는 규정이 있었으며, 시설이 분산되어 있다면 시설마다 프런트 데스크를 설치할 필요가 있었다. 하지만 법이 개정되면서 객실이 1개여도 호텔로 영업이 가능하며 분산되어 시설을 운영할 경우에도 프런트 데스크는 한 곳만 운영하면 된다. 법 개정에 맞추어 일본 최초로 분산형 호텔을 운영하기 시작한 곳은 호텔 닛포니아(NIPPONIA)다.

"포르투갈이나 스페인에서는 역사적인 건물을 그대로 보존하는 것뿐만 아니라 이를 통해 새로운 경제적 가치를 창출하고 있습니다. 일본에서도 오래된 고풍스러운 건물을 활용해 역사와 문화를 전하면서 지역에 사람들을 끌어들일 수 있다면 재미있을 것 같았습니다. 관광으로 시작해 주거로까지 이어질 수 있다면 지역 상생에도 기여할 수 있을 것입니다."

_닛포니아를 운영하는 (주)NOTE의 대표 후지와라(藤原)

이러한 아이디어를 바탕으로 닛포니아는 1950년 이전에 지어진 건물들을 호텔로 바꾸어 개발하고 있다. 신축 건물에서는 느낄 수 없는 공간의 매력을 어필하기 위해 최대한 건물의 원형을 보존하며 디자인을 해치지 않는 선에서 개·보수를 진행한다. 숙박뿐만 아니라 지역의 식문화를 융합해 일본의 옛 풍경을 체험할 수 있는 시설로 탈바꿈시킨다. 예를 들어 닛포니아 치치부 몬젠마치(秩父 門

닛포니아 치치부 몬젠마치
출처: 닛포니아 홈페이지(nipponia-chichibu.jp)

前町)는 지역에 오랜 기간 존재하던 상점 3채와 민가 2채를 숙박 시설로 개조해 객실과 레스토랑을 만들었다.

닛포니아는 호텔을 운영함에 있어 높은 가동률을 목표로 하지 않고 평균 30~40%의 가동률로도 손익분기점을 맞출 수 있도록 가격을 설정하고 있다. 객단가가 높아질 수밖에 없지만 높은 가격에도 불구하고 묵어보고 싶다는 생각이 들게끔 매력적인 시설을 만드는 것이 닛포니아의 전략이다. 실제로 오래된 민가와 고택의 정취를 좋아하는 팬 중에는 닛포니아를 정기적으로 방문하는 사람들도 있다.

무인역을 매력적인 공간과 시설로 탈바꿈시키는 노력도 엿보인다. 아무것도 없는 무인역을 '사람의 손길이 닿지 않는 비경'으로 포지셔닝해 새로운 가치를 만들어내고 있다.

도쿄를 포함한 일본 혼슈의 동쪽 절반에서 철도를 운영하는 동일본여객철도주식회사(JR 동일본)가 보유한 총 1,655개의 역 중 약 40%에 달하는 역이 무인역이다. JR 동일본은 이러한 무인역을 비일상적인 감각을 느낄 수 있는 숙박 시설 및 관광자원으로 활용하기 시작했다.

대표적인 곳이 JR 죠에츠선의 도아이(土合)역이다. 도아이역은 지하 승강장에서 역사로 나오기까지의 계단 수가 무려 462개에 달한다. 80m 아래로 내려가야 홈에 도착할 수 있기에 '일본 최고의 두더지 역'이라는 별명이 붙었다. 도아이역의 승객 수는 1일 20명 정도인데, 이는 승하차를 모두 포함한 숫자라서 실제로는 약 10명

무인역인 도아이역에 텐트와 사우나를 설치해 관광객을 불러 모으고(왼쪽),
도아이역의 역무실을 카페로 개조해 사용한다(오른쪽).
출처: 도아이 빌리지 홈페이지(doaivillage.com)

이 이용하는 꼴이다.

사람을 거의 찾아볼 수 없는 이 역에 2020년 11월, 갑자기 숙박
시설이 등장한다. 역 건물 옆에 텐트와 야외 사우나를 설치했고,
역무실은 카페로 개조했다. 지하의 홈에서는 저온 숙성된 크래프
트 맥주를 만든다. 도아이역은 산이 있고 강이 흐르는 사계절 내내
경치가 아름다운 곳이다. 게다가 지하 요새를 연상시키는 역은 유
니크한 감각을 만들어낸다.

JR 동일본과 함께 이 시설을 만든 곳은 빌리지(VILLAGE INC.)라
는 캠핑장을 기획 및 운영하는 스타트업이다. 무인역은 인프라로
써 필요하지만 역을 유지하기 위해 고정비가 많이 들기에 JR 동일
본에 있어서는 골칫거리다. 그러나 빌리지는 무인역이 보물이라

고 말한다. 별 볼 일 없던 지방 역의 매력이 높아지면 관광 수요와 일자리가 생기고 새로운 경제권이 형성된다. "무인역 중에서도 비경일수록 수요가 많습니다. 우리의 실력을 보여줄 수 있는 곳입니다."라며 자신감을 드러낸다.

지역의 관문이자 귀중한 자원인 무인역을 방치하는 것이 아니라 어떻게 활용할 것인가 고민하는 지자체와 지역 주민들, 그리고 무인역에서 비즈니스 찬스를 발견하는 벤처기업들이 등장하면서 무인역이 다양하게 활용되기 시작한다. 호텔과 캠핑장을 넘어 무인역을 양조장으로 만들어 관광객을 불러 모으는 곳도 있다. 시마네현의 무인역인 나미코역을 이와미 주조가 양조장으로 개조했다. JR 동일본은 양조장으로 가는 전세 열차를 특별하게 편성할 것을 검토 중이다.

단순한 승하차 수단이었던 역이 벤처기업의 손을 거치면서 새롭게 탄생하고 있다. 빈집과 무인역이 쓸쓸하게 방치되는 것이 아니라 반짝이는 아이디어로 재생되면서 지역 활성화의 거점이 되고 있다.

# 늙어가는 인프라,

## DX로

## 지키다

 

사람과 함께 우리가 살아가는 사회의 인프라도 나이가 든다. 일본은 1950~1970년 사이에 인프라가 정비되었기에 만들어진 지 50년이 넘은 인프라가 상당 비율을 차지, 인프라의 노후화가 심각한 수준이다. 일본 국토교통성의 조사에 의하면 약 10년 뒤인 2033년, 일본 전역 내 자동차용 교량의 63%, 하천 관리 시설의 62%, 터널의 42%가 수명을 다할 것으로 예측한다.

노후한 인프라로 인한 사고 또한 전국에서 발생하고 있다. 인프라 갱신은 시급한 과제이지만 상당한 시간과 비용이 소요되는 일이다. 인구가 감소함에 따라 인프라 정비에 할애할 재원 또한 줄고 있기에 지자체의 고민은 늘어만 간다. 저출산 고령화로 인한 일손 부족 현상으로 인해 보수 공사를 제때 못하는 곳도 많다.

하지만 '문제'는 동시에 '기회'를 의미하기도 한다. 최근 일본에서는 민간기업들이 디지털 기술을 활용해 인프라의 노후화 문제 해결에 나서고 있다. AI 기술과 드론 기술이 발전함에 따라 수도관뿐만 아니라 도로, 교량, 터널 내부의 균열 및 변형을 사전에 감지하는 시스템이 등장하고 있다. 그뿐만 아니라 게임을 통해 시민들이 낡은 인프라를 발견하는 활동에 자발적으로 참여하도록 한다.

## 노후한 인프라는
## 게임이 살린다!

———

어떻게 하면 빠르게 효율적으로 인프라의 노화 정도를 조사할 수 있을까? 이 어려운 문제를 해결하기 위한 실험이 진행되었다. 해결의 키워드는 바로 '게임'이다.

2021년 10월, 도쿄에서는 스마트폰을 한 손에 들고 맨홀을 찾아다니는 사람들의 모습이 여럿 보였다. 그들의 목적은 단 하나, 맨홀의 사진을 찍기 위한 것이다. IT 기업인 Whole Earth Foundation(WEF)과 일본의 수도관을 관리하는 일본 주철관(日本鋳鉄管)이 공동으로 만든 스마트폰 게임인 '철과 콘크리트의 수호자

(鉄とコンクリートの守り人)'를 이용한 이벤트다.

'철과 콘크리트의 수호자'는 게임 참가자 모두가 인프라의 '수호자'가 되어 힘을 합쳐 국내의 낡은 인프라에 맞서 싸우는 사회공헌형 위치정보 게임이다. 2021년 8월, '맨홀 성전'이라 불리는 맨홀을 찾아다니는 이벤트가 시부야에서 처음으로 진행되었다. 게임 앱 내의 지도에는 하수도대장에 기재된 데이터를 기반으로 맨홀의 정보가 표시되어 있다. 게임 참가자는 지도에 표시된 맨홀의 뚜껑을 촬영해 등록하는 것이다.

이미 누군가 사진을 찍어 올린 맨홀은 앱의 지도에서 색상이 바뀌어 '게시됨'으로 표시된다. 때로는 데이터에 기재되지 않은 맨홀도 있다. 이 경우 참가자는 맨홀을 신규로 등록한다. 즉, 참가자들은 아직 사진이 투고되지 않은 맨홀을 찾거나 혹은 데이터에 등록되지 않은 맨홀을 찾아다니며 맨홀 뚜껑 사진을 찍어 올리는 것을 목표로 삼는다. 사진을 투고하면 포인트가 쌓이고, 쌓인 포인트를 상금으로 교환할 수 있다.

전 세계적으로 인기를 끌었던 게임인 '포켓몬 고'와 비슷한 감각이다. 맨홀은 차도에도 많이 존재하기 때문에 게임에 너무 열중하다 보면 사고로 이어질 위험도 있기에, 주변 상황을 먼저 사진으로 찍고 이후 맨홀을 촬영하는 2단계로 나누어 사고를 방지하는 시스템을 구축했다. 또한 사유지나 출입이 위험한 지역의 맨홀은 지도에서 제외하는 등의 배려도 하고 있다.

시부야 '맨홀 성전'의 목표는 시부야구에 있는 약 1만 개의 맨

맨홀 뚜껑 사진을 모으는 '맨홀 성전' 이벤트에 참가 중인 사람들과 맨홀 찾기 앱
출처: 맨홀 성전 홈페이지(guardians.city)

홀 사진을 5일 만에 수집하는 것이었다. 하지만 이벤트를 시작하니 첫날에만 7,800개의 사진을 수집할 수 있었고, 3일 만에 모든 맨홀 사진을 확보할 수 있었다. 이렇게 참가자들의 반응이 뜨겁자 두 달 뒤인 10월에는 대상 지역을 도쿄 전역 23구로 확대했으며, 23개 구 중 6개 구는 100%에 달하는 맨홀의 사진을 확보할 수 있었다.

이후 11월에는 지방 도시인 카가시에서 8천 개의 맨홀을 대상으로 '맨홀 성전'을 시작했다. 카가시는 시장이 직접 나서서 초·중학교에 안내문을 배포하는 등 적극적인 홍보를 진행했으며 다양한 연령층의 사람들이 게임에 참여했다. 그 결과, 이벤트 첫날 95%에 달하는 맨홀 사진을 수집할 수 있었으며, 결국 하루 반 만에 모든 맨홀 뚜껑의 이미지를 입수했다. 이러한 폭발적인 반응에 힘입어 2022년에는 맨홀 성전을 일본 전국으로 확대해 진행했다.

왜 맨홀 사진을 모으는가? 이 게임은 사회 인프라의 노후 현황을 확인하려는 목적으로 개발되었다. 일본에는 1,500만 개 이상의 맨홀이 있으며 그중 약 20%에 해당하는 300만 개가 30년 이상 교체되지 않고 있다. 국가가 정한 도로용 맨홀 뚜껑의 표준 수명은 15년인데 그보다 훨씬 오랫동안 방치된 맨홀이 상당수 존재한다. 하지만 매해 교체되는 맨홀 뚜껑은 전국적으로 연간 10만 개 정도에 불과해 노후한 맨홀은 늘어날 수밖에 없다.

맨홀 노후화의 현황 파악에 있어 가장 큰 걸림돌은 어느 맨홀이 노후되었는지 알기 힘들다는 점이다. 지자체가 일일이 맨홀의 상태를 육안으로 확인하는 데는 시간과 비용이 많이 든다. 그래서 일본 주철관은 WEF와 협업해 시민이 참여하는 게임의 개발에 착수한 것이다. 많은 사람을 참여시켜 효율적으로 맨홀 뚜껑의 사진을 수집하고, 수집한 이미지를 자동으로 진단해 노후화 정도를 측정하고 데이터화한다. 지자체는 이 데이터를 바탕으로 어느 맨홀 뚜껑부터 교체해야 할지 우선순위를 정할 수 있다.

인프라 노후화 문제를 해결하기 위해서는 대규모 투자가 필요하다. 일본 주철관의 쿠사카(日下) 사장은 이렇게 말한다.

"상수도 관리는 기본적으로 요금 수입으로 충당되는데, 인구 감소로 인해 요금 수입 자체가 줄어드는 추세입니다. 게다가 교체 예산을 늘리기 위해 요금을 인상하는 것도 사용자들의 이해를 얻기 어렵습니다. (…) 처음에는 맨홀을 좋아하는 사람들이 게임의 주된 이용자가 될 것이라 예상했는데 의외로 일반인들의 참여가 눈에 띄었습니다."

게임 참가자를 대상으로 설문조사를 실시한 결과, '상금이나 상품을 원해서'가 아니라 '인프라 문제 해결에 도움이 된다는 콘셉트에 흥미를 느끼고 공감했기 때문'이라고 답한 사람이 가장 많았다.

'맨홀 성전'을 진행하면서 의외로 또 다른 수확이 있었는데 '맨홀 성전'이 지역 활성화에 기여할 수 있다는 점이다. 카가시의 경우 시장이 전폭적으로 지원하고 지역 기업들도 동참해 참가자에게는 야마시로 온천, 야마나카 온천, 가타야마즈 온천 등 3개 온천을 이용할 수 있는 무료 입욕권을 제공했다. 그러자 지역 주민뿐만 아니라 무료 입욕권을 노리고 다른 현에서 온 참가자도 있었다. 즉, 게임을 관광자원으로도 활용할 가능성을 엿본 것이다. 카가시에서의 맨홀 성전 이후, 다른 지방 도시에서도 이벤트를 실시해 달라는 문의가 이어지고 있다고 한다. 앞으로는 일본 전국에서 스마트폰을 들고 맨홀 사진을 찍으러 다니는 사람들의 모습을 볼 수 있을지도 모르겠다.

# 인구 감소 시대,
# 늙어가는 수도관

———

2023년 6월, 도쿄 근교 사이타마의 한 도로에서 물이 뿜어져 나와 10m까지 치솟는 사건이 일어났다. 이는 44년 된 수도관의 부품이 고장 난 것이 주된 원인이었다. 이뿐만이 아니다. 최근 일본 전국 각지에서 수도관 관련 사고가 일어나고 있다. 수도관 파손의 주된 이유 또한 수도관이 노후했기 때문이다.

특히 일본은 지진대국으로 지진이 발생하면 수도관이 파손되는 경우도 빈번하다. 물은 우리 생활에 없어서는 안 되는 존재로 수도관에 문제가 생기면 생활에 바로 타격을 입는다. 2024년 7월에는 기시다 총리가 직접 나서 일본 전국 수도관의 긴급 점검을 요구하기도 했다.

고도 경제성장기인 1960년대부터 설치되기 시작한 수도관은 일본 전국 내 약 74만km에 걸쳐 설치되어 있으며, 이는 지구를 18.5회 도는 거리다. 수도관의 수명은 약 40년 정도이며 이 중 약 14만km, 전체 수도관의 19%에 달하는 수도관이 이미 법정 내구 연한(耐久年限, 원래의 상태대로 사용할 수 있는 기간)을 지났다.

수도관의 노후화는 인구 감소와 깊은 연관이 있다. 인구가 감소함에 따라 수도 사용량이 줄고, 이에 따라 징수하는 수도 요금도 매년 줄기에 수도 사업의 수입이 감소한다. 하지만 수도관의 유지 및 보수를 위해 들어가는 비용은 매년 늘고 있는 상황이다. 수도관을 교체하는 공사비로 매년 약 1조 8천억 엔(약 18조 원)이 들 것으로 추산되지만 예산이 부족해 수선 및 관리가 늦어지고 있다. 저출산과 고령화로 인해 수도관을 관리할 직원이 줄어드는 것 또한 문제점으로 부각되고 있다. 이에 새로운 기술로 수도관의 노후화 문제를 해결하고 사업을 만들어가는 기업들이 등장하고 있다.

먼저 군마현의 마에바시(前橋)시의 수도국을 잠시 방문해보자. 수도국의 직원은 컴퓨터 화면으로 다양한 색상으로 칠해진 시의 지도를 유심히 관찰하고 있다. 이 지도는 인공위성에서 얻은 데이터로 지표면의 습도를 측정함으로써 수도관의 노화 정도를 판단해 작성한 지도다. 수도관의 노후 상태를 일일이 조사하는 것은 쉽지 않은데 이 자료를 활용하면 집중적으로 조사해야 할 수도관이 어디인지 판단해 효율적으로 개·보수를 진행할 수 있다.

이 지도는 우주항공연구개발기구(JAXA)가 출자해 만든 벤처기업인 '텐지진(天地人)'이 위성 데이터를 활용해 제공하는 '텐지진 나침반 우주 수도국'이라는 서비스로 마에바시시뿐만 아니라 전국 17개 지자체에서 도입 중이다. 지도에서 누수 위험을 5단계로 구분하고 있으며, 빨간색은 누수 위험이 가장 높은 곳이다.

서비스를 만든 텐지진은 위성 데이터를 활용한 토지평가 관련 서비스를 개발 및 운영하는 곳이다. 자연스럽게 '우주에서 어떻게 지하에 묻혀 있는 수도관을 볼 수 있을까'라는 의문이 생긴다. 지표면의 온도가 올라가면 이것이 수도관의 스트레스 요인이 되어 노후를 촉진한다. 텐지진은 500개의 인공위성에서 지표면의 온도

수도관의 누수 위험도를 구분한 지도
출처: 텐지진 홈페이지(tenchijin.co.jp)

와 지반의 변동을 관측하고, 이미 축적되어 있는 수도관의 정보와 종합해 수도관의 노후 정도를 판단하는 것이다. 이 시스템을 통해 일상적으로 누수 지점을 관리하면 수도관 점검 비용을 최대 65% 절감할 수 있으며, 조사 기간 또한 최대 85% 단축할 수 있다.

'프록터 재팬'도 AI 기술을 활용해 지하에 묻혀 있는 수도관의 노후화 정도를 한눈에 알 수 있는 서비스를 제공한다. 예를 들어 오렌지색으로 표시된 지역은 1년 이내 물이 샐 가능성이 7.1%, 빨간색은 1년 이내에 물이 샐 가능성이 97.9%인 곳이다. 과거 어떤 수도관이 언제 물이 샜는지 데이터를 축적하고 패턴을 분석하는 시스템으로 현재 일본 내 약 40개 지자체가 도입하고 있다. 문제가 있었던 수도관의 특징에 더해 흙의 성분과 같은 환경 요인 등을 고려하고, 과거 사건과 비교해 물이 샐 가능성을 예측하는 것이다.

히타치의 누수 감시 서비스
출처: 히타치 홈페이지(hitachi.co.jp)

대기업인 히타치 제작소 또한 누수의 진동을 감지해 원격으로 알려주는 특별 센서인 '누수 감시 센서'를 개발, 현재 약 20개 정도의 지자체가 도입하고 있다. 히타치의 센서는 최대 300m 범위의 누수를 감지하는 것이 가능하며, 5년이 걸릴 것으로 예상되는 수도관 점검을 1년 만에 끝낼 수 있다.

지자체의 예산은 한정되어 있으며 인구가 감소하는 도시에서는 예산이 축소하는 상황까지 벌어진다. 정부의 노력만으로는 인프라를 지키는 것이 불가능해지고 있다. 이에 민간기업이 디지털 기술을 활용해 인프라를 지키고 있으며 지자체는 이 기술을 적극적으로 받아들이고 있다.

"인프라의 노후화, 이는 굉장히 커다란 사회적 문제입니다. 하지만 시장으로 바라보면 매우 큰 시장이 됩니다."

_텐지진 CEO, TV 도쿄 인터뷰


## 물 공급의 관점을 바꾸다, 달리는 정수장

인구가 감소하는 지역이 늘고 있지만 그렇다고 수도관을 없앨 수는 없는 일이다. 물은 인간이 생명을 유지하기 위해서 꼭 필요한 인프라이기에 인구가 수십 명에 불과한 마을에도 물을 공급해야 하며 큰 비용이 든다. 이에 인구가 거의 없는 과소 지역에는 수도관이 아닌 방법으로 물을 제공하고자 하는 새로운 시도가 엿보인다.

물의 새로운 인프라를 제안하는 기업인 메타워터(METAWATER)는 정수 처리 기능이 달린 탱크차를 활용해 필요한 장소에서 언제든지 물을 정수해서 공급하도록 하고 있다. '달리는 정수장(走る淨水場)'이라고도 불리는 탱크차에 실린 파이프 안에 세라믹 망이 설치되어 있어 불순물을 걸러내는 시스템이다. 트럭 한 대가 약 2천 명이 하루에 사용하는 양의 물(600m³)을 정수할 수 있다.

메타워터는 '달리는 정수장'을 인구 감소 지역에 배치하고 5년 단위로 정부에 리스하는 형태로 서비스를 제공하고 있다. 보통 정수조를 설치하기 위해서는 월 수억 엔(약 수십억 원)이 드는 데 비해 '달리는 정수장'은 월 수십만 엔(약 수백만 원)으로 가능하기에 예산이 없는 지자체도 도입이 가능하다. 메타워터의 관계자는 TV 도쿄와의 인터뷰에서 인구 감소 시대의 인프라에 관해 우리가 생각해 봐야 할 중요한 메시지를 던진다.

"수도관(水道管)이 아니어도 됩니다. '도(道, 길)'가 아니라 점과 같은 시설에서도 답을 찾을 수 있습니다. 인구 감소의 시대, 이제는 대규모 집중형만을 고집할 것이 아닙니다. 지역의 특성에 따라 '대규모 집중형 시설'과 '소규모 분산 시설'을 믹스해야 하는 시대가 되었습니다."

# 주인과 함께

## 늙어가는

## 반려동물

전 세계적으로 1인 가구와 딩크족이 증가하며 반려동물 시장이 꾸준히 성장하고 있다. 일본에서는 2018년부터 어린이의 수보다 반려동물의 수가 더 많아졌다. 일본사단법인 반려동물푸드협회에 의하면 2018년 기준, 일본 전국의 반려견은 890만 마리, 반려묘는 965만 마리로 합계 1,800만 마리를 넘어섰지만, 일본 총무성에 의하면 일본의 어린이 수는 2018년 1,553만 명에 불과했다. 이후에도 어린이 수는 지속적으로 감소해 2021년 1,493만 명까지 줄어들었다.

반려동물 시장이 프리미엄화되면서 미용 및 건강 서비스가 늘고 있다.
출처: 한큐 헬로도그 홈페이지(hankyu-hellodog.com)

반려동물은 이제 가족의 일원으로 취급받고 있으며, 특히 1인 가구에 있어서는 소중한 파트너다. 코로나19 확산 당시 일본의 많은 산업에서 매출이 감소하는 와중에도 반려동물 시장은 지속적으로 성장했다. 이는 집에서 지내는 시간이 길어지면서 반려동물을 들이는 사람들이 많아지고, 반려동물에 쓰는 지출액이 늘어나며 시장의 프리미엄화가 진행되었기 때문이다.

야노경제연구소에 의하면 일본의 반려동물 시장은 2017년 1조 5,193억 엔(약 15조 원)에서 완만한 상승세를 보여 2020년 1조 6,242억 엔(약 16조 원), 그리고 2024년에는 1조 8,370억 엔(약 18조 원)으로 확대될 것으로 전망한다. 일본 내 개와 고양이의 수는 정체되어 있지만 이들에 지출하는 비용은 증가하고 있다. 2021년 반려동물에의 연평균 지출액은 개는 약 35만 엔(약 350만 원), 고양이는 약 17만 엔(약 170만 원)으로 모두 전년보다 2% 이상 증가했다. 반려동물을 위해 프리미엄 사료와 간식을 선택하는 사람들이 늘고 있으며 반려동물의 고령화 또한 반려동물 시장의 확대에 기여하고 있다.

일본펫푸드협회에 따르면 2022년 개의 평균 수명은 14.8세, 고양이의 평균 수명은 15.6세로 식습관의 변화와 의학의 발전으로 인해 지난 10년간 1년 정도 증가했다. 사료의 질이 좋아지고 의료 기술이 발달하면서 반려동물도 장수하자, 최근에는 반려동물이 병에 걸리기 전에 빠르게 대처하는 펫 테크 상품이 주목받고 있다. 동물도 인간과 마찬가지로 병에 걸리기 전에 이상 징후를 감지하고 조치를 취하는 것이 중요하기 때문이다.

## 늙은 개를 돌봐드립니다,
## 노견 홈

———

고령의 주인이 늙은 애견을 돌보는 소위 '노인-노견 간병'이 문제가 되고 있다. 주인도 늙어서 몸을 제대로 가누지 못하거나 혹은 경제적 이유로 더 이상 늙은 반려견을 돌보지 못하는 사례가 늘어났다. 개의 평균 수명은 15년 정도인데, 13세 이상 노견은 4년 연속 증가해 전체 반려견의 18.2%를 차지하고 있다. 즉, 일본 내 반려견 5마리 중 1마리는 고령인 것이다. 동물애호관리센터에 2018년 들어온 개의 70%가 10세 이상이며, 개 주인의 60%가 70세 이상이다.

개도 나이가 들면 인간과 마찬가지로 치매에 걸리는 등 주인에게 부담이 된다. 치매에 걸린 개 중 일부는 밤새도록 짖어 주인을 지치게 한다. 개를 간병하는 노견 홈에는 돌보기 힘들어진 개를 인수해 달라는 상담이 끊이지 않고 있다. 하지만 나이 든 반려견을 돌보는 데는 비용이 많이 들기 때문에 무료로 운영되는 노견 홈은 많은 개를 수용하지 못한다. 이에 따라 최근에는 '유료 노견 홈'이 증가하고 있다. 그 수는 2013년 20개에서 2019년 177개까지 늘었으며, 요금은 돌봐주는 정도에 따라 다르지만 식비와 간병 요금을 포함해 연간 40만~150만 엔(약 400만~1,500만 원) 정도에 달한다.

'강아지 보건소'는 방문 진료에 특화된 동물병원이다.
출처: '강아지 보건소' 홈페이지(asakusa12.com)

노견 홈에 더해 왕진 및 방문 간호 서비스도 주목받고 있다. 쇠약해 몸을 움직이기 힘든 동물도 있으며 반려견을 여러 마리 키우거나 대형견을 키우는 노인 중에는 개를 병원에 데려가기 힘든 사람도 많다. 하지만 일반 동물병원에서는 진료시간 이외에는 수술이나 검사 일정으로 바쁘기 때문에 왕진을 하기 힘들다. 이러한 틈새 니즈를 주목한 반려동물을 위한 왕진 전문 서비스가 등장했다.

> "사람과 마찬가지로 동물 또한 나이 들어 체력이 쇠약해지거나 병에 걸리면 병원을 다니는 것이 체력적, 정신적으로 부담이 됩니다."
>
> _방문진료 동물병원 '강아지 보건소(わんにゃん保健室)'의
> 에모토(江本) 원장

왕진 전문 서비스는 의사에게도 장점이 있다. 왕진 전문 병원의 개업 비용은 일반 병원에 비해 압도적으로 저렴하다. 대부분이 작은 밴이나 대형 SUV에 필요한 장비를 싣고 다니며 가정을 방문한다. 또한 일반 동물병원에 비해 진료에 긴 시간을 할애할 수 있다는 장점도 있다. 병원 운영비에 들어가는 비용이 적기 때문에 무리해서 여러 집을 방문하지 않아도 수익을 낼 수 있다.

일본의 한 TV 프로그램에 소개된 왕진 전문 수의사의 경우 하루 평균 5~8마리를 진료한다. 이에 따라 동물 한 마리당 진료에 사

용할 수 있는 시간이 길어지고, 반려동물의 증상을 더 잘 이해하게 되고 동물과의 거리도 가까워진다.

왕진을 희망하는 반려동물의 30~40% 정도는 고령화에 따른 '완화 케어'를 받고 싶어한다. 즉, 병의 완치가 아닌 통증이나 괴로움을 줄이기 위한 케어를 원하는 경우가 대부분이며 입원이 필요하지 않는 경우도 많다. 이에 따라 왕진 서비스와 함께 방문 간호 및 간병 서비스에 대한 니즈 또한 높아지고 있다. 대표적인 곳이 케어 펫츠(CARE PETS)로 동물 간호사가 개와 고양이의 홈케어 서비스를 제공한다. 고령이 아닌 일반 동물도 서비스를 신청할 수 있으나 실제로 고령 반려동물이 서비스의 절반 이상을 차지하고 있다. 에모토 원장은 말한다.

"반려동물의 간병은 입원을 통해 집중적으로 실시하는 것이 필요하다고 생각하기 쉽습니다. 하지만 최후의 시간을 병원이 아닌 자택에서 함께 보내기를 희망하는 사람도 있습니다. 동물 의료에도 다양한 니즈가 있고 이에 대응할 필요가 있습니다."

한국에서는 동물병원으로 신고가 되지 않은 곳에서 반려동물을 진료하는 행위, 즉 왕진 의료는 불법이다. 반려동물의 고령화라는 주제가 조금 이른 이야기로 들릴 수도 있다. 사람을 대상으로 하는 일반 왕진 서비스는 미국과 일본에서는 이미 친숙한 서비스로 자리 잡아가고 있다.

한국의 보건복지부는 고령화에 따른 왕진 의료 서비스의 필요성을 느끼고 2019년 12월부터 의자가 환자를 찾아가는 왕진 시범 사업을 시행하고 있다. 거동이 불편한 사람의 의료 접근성을 개선하기 위함이다. 언젠가는 한국에서도 사람뿐만 아니라 나이 들어 거동이 불편한 반려동물을 위한 왕진 서비스를 시행할 날이 오지 않을까 조심스럽게 예측해본다.

인간과 마찬가지로 반려동물의 간병뿐만 아니라 죽음을 사전에 준비하는 활동인 '종활(終活)'에 대한 인식도 조금씩 퍼지고 있다. 소중한 가족의 일원이 된 반려동물의 수명은 인간보다 짧다. 주인이 고령이라면 자신이 반려동물보다 먼저 죽는 경우의 일도 생각해두어야 한다. 특히 1인 고령가구의 비중이 높아지면서 종활 관련 시장이 확대되고 있다.

반려동물을 데려다 키워줄 사람이나 시설을 찾아 유언을 남기고 싶어하는 사람들이 늘고 있다. 반려동물에게 직접 재산을 남길 수는 없지만 돌봐줄 사람에게 재산 일부를 양도할 것을 유언으로 정해둔다. 반려동물의 주인이 위탁자가 되고 반려동물을 키워줄 사람이 수탁자가 되어 신탁 계약을 맺은 후 재산을 전용 계좌에 맡기는 방법도 있다. 주인이 사망하거나 요양 시설에 들어가면 전용 계좌로부터 사육비 등을 인수한 사람이나 시설에 지불한다.

사람도 생의 마지막을 잘 정리해야 하는 것처럼 반려동물의 생을 마감하는 활동인 '반려동물의 종활'에 우리도 관심을 기울여야 할 것이다. 반려동물이 많아지고 고령화가 진행됨에 따라 자연스럽게 사망하는 반려동물의 수도 증가할 것이기 때문이다.


## 반려동물의 병을 예방하다,
## 펫 테크

———

개나 고양이를 키우는 사람들에게 반려동물은 소중한 가족이다. 당연히 오래오래 건강하게 살기를 바란다. 하지만 반려동물의 질병을 조기에 발견하는 것은 어렵다. 개나 고양이는 사람에게 자기 컨디션이 좋지 않다는 것을 말로 전할 수 없기 때문이다. 이에 최근 IoT나 AI를 활용해 반려동물의 건강을 관리하는 펫 테크가 주목받고 있다. 인간의 의학도 병이 발생하기 전에 예방하는 쪽으로 기조가 변하고 있는 것과 마찬가지로 반려동물 또한 병을 빨리 알아차리고 대응하는 것의 중요성이 높아지고 있다.

대표적인 서비스가 플러스 사이클(Plus Cycle)이다. 플러스 사이클은 반려동물의 활동량을 디지털로 측정해 몸의 이상을 감지하는 시스템이다. 반려견 혹은 반려묘의 목걸이에 9g 무게의 작은 소형 센서를 달아 하루 동안의 활동량, 휴게시간, 점프 횟수 등을 계측하고, 주인의 스마트폰 앱으로 데이터를 전송한다. 플러스 사이클은 '좀 더 빨리 병의 증상을 알아차렸더라면'이라고 후회하는 주인들의 목소리를 듣고 반려동물의 컨디션을 객관적으로 파악할 수 있는 시스템이 없을까 고민하다 '동물의 활동량'이라는 요소에 착

반려동물의 활동량을 측정해 몸의 이상을 감지하는 플러스 사이클

출처: 플러스 사이클 홈페이지(pluscycle.jp)

안했다.

　플러스 사이클은 반려동물의 활동량이나 점프 수가 일주일 전과 비교해 2일 연속으로 80% 이하로 떨어지는 것과 같은 이상 활동이 감지되면 주인에게 알람을 보낸다. 특히 예방 접종의 기회가 적은 고양이는 병원을 자주 방문하지 않기에 관절염에 걸려도 중증으로 발전한 후에야 알게 되는 경우가 많다. 하지만 플러스 사이클로 매일 반려동물의 컨디션을 파악하면 조기에 이상을 발견하고

고양이의 변으로 건강을 확인하는 토레타
출처: 토레타 홈페이지(jp.tolettacat.com)

중증으로 발전하기 전에 수의사에게 진찰받을 수 있다. 또한 몸의 이상으로 인해 수면장애가 생기면 밤의 활동량이 증가하고 낮의 수면시간이 늘어나는 경향이 있는데 이러한 정보들을 분석해 주인에게 통보함으로써 빠르게 대처할 수 있도록 한다.

고양이의 변 배출량이나 횟수 또한 건강을 확인하는 척도가 된다. 일본의 토레타(Toletta)는 2018년 8월부터 반려묘 전용 스마트 변기를 제공한다. 변기에 달린 센서로 고양이의 체중, 오줌량, 오줌 횟수, 화장실에 들락날락한 횟수, 체류 시간 등을 파악해 건강 상태를 확인한다. 예를 들어 흔한 질병 중 하나인 방광염에 걸린 고양이는 화장실에 가는 빈도가 늘고 오줌량이 줄어드는 경향이 있다. 주인은 스마트폰에서 이러한 데이터를 확인할 수 있으며 평소와 다른 패턴이 발견되면 경고 알람이 울린다.

화장실 본체의 가격은 2만 1,780엔(약 22만 원)이며 이에 더해 매월 고양이 1마리당 1,078엔(약 1만 1천 원), 2마리 이상부터는 1마리당 682엔(약 7천 원)의 요금을 지불한다. 여러 마리의 고양이를 동시에 분석할 수 있기에 최근 동물병원이나 펫 전문 숍에서의 문의도 증가하고 있다. "자세한 데이터를 획득하는 것이 빨리 병을 발견하는 길입니다."라며 토레타의 관계자는 제품을 개발한 배경을 설명한다.

일본뿐만 아니라 미국 등에서도 최근 반려묘를 위한 스마트 변기를 개발하는 업체들이 늘고 있다. 개는 산책을 하면서 야외에서 배변하는 경우가 많은 반면 고양이들은 전용 화장실을 사용하므로 건강 관련 데이터를 파악하기가 쉽기 때문이다.

유전자 검사를 통해 반려동물의 병을 예방하는 서비스도 등장하고 있다. 기술의 발달로 인해 검사 가격이 대폭 낮아진 점이 유전자 검사 보급의 큰 기폭제가 되고 있다. 예를 들어 일본의 폰테리(Pontely)는 2018년 8월부터 강아지와 고양이 대상의 유전자 검사 서비스를 제공하고 있다. 강아지나 고양이의 입 안 세포를 채취 및 분석해 종별로 걸리기 쉬운 3가지 유전성 병의 발병 확률을 분석한다. 검사 요금은 1만 5,400엔(약 15만 원)으로 일반인도 쉽게 접할 수 있는 요금이다. 주인이 원하면 4가지 이상의 병을 검사하는 것도 가능하다.

## 반려동물의 건강을 넘어
## 감정까지

———

최근에는 반려동물의 신체적인 건강을 넘어 감정을 이해하고자 하는 연구 또한 확산되고 있다. 개나 고양이는 사람의 말을 할 수 없기 때문에 갑작스러운 변화에 주인이 당황하는 경우가 많다. 몸이 아파도 주인이 알아차리지 못하기도 한다. 반려동물의 마음을 파악하고 소통할 수 없을까? 이런 생각에서 랭글리스(Langualess)는 이누파시(INUPATHY)라는 기기를 개발했다.

이누파시는 반려동물의 몸에 착용하는 하네스처럼 생긴 장치로 벨트 부분에 심음 마이크 센서가 있으며 뒷면에는 감정을 표시하는 LED 조명이 장착되어 있다. 센서가 심박수를 감지하고 감지된 심박수를 LED 조명 아래에 있는 장치가 정형화 및 분석한다. 심박수를 통해 분석한 감정을 LED 조명의 색으로 표현하는데, 녹색은 편안함, 흰색은 집중, 주황색은 흥분, 보라색은 스트레스, 무지개색은 기쁨을 나타낸다. 이렇게 얻은 반려동물의 감정과 심박수 데이터는 스마트폰의 앱에서 확인할 수 있다.

심장박동에서 감정을 읽어내는 아이디어는 동물행동학을 전공한 경험이 있는 랭글리스의 CTO(최고기술책임자)인 야마구치 씨가 고안했다. 인간의 심장박동과 감정은 관계되어 있다. 예를 들어 긴장하면 심장박동이 빨라지는 것이다. 이에 야마구치 씨는 '동물도 심장박동을 측정하면 감정을 파악할 수 있지 않을까'라는 생각을

반려동물과 채팅이 가능한 와네코 톡
출처: 와네코 톡 홈페이지(wanecotalk.com)

했다.

하지만 개의 심장박동을 측정하는 것은 꽤 어렵다고 한다. 개는 가만히 엎드려 있는 경우가 거의 없고, 털이 심박수 측정을 방해하기 때문이다. 그래서 랭글리스는 소리로 심박수를 측정하는 방법을 채택했다. 심음 마이크 센서를 통해 긴 털을 가진 개의 심박수도 측정할 수 있으며, 측정한 심박수를 감정과 연결하는 RT-HRV라는 알고리즘을 개발해 감정을 색깔로 나타내는 것이다.

말을 하지 못하는 개나 고양이의 신체 및 감정적 변화를 차리기는 쉽지 않다. 하지만 NEC가 개발한 반려동물의 행동을 AI로 분석해 메시지를 전달하는 서비스인 '와네코 톡(waneco talk)'을 이용하면 반려동물과의 채팅도 불가능한 일이 아니다.

주인이 반려동물에게 "뭐하고 있어?"라고 라인 메신저 앱으로 묻자 "일어났어~", "졸려⋯"와 같은 답변이 돌아온다. 와네코 톡으로 자신의 반려동물과 채팅을 하는 사람의 모습이다.

와네코 톡은 앞서 소개한 반려동물의 움직임과 점프 횟수 등을 측정하는 센서인 '플러스 사이클'을 활용해 만든 서비스다. 플러스 사이클을 반려동물의 목걸이에 장착하면 반려동물의 움직임이 NEC의 클라우드로 전송되어 반려동물의 행동을 분석한다. 이에 따라 주인이 "뭐하고 있어?"라고 메신저 앱으로 질문하면 반려동물의 행동에 기반해 '활동 중' '잠자고 있어'와 같은 메시지가 전송되는 것이다. 현재는 행동 분석이 주를 이루고 있으나 반려동물의 감정까지 분석하도록 개발 중이다.

서비스를 개발한 NEC가 바라는 바는 단지 주인과 반려동물과의 채팅에 그치지 않는다. NEC는 와네코 플랫폼 서비스에서 특정 반려동물의 데이터를 하나의 ID로 관리함으로써 기업이나 병원 같은 단체가 보유한 데이터와 연계해 활용하고자 한다.

예를 들어 펫 살롱에서는 반려동물의 피부와 털 상태를 파악할 수 있다. 펫 살롱과 연계하면 여기에서 파악한 피부 및 털 건강, 그리고 와네코 톡이 센서로 파악한 데이터를 함께 분석함으로써 반려동물의 상태를 보다 상세하게 알 수 있다. 동물병원과 데이터를 공유하면 병을 조기에 발견할 수 있고 적절한 치료와 조언을 받을 수도 있다. 인간에 있어서도 개개인의 건강과 의료 데이터를 집약한 PHR(Personal Health Record, 의료기관에 흩어져 있는 진료 및 검사 정보와 스마트폰으로 수집한 활동량 등을 모두 취합해 구축한 건강기록 시스템)을 활용하려는 움직임이 최근 활발해지고 있는데 NEC는 PHR의 반려동물 버전을 구축하고자 하는 것이다.

1인 가구가 증가하고 고령화가 진전되면서 반려동물 시장은 앞으로 지속적으로 성장할 것이다. 반려동물도 인간과 함께 늙어가면서 반려동물의 건강과 관련한 비즈니스에서 기회를 찾는 스타트업이 늘고 있다. '귀여운 우리 막내'의 건강과 장수를 위해 기꺼이 지갑을 여는 사람들이 점점 많아지고 있기 때문이다.

5장

# [유통] 인구 감소 시대의 전략

일본은 저출산, 고령화로 인해 인구가 15년째 감소하고 있다. 일본의 총인구는 2010년 1억 2,800만 명으로 최고를 기록한 뒤 지속적으로 감소, 2024년 현재 약 1억 2,200만 명에 머물고 있다. 인구 구성 또한 변화하고 있다. 총인구에서 65세 이상 고령자가 차지하는 비율은 29.1%(약 3,500만 명)에 달하며, 이 중 75세 이상 고령자는 2천만 명을 넘어섰다. 동시에 미혼율이 증가하면서 현재 일본 전체 가구의 약 40%가 1인 가구다.

한국의 인구구조는 일본의 것을 그대로 따라가고 있다. 통계청은 한국의 총인구가 2028년 5,194만 명에 달한 후 이후 지속적으로 감소할 것으로 보고 있다. 2023년, 한국의 1인 가구는 전체 가구의 35.5%에 달하고 있으며, 전체 인구의 18.4%는 65세 이상의 고령자다.

인구구조의 변화로 인해 일본의 유통업계는 크게 3가지 문제를 떠안게 되었다.

첫째, 고령 인구과 1인 가구의 증가다. 4인 가족을 전형적인 가구의 모습으로 상정하고 제조사들은 제품을 개발했으며, 유통업체 또한 4인 가족의 장보기 습관에 맞추어 매장을 구성하고 제품을 큐레이션했다. 하지만 고령층과 1~2인 가구가 늘고 라이프스타일이 다양해짐에 따라 유통업계의 전략 또한 달라져야 한다.

둘째, 인구가 줄면서 수요가 감소하고 시장 규모가 축소된다. 일본의 편의점 점포 수는 수년간 정체를 이어가다 2021년에는 폐점 수가 개점 수를 넘어섰다. 동시에 유통시장이 성숙해지면서 경쟁도 치열하다. 비근한 예로 최근 슈퍼마켓과 드러그스토어의 구분이 모호해지고 있다. 예전에는 화장품과 의약품만을 전문으로 취급하던 드러그스토어에서 도시락이나 야채를 파는 것을 쉽게 발견할 수 있는데 이는 유통업체의 경쟁이 치열해지면서 고객군을 확장하기 위함이다.

마지막으로 고령화와 저출산 현상에 필연적으로 따라오는 일손 부족 현상이다. 일본 사회는 거의 모든 산업에서 노동력이 부족한 상황으로 2023년 12월 유효구인배율(구직자 1명당 구할 수 있는 일자리 수)은 1.27배다. 즉, 127개의 일자리가 존재하지만 일할 사람은 100명밖에 없는 것이며 특히 소매업과 서비스업의 일손 부족이 심각한 상태다.

이러한 상황에 일본의 유통업체들은 어떻게 대응하고 있을까?

첫째, 다양화된 가구의 모습과 라이프스타일에 맞추어 고객을 뾰족하게 타깃한다. 몸집을 작고 가볍게 만들어 타깃한 고객에게 맞는 점포를 만든다. 둘째, 수요가 감소하는 지금, 충성고객을 늘리고 방문 빈도를 높이기 위해 많은 유통업체가 독자적인 상품 개발에 힘쓰고 있다. 잘 만든 PB상품은 고객의 충성도를 높이며 새로운 고객을 끌어들이는 계기가 되기도 한다. 편의점인 훼미리마트가 만든 의류를 구입하기 위해 20대들이 훼미리마트를 방문하는 것이 좋은 예가 된다.

마지막으로, 일본의 유통업체들은 부족한 인력을 보완하기 위해 기술을 활용하고 있다. 하지만 기술이 운영의 효율화만을 위해 사용되는 것은 아니다. AI 카메라 등을 포함한 IT기술을 적극적으로 활용해 고객의 편의성을 높일 뿐만 아니라 고객 경험의 질을 높이고 있다. 우리보다 앞서 인구 감소 시대를 살아가는 일본의 유통 현장을 들여다보자.

# 뾰족하게

## 타깃하고

## 테스트하다

『트렌드 코리아 2023』의 첫 번째 키워드는 '평균 실종'이었다. 평균 실종은 중간이 사라지는 '양극화', 하나로 쏠리는 '단극화', 그리고 다양하게 퍼지는 'N극화'의 3가지 모습으로 나타나는데, N극화는 소비자의 취향, 니즈, 라이프스타일이 다양해지면서 나타나는 현상이다. 일본도 한국도 '엄마, 아빠, 그리고 두 자녀'로 이루어진 4인 가족의 모습이 더 이상 주류가 아니다. 같은 나이의 1인 가구라고 해도 전혀 다른 취향과 라이프스타일을 가지고 있다.

이렇게 다양한 모습으로 파편화되는 소비자 행동에 일본의 유통업계는 어떻게 대응하고 있을까? 최근 일본에서는 '신업태'라는 말을 자주 들을 수 있다. 유통업체들이 N극화되는 라이프스타일에 맞추어 여태까지 없던 새로운 형식의 점포를 만들기 때문이다. 예를 들어 Z세대를 위한 점포, 편의점과 슈퍼를 합한 것과 같은 형태의 매장 등 고객을 뾰족하게 타깃해 새로운 형태의 점포를 만들고 있다. 유통업체들은 유연하고 빠르게 점포를 만들어 시험하고 테스트해보며 고객의 반응을 살핀다.


## 더욱 뾰족하게, 더욱 빠르게, 돈키호테의 신전략

일본을 방문하는 관광객들이 빠지지 않고 들르는 곳 중 하나는 일본 전국에 600개 이상의 점포를 운영 중인 할인잡화점 돈키호테다. 돈키호테는 주로 4~5층으로 이루어진 빌딩에서 생활 잡화부터 시작해 식품, 주류, 화장품, 전자제품에 이르기까지 우리 생활에 필요한 거의 모든 물건을 판매하고 있다. 창고를 연상케 하는 뒤죽박죽 진열된 물건들, 그리고 제품을 설명하는 화려한 손글씨 POP(Point of Purchase)가 돈키호테의 특징이다.

　돈키호테는 일부러 물건을 쌓아두고 고객들이 보물찾기하듯이 좋은 물건을 찾아 매장을 돌아다니도록 유도한다. 그런데 최근 이러한 운영 방식을 따르지 않는 새로운 형태의 돈키호테가 등장하고 있다. 우선 돈키호테 임원 스즈키 코우스케(鈴木康介) 씨의 말을 들어보자.

"다른 드러그스토어나 슈퍼마켓에서 취급하지 않는 상품을 취급하는 것이 우리 강점 중 하나였지만 그 강점이 옅어졌다는 점을 부정할 수 없습니다. 돈키호테로서 존재하기 위해서 조금 더 뾰족한 부분에 주력하고 싶습니다."

여기서 주목해야 할 키워드는 '뾰족한'이라는 단어다. 대체 뾰족한 돈키호테란 무엇일까? 2021년 10월, 도쿄의 위성도시인 치바현의 한 쇼핑몰에 '쿄카라 돈키(驚辛ドンキ, 쿄카라는 놀랄 정도로 맵다는 의미)'가 들어섰다. 쿄카라 돈키는 매운 음식만 약 1,100종류를 모아 놓은 돈키호테로 일반 슈퍼마켓에서 팔지 않는 매운 라면과 다양한 소스가 점포를 가득 채우고 있다. "다른 슈퍼마켓에서는 볼수 없는 상품들을 모아 놓고 있기에 보는 것만으로도 즐겁습니다." 라며 방문객의 얼굴에는 웃음이 가득하다.

돈키호테가 최근 집중하는 '뾰족한 돈키'란 특정 카테고리 제품만 취급하거나 혹은 특정 세대를 타깃으로 만든 점포를 말한다. 일반 돈키호테에 비해 매장 규모가 작으며 주로 대형 상업 시설 내테넌트로 들어간다. 쿄카라 돈키 외에도 화장품 전문 돈키호테인 '코스메 돈키', 세계 각국의 술을 모아 놓은 '오사케(お酒ドンキ) 돈키', 30~50대 남성들이 좋아할 만한 상품만을 모아 놓은 '맨즈 돈

287

키' 등 특정 제품이나 타깃 그룹에 특화된 점포를 연달아 선보이고 있다.

왜 돈키호테는 특화형 점포에 힘을 쏟고 있는 것일까? 다시 스즈키 씨의 말을 빌려보자.

"좁고 깊게 타깃하면 다른 경쟁자와 겹치지 않습니다. 뾰족한 상품, 돈키호테에서만 만나볼 수 있는 상품을 제안함으로써 '돈키호테스러움'을 유지할 수 있습니다. 게다가 '좁고 깊게' 제안할 수 있는 상품군이 무척 많습니다."

특화형 점포의 특징은 '스피드', 다시 말해 비즈니스 모델에 대한 빠른 검증과 실행력이다. 약 3만 종류의 과자가 진열된 '과자 돈키'는 도쿄에서도 유동인구가 많은 도쿄역 지하상가에 들어섰지만, 매출이 생각만큼 오르지 않았다. 고객들 또한 새로운 상품이 잘 보이지 않고 어디서나 흔하게 볼 수 있는 상품이 많다고 의견을 전한다. 이러한 의견을 들은 과자 돈키는 다른 슈퍼마켓에서 흔히 볼 수 있는 과자는 모두 선반에서 철수시켰다. 그리고 운영진들은 아시아 최대 규모의 식품 전시회인 푸드 테크 재팬(Food Tech Japan)에 참석, 일본에 아직 소개되지 않은 과자들을 찾고 그 자리에서 바로 바이어와의 교섭을 시작했다. 며칠 후, 과자 돈키의 선반은 새롭게 공수해온 해외의 과자들로 채워졌다. 제품들을 교체한 후 매출은 전주 대비 3배 증가했다.

"우리가 도전하고 있는 특화형 점포는 투자 금액이 적습니다. 쇼핑몰에 입점하는 형태로 들어가므로 혹시 실패하면 빠르게 철회하고 다음 수단을 생각합니다."

일반적인 돈키호테는 로드사이드의 건물 하나에 통째로 들어가는 경우가 많지만, 쇼핑몰에 작은 규모로 입점하게 되면 빠르게 움직일 수 있고 고객들의 반응을 보며 제품 라인업도 빠르게 바꾸어볼 수 있다. 쇼핑몰에 출점하는 경우 다른 테넌트들과 상품이 겹칠 확률이 높은데, 이때 돈키호테의 '뾰족하게 타깃하는' 전략은 쇼핑몰 내 다른 점포들과 돈키호테를 차별화하는 무기가 된다. 돈키호테의 스즈키 씨는 말한다.

"항상 새로운 제품을 선보이며 고객들의 반응을 봅니다. 어쩌면 내년에는 이곳이 '젤리 돈키'가 될 수도 있고 '오징어 돈키' 혹은 '땅콩 돈키'가 될 수도 있지 않을까요? 가능성은 무한합니다."

이번에는 오다이바로 가보자. 도쿄 다이버시티 도쿄 플라자는 젊은 고객들이 주로 방문하는 상업 시설로 2022년 5월, Z세대를 타깃으로 한 돈키호테의 5번째 특화형 점포인 '#키라키라 돈키(#キラキラドンキ)'가 들어섰다.
지금까지와 다른 가치관을 가진 Z세대를 타깃으로 한 점포를 만들기 위해 돈키호테에서 일하는 20~26세의 Z세대 직원들이 점

포의 이름부터 상품 구성까지 적극적으로 참여했다. 점포명은 '걸즈 돈키', '소녀 돈키'와 같은 이름이 거론되었으나 Z세대 직원들은 이러한 이름이라면 방문하고 싶지 않을 것 같다는 솔직한 의견을 전달했다.

그 결과 최종적으로 탄생한 이름은 '#키라키라 돈키'. 키라키라는 직역하면 '반짝반짝'이라는 의미로 빛나는 모양새를 나타낸다. 즉, Z세대가 빛날 수 있는 상품을 취급한다는 의미를 가지고 있으며 동시에 '키라키라'라는 단어 자체가 귀여운 이미지도 가지고 있다. 외관 또한 기존의 돈키호테를 대변하는 검정과 노란색이 아니라 분홍색 간판을 사용해 밝은 이미지를 연출했다. 점포 내에서 일하는 직원들도 모두 Z세대로 가게의 레이아웃과 상품 선택에 이르기까지 전부 Z세대 사원들에게 맡겼다.

가장 힘을 쏟은 제품군은 뷰티와 과자다. 뷰티는 무려 4천 품목에 달하는 제품을 소개하고 있으며 최근 유행하는 한국 화장품, 인기 유튜버가 제작에 참여한 화장품 등도 만날 수 있다. 과자 또한 총 1,400개의 품목을 취급한다. 이 외에도 최근 일본의 Z세대 중 다수는 차가운 물이 아닌 상온 물 혹은 상온 주스만 마신다는 사실에 착안해 음료는 전부 냉장고 없이 상온에서 판매하는 등 소소한 부분까지 Z세대의 의견을 반영해 만들었다.

돈키호테 최초로 점포 내 오픈 키친을 설치해 와플과 컬러풀한 식초 음료를 만들어 판매하고 있는데, 이는 간식을 먹으면서 걷는 10~20대들의 문화를 의식함과 동시에 고객들이 사진을 찍어 인

스타그램에 올리도록 기획한 것이다. 여태까지 돈키호테에는 없던 QR코드로 상품의 상세 정보를 체크 가능한 스마트 POP도 만들었다.

결과는 어땠을까? 오픈 당일 개점 시간 전부터 많은 10~20대 여성들이 #키라키라 돈키에 들어가기 위해 줄을 서는 광경이 펼쳐졌다. 와플과 음료를 주문한 후 SNS에 사진을 찍어 올리는 광경도 흔하게 보인다. 돈키호테의 예상 그대로다.

이러한 돈키호테의 행보는 소비자의 모습이 다변화되는 시대에 유통이 나아갈 방향에 대한 힌트를 던져준다. 작은 규모로, 뾰족하게 타깃하고, 스피드 있게 테스트하는 것이다.


## 슈퍼마켓과 편의점을 섞어
## 고령층을 공략하다

———

2024년 2월, 일본 최대의 편의점 체인인 세븐일레븐이 기존 점포와는 조금 다른 형태의 점포를 치바현에 오픈하자 유통업계 관계자들의 관심이 집중되었다.

우선 매장을 둘러보자. 매장 면적은 약 88평으로, 평균 40평 내외인 세븐일레븐 매장의 약 2배에 달한다. 취급하는 품목 수 또한 기존 편의점보다 2천SKU(Stock Keeping Unit, 상품관리를 위한 최소 분류 단위) 정도 많은 약 5,300SKU의 상품을 구비하고 있다. 정문을 들어

세븐일레븐의 신업태인 SIP 스토어 전경

출처: 세븐일레븐 보도 자료(www.7andi.com)

서면 오른쪽에는 기존의 세븐일레븐과 크게 다를 바 없어 보이는 상품들이 진열되어 있다. 반면 왼쪽을 둘러보니 세븐일레븐의 운영사인 세븐&아이 홀딩스가 운영하는 슈퍼마켓인 이토요카도(Ito Yokado)의 식품 매장을 축소한 듯한 느낌이다. 이토요카도에서는 야채와 과일의 경우 농가와의 직접 거래를 통해 신선하고 합리적인 가격의 상품을 판매하고 있다. 새로운 세븐일레븐에는 이토요카도 슈퍼마켓의 강점인 야채, 과일, 생선, 정육 제품의 노하우를 투입해 신선식품의 판매를 강화했다.

세븐일레븐은 앞으로의 편의점은 어떤 모습을 가져야 할지를 고민하고 있으며, 이를 모색하기 위해 기존의 편의점 형식에 얽매이지 않는 상품 구색을 갖춘 점포를 만들기 시작한다. 치바현의 매장이 그 첫 번째 실험의 결과물이며 이름은 SIP, 세븐일레븐 재팬(S)과 슈퍼마켓인 이토요카도(I)의 파트너십(P)의 머리글자를 따서 만들었다. SIP라는 이름이 의미하는 대로 슈퍼마켓과 편의점을 섞은 모습이라고 생각해도 무방할 것이다.

SIP 스토어는 세븐일레븐이 향후 10년, 20년을 내다보고 만든 테스트 매장으로, 주 타깃은 '요리 정년'(調理定年. 집에서 요리하는 것을 고집하지 않고 밖에서 구입한 도시락과 반찬 등을 집에서 먹거나 외식을 주로 하는, 즉 요리에서도 퇴직하는 것을 의미함)을 맞이한 고령자 가구다. 고령자들의 소비 행동 패턴을 조사한 결과, 이들은 쇼핑을 위해 하루에 700m 이상 걷지 않는다는 사실을 발견했다. 그렇다면 주거지에서 반경 700m 이내에 슈퍼마켓이 없는 고령자에게는 편의점이 슈퍼마켓의 역할까지 해야 한다는 결론이 나온다.

SIP 스토어 1호점이 위치한 도키와다이라(常盤平)역은 1970년대 철도 개통과 단지 조성을 계기로 급속히 인구가 증가한 전형적인 도쿄의 베드타운 중 하나다. 역 북쪽은 개발 당시 30~40대였던 부부가 단독주택을 지어 이사 온 경우가 많았으며, 현재는 이들의 자식들이 출가하고 홀로 남은 고령자가 주를 이룬다. 고령자가 식료품 쇼핑을 하려면 역의 반대편인 남쪽 출구까지 건널목을 건너 걸어가거나 아니면 북쪽 출구에서 차로 몇 분 정도 달려 대형 슈퍼마켓을 가야 한다.

세븐일레븐은 이들을 타깃으로 편의점과 슈퍼마켓을 섞어, 즉 신선식품을 강화한 새로운 형태의 점포를 만든 것이다. SIP 스토어는 고령자뿐만 아니라 타이파(시성비)를 의식해 시간을 많이 쓰지 않고 원하는 물건을 빠르게 쇼핑하고 싶은 맞벌이 부부를 두 번째 그룹으로 타깃하고 있다.

슈퍼마켓과 편의점을 섞은 듯한 새로운 포맷의 점포는 과연 소비자들에게 받아들여졌을까? "매출은 146%, 고객 수는 140%, 객단가는 104% 증가" 2024년 4월 23일 열린 투자자 대상 행사인 'IR Day 2024'에서 세븐일레븐 재팬 대표이사가 공개한 수치다.

"예상대로 가까운 곳에 살지만 지금까지 편의점을 찾지 않던 시니어층이 아침 시간에 방문했습니다. 게다가 신선식품 등 지금까지 세븐일레븐에 없던 상품도 구매해주셨어요. 예상치 못한 것은 그 비율이 저희가 예상했던 것보다 2배 이상이었다는 것입니다. 기분 좋은 오산이라고 할 수 있지만, 역으로 말하면 그만큼 기존 편의점에는 기회 손실이 있었다는 것입니다."

업계 1위를 달리는 세븐일레븐이 새로운 업태를 만든 이유가 무엇일까? 일본 편의점은 성장이 정체되고 고객의 고령화가 진행되고 있다. 2016년까지 4% 이상의 성장률을 보이던 편의점 시장은 2018년 이후 성장률이 2% 이하로 낮아졌다. 일본 전국의 모든 도시에서 저출산 고령화가 진행되면서 점포의 고객층도 이제 고령자가 주를 이룬다.

실제로 세븐일레븐을 찾는 고객의 평균 연령은 해마다 상승하는 추세다. 닛세이기초연구소가 세븐일레븐 이용자의 연령분포를 시계열로 분석한 리포트를 발표해 이목을 끌었는데, 비록 2017년에 발표된 자료이기는 하지만 편의점 고객의 고령화를 분석하는 데는 무리가 없기에 소개한다.

보고서에 따르면 1989년 세븐일레븐을 이용한 고객은 20대 이하가 60%로 절대 다수를 차지했으며, 50대 이상 이용자는 10%에 머물렀다. 그런데 2017년에 오면 상황이 완전히 역전된다. 20대 이하 이용자가 20%로, 1989년의 1/3 수준으로 급감하고 대신 50대 이상은 전체 고객의 40%를 차지한다. 1989~2016년 기간 동안 일본 전체 인구 중 50대 이상의 비율은 30%에서 46%로 1.5배 증가한 데 비해 세븐일레븐의 50대 이상 고객 수는 4배나 증가한 것이다.

그 이유는 편의점이 고령자, 특히 1인 고령자 가구에게 안성맞춤인 유통업태이기 때문이다. 편의점은 식료품이나 야채 등을 소량으로 포장해 판매하는데, 그때그때 필요한 만큼만 구매하고자 하는 독거 시니어들에게 매력적이다. 많은 경우 편의점이 주택가에, 그리고 1층에 위치해 있다는 점, 그리고 점포 내 공간이 크지 않아 구매 시 이동거리가 짧다는 점 또한 고령 1인 가구가 편의점을 애용하는 이유다.

동시에 편의점의 주 고객층이었던 젊은이들의 '편의점 이탈(離れ, 바나레)'도 편의점 고객의 고령화를 촉진하는 요인의 하나로 작용한다. 요즘 젊은 층은 장기간 불황을 겪다 보니 가격에 민감한 소비 스타일을 보인다. 따라서 편의점보다는 할인잡화점을 선호하는 경향이 강하고 온라인에서 가격을 비교한 다음 바로 온라인 숍에서 구매하는 패턴도 종종 보인다.

이렇게 고객층의 고령화가 진행되다 보니 고령자의 기대에 부응하는 매장으로 바뀌지 않으면 편의점의 미래는 절대 밝지 않다. 세븐일레븐은 이러한 위기감을 이전부터 가지고 있었다고 한다.

"지금 선택받는 점포가 되지 않으면 10년 후, 20년 후의 시니어층에게도 선택받지 못한다." 즉, 세븐일레븐은 지금 시니어들의 마음을 사로잡고 시니어에게 받아들여질 수 있는 점포를 만드는 것이 미래를 준비하는 길이라고 생각한다.

## 자유도를 부여해
## 새로운 길을 모색하다

———

흥미로운 점은 세븐일레븐이 SIP 스토어의 포맷을 그대로 전국적으로 확대하고자 하는 것이 아니며, 그렇다고 새로운 브랜드로서 별도로 론칭하고자 하는 것도 아니라는 것이다. "어디까지나 전국적으로 일률적인 하나의 포맷이었던 편의점 점포에 얼마나 자유도를 부여할 수 있을지 그 가능성을 찾는 것이 목적이다." 즉, SIP는 앞으로의 일본 사회에서 세븐일레븐이 나아갈 모습을 탐색하는 곳인 것이다.

세븐일레븐의 목표는 전국의 세븐일레븐 매장이 각자의 환경에 맞게 규모와 상품 구성을 자유롭게 정하고 편집할 수 있도록 하는 것이다. 현재의 SIP 스토어 1호점 또한 아메바처럼 유연하게 변신하면서 새로운 도전을 하는 테스트 매장으로 운영할 계획이다. 예를 들어 2024년 6월에는 2층에 국내 세븐일레븐에서 가장 큰 규모의 이트인(eat in) 공간을 마련하고 수유실을 설치해 육아 중인 엄마 고객을 끌어들이고자 한다. 고령화가 진행되는 주택가이기 때문에 도리어 육아 세대는 편하게 쉴 수 있는 공간이 필요할 것이라는 가설을 세운 것이다. 이들의 체류 시간이 길어지면 쇼핑 내역이 어떻게 변화하는지도 검증할 계획이다. 상품 구성 또한 판매 추이를 고려해 순차적으로 교체해나갈 예정이다.

오픈 당시에는 무엇이 팔릴지 알지 못하기 때문에 가격대별로 다양한 제품을 진열하고 관찰했다. 덕분에 기존 매장에서는 잘 팔리지 않던 순두부가 잘 팔리는 것과 같은 의외의 사실을 발견했다. 개인을 식별할 수 없는 형태로 AI 카메라를 설치해 매장을 방문한 손님이 몇 명인지 파악할 수 있는 시스템도 이미 도입했다.

획일적인 포맷으로 인해 성장을 거듭해온 편의점 업계, 하지만 앞으로 고객의 니즈는 더욱 세분화되고 소비자가 편의점에 요구하는 모습은 급변할 것이다. 시대의 변화에 따라 어떤 상품이 요구되고 그것을 어떻게 배치해야 하는가? 다양한 목적에 대응할 수 있도록 유연하게 변화할 수 있는 점포를 기획해야 한다. 앞으로의 편의점은 '편집 능력'이 요구되는 시대가 될 것이다.

# 팔리는 PB상품,

## 성장의

## 원동력이 되다

PB(Private Brand)는 유통기업이 제품 개발 단계부터 관여해 자체적으로 출시하고 독점적으로 판매하는 상품을 의미하며, 일본에서는 1980년대부터 등장하기 시작했다. 유명 제조업체들이 만드는 일반적인 상품은 NB(National brand)라고 부르며 PB와 대비되는 개념이다.

일반적으로 PB상품은 제조사가 만든 제품보다 10~30% 정도 저렴하다. 하지만 PB상품은 물류비와 광고비를 줄일 수 있기에 NB상품에 비해 10%p 정도 높은 수익률을 보인다. PB상품은 등장

이후부터 저렴한 가격을 무기로 소비자들의 마음을 사로잡고 있다. 특히 식품 가격이 급격히 상승한 2023년부터 소비자들의 절약 지향적 사고가 강해졌고 자연스럽게 가격이 저렴한 PB상품에 눈길을 돌리는 소비자들도 늘었다. 이에 유통 대기업들 또한 PB브랜드를 적극적으로 확대하고 있다.

일본 유통업체의 식품 판매액 중 PB상품이 차지하는 비중은 2023년 10월 기준, 17%까지 올라 역대 최고치를 기록했다. 일본을 대표하는 유통 대기업인 이온(AEON)은 약 5천 개의 PB식품 중 2,500개를 새롭게 출시하거나 리뉴얼했으며, 세븐일레븐도 저가형 PB상품의 품목을 2배로 늘리고 있다.

하지만 PB상품을 중산층만 구입한다고 생각하면 오산이다. 최근 전 세계적으로 물가 상승이 이어지자 고소득층도 PB상품에 눈을 돌리기 시작한다. 미국 최대 유통업체인 월마트가 2024년 5월 발표한 '2025 회계연도 1분기(2024년 2~4월) 실적'에 의하면 월마트의 매출액은 전년 동기 대비 6% 증가한 1,615억 달러를 기록했다. 이는 인플레이션이 지속되면서 월마트를 방문하는 고소득층이 늘어난 것이 주된 이유로, 매출 증가분의 대부분이 연소득 10만 달러(약 1억 3천만 원) 이상의 고소득 가구에서 발생했다. 이렇게 새로운 고객이 된 고소득층을 끌어들이기 위해 월마트는 고급스러움을 내세운 PB브랜드인 베터 굿즈(better goods)를 출시한다고 발표했다.

월마트의 행보와 동일하게 일본에서도 최근에는 저렴한 가격이 아니라 상품의 개성과 차별화된 가치를 소비자에게 호소하는

PB상품을 유통업체들이 적극적으로 개발하고 있다. 다른 점포에서는 만날 수 없는 PB상품을 성장의 원동력으로 하는 전략이 최근 소매업의 주류가 되고 있는 것이다. 매력적인 PB상품은 집객력을 높이고 고객들의 방문 빈도를 높인다. PB상품을 NB상품과 비슷하게 만들고 가격으로 어필하던 시대는 지났다. 잘 만든 PB상품 하나가 고객을 매장으로 불러들이고 성장을 이끌기 때문이다.

## 고객을 모으는
## PB상품 개발

———

최근 일본의 드러그스토어를 살펴보면 드러그스토어인지 슈퍼마켓인지 구별이 안 되는 매장이 많다. 드러그스토어가 야채, 과일, 도시락 등을 취급하며 슈퍼나 편의점의 수요를 흡수하고 있다. 이것이 가능한 이유는 의약품과 화장품은 식품에 비해 마진율이 높은데, 여기서 얻은 마진을 식품에 투자해 저렴한 가격으로 식품을 제공하는 것이 가능하기 때문이다.

이렇게 최근 소매업이 업종을 넘어 비슷비슷한 상품군을 판매하자 어떤 제품을 취급하고 있는지가 점포 선택 시 점점 중요한 요인이 되고 있다. 슈퍼마켓보다 접근성이 좋은 드러그스토어에서도 판매하는 동일한 제품으로는 고객을 끌어들일 수 없다. 이에 최근 일본의 인기 있는 고급 슈퍼마켓들은 독자적으로 제품을 개발하며 제조업으로 진화하고 있다.

세이조이시이(SEIJO ISHII) 슈퍼마켓은 수제 치즈 케이크, 수제 면 등 PB상품을 구입하기 위해 방문하는 고객이 많아지자 PB 제조 공장을 약 66억 엔(약 660억 원)을 투자해 신설했다. 1910년 도쿄 아오야마에서 과일가게로 창업한 일본 최초의 슈퍼마켓인 키노쿠니야(Kinokuniya)는 1956년부터 직접 구운 빵을 개발하기 시작했으며 현재는 자사 공장에서 만드는 애플파이와 빵을 구입하기 위해 방문하는 고객들이 많다.

긴 역사와 전통을 자랑하는 키노쿠니야는 2000년대 슈퍼마켓 업계의 염가 경쟁을 따라가지 못해 적자에 빠졌다. 이러한 키노쿠니야가 부활할 수 있었던 이유는 '역 내 소규모 출점' 그리고 'PB 강화'라는 2가지 전략이 집객의 기폭제가 되었기 때문이다. 2014년 15억 엔(150억 원)이었던 PB 매출이 2021년에는 82억 엔(820억 원)까지 성장했다. 이렇듯 최근 소매업은 독자적인 PB상품을 개발해 집객과 성장을 꾀한다. 아이러니하게도 공장을 가지고 상품을 만드는 것이 소매점 최대의 가치가 되고 있는 것이다.

슈퍼마켓뿐만 아니라 일본의 다양한 유통업체에서 가격보다 상품의 개성으로 어필하는 PB상품 개발에 열심이다. 편의점 체인인 훼미리마트가 2024년 4월 스무디 구독 서비스를 운영하는 '그린 스푼(GREEN SPOON)'과 공동 개발한 스무디를 발매했다. 그린 스푼은 개개인의 생활 습관과 건강 상태에 맞는 스무디와 수프 등을 만들어 배송하는 구독 서비스다. 누적 회원 수 13만 명이 넘는 인기

훼미리마트가 스무디 구독 서비스인 그린 스푼과 공동 개발한 스무디

출처: 그린 스푼 홈페이지(green-spoon.jp)

서비스로 자리 잡았으며 고객의 대부분은 20~40대 여성이다.

훼미리마트가 그린 스푼과 컬래버레이션해 PB상품을 만든 데는 2가지 목적이 있다. 첫 번째는 신규 고객층을 개척하기 위함이다. 훼미리마트 디저트부의 한 직원은 다음과 같이 전한다.

"훼미리마트의 주요 고객은 40~50대 남성입니다. 그린 스푼을 통해 20~30대 여성 고객에게 접근하고 싶습니다."

두 번째 목적은 강력한 스테디셀러 상품을 개발해 고객의 방문 빈도를 높이고 매장당 매출을 늘리기 위함이다. 이를 위해서는 다른 편의점에 없는 차별화된 PB상품 개발이 중요하다.

"현재 스무디 시장은 대형 음료업체들의 점유율이 높아 경쟁이 치열합니다. 임팩트가 강한 브랜드와의 협업이 필요했습니다."

구독 서비스를 운영하는 그린 스푼 또한 편의점과 협업함으로써 인지도를 확대할 수 있다는 장점이 있다. 그린 스푼의 상품기획 책임자의 이야기를 들어보자.

"그린 스푼은 온라인 판매가 주를 이루다 보니 알고는 있지만 먹어본 적이 없는 사람들이 많았어요. 게다가 1회 최소 주문 금액이 5천 엔(5만 원)이 넘기 때문에 주문을 주저하는 사람들이

305

많습니다. 그래서 가까운 편의점에서 맛볼 수 있도록 하는 것이 매우 중요했습니다."

## 편의점이
## 패션쇼를 여는 이유
———

PB상품에 힘을 쏟는 훼미리마트는 식품을 넘어 의류, 문구까지 그 영역을 확대하고 있다. 2023년 11월 30일, 훼미리마트는 편의점 최초로 패션쇼를 개최했다. '편의점과 패션쇼'라는 조합이 생뚱맞게 들리지만 그 이면에는 훼미리마트가 2021년 3월부터 시작한 의류 사업인 컨비니언스 웨어(Convenience Wear)의 인지도를 확대하기 위한 전략이 숨어 있다. 데님 재킷, 청바지, 다운 베스트, 컬러풀한 스웨터 등 훼미리마트가 의류에 힘을 쏟는 이유는 무엇이며, 또 굳이 비용을 들여 대규모 행사까지 개최한 이유는 무엇일까?

훼미리마트가 개최한 편의점 업계 최초의 패션쇼인 '패미페스(Fami-FEST)'에서는 어패럴 브랜드와 견주어도 손색없는 제품을 착용한 모델들이 워킹을 선보였다. 편의점에서 판매되는 의류 상품이라고 하면 갑자기 비가 와서 옷이 젖었거나 혹은 급하게 출장을 가게 되어 필요한 경우와 같은 긴급 수요에 대응한 상품이 대부분이었다. 하지만 훼미리마트의 패션쇼에서 선보인 상품들은 모두 본격적인 의류 브랜드의 제품을 보는 듯한 인상이다.

훼미리마트의 의류 PB인 컨비니언스 웨어의 패션쇼

출처: 훼미리마트 홈페이지(family.co.jp)

훼미리마트는 2021년 3월부터 의류를 제조하고 판매하는 컨비니언스 웨어 사업을 전개하고 있다. 그 시작점은 흰색 바탕에 훼미리마트의 기업 컬러인 초록색과 파란색 라인을 사용해 디자인한 양말인 '라인 삭스'의 대히트다. 이 상품은 2021년 봄경부터 10~20대 젊은 층 사이에서 '훼미리마트 양말'이라고 불리며 화제가 되었다. 틱톡에 이 양말을 신은 동영상을 '#훼미리마트양말'이라는 해시태그와 함께 올리는 것이 유행하는 등 SNS에서 소비자들이 만들어 올리는 사진과 동영상이 폭발적으로 확산되면서 라인삭스는 히트 상품으로 등극했다.

사내에서는 편의점에서 의류 사업을 한다는 것에 대해 회의적인 반응도 있었으나 라인 삭스의 히트를 계기로 분위기가 바뀌었다. 편의점에서 만드는 옷도 팔릴 수 있다는 자신감이 붙은 것이다. 이후 속옷을 시작으로 티셔츠, 가디건, 반바지, 샌들 등 다양한 제품을 추가하게 되었다.

훼미리마트의 의류 PB사업에는 모기업인 이토추 상사의 존재가 크게 자리 잡고 있다. 과거 훼미리마트는 무인양품과 제휴해 무인양품의 의류를 취급했지만, 2019년 제휴가 해지되고 의류를 포함한 무인양품의 아이템을 훼미리마트에서 볼 수 없게 되었다. 일본 내 유통 전문가들은 무인양품과의 제휴 해지에는 여러 요인이 있지만 훼미리마트가 의류 PB 진출을 원했기 때문일 것이라 추측한다. 이토추 상사는 의류를 주력으로 하는 회사로 오랜 기간 축적된 섬유 사업에 관한 노하우를 활용하면 훼미리마트가 직접 고품

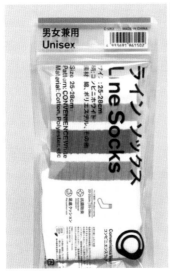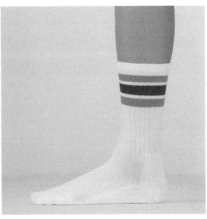

훼미리마트의 히트 상품인 '라인 삭스'
출처: 훼미리마트 홈페이지(family.co.jp)

질의 상품을 개발하는 것이 가능하기 때문이다.

편의점이 만들어 유통하는 의류는 몇 가지 강점이 있다. 우선 매장의 수다. 일본 국내에 약 1만 6,500여 개의 매장을 갖춘 의류 전문점이 있을까? 만약 훼미리마트를 편의점이 아닌 의류 판매점 으로 본다면 일본 내 약 800개의 매장을 가진 유니클로를 훌쩍 뛰어넘는 매장 수를 자랑하게 된다. 이렇게 판매 매장이 많으면 소비 자들에게 다가가기 쉽다는 장점도 있지만 대량 생산이 가능하다는 장점도 있다. 게다가 편의점의 커다란 장점은 24시간 영업이라는 점이다.

"생각해보면 원하는 양말을 살 수 있는 장소와 시간은 한정되어 있습니다. 의류 매장 중 24시간 영업하는 곳은 거의 없죠."

_훼미리마트 CMO, 〈니혼케이자이 신문〉 인터뷰

실제로 〈니혼케이자이 신문〉은 컨비니언스 웨어가 Z세대가 중시하는 '타이파(시성비)' 소비에 적합한 상품이라고 분석한다. 전국 곳곳에 매장이 있고 24시간 영업하기에 일본 어디서나 구매할 수 있다는 편리함은 기존의 의류 브랜드가 모방할 수 없는 강점이 된다.

훼미리마트는 상품을 개발함에 있어 '베이직하고 수요가 많은 상품'이라는 분명한 기준을 가지고 있다. 기발한 상품을 내놓아 일시적인 매출을 노리는 것이 아니라 전국 매장에서 지속적으로 구매할 수 있는 상품을 만드는 것이 전략이다.

"스테디셀러 상품을 갖고 있지 않은 브랜드는 약합니다. 세일하지 않아도 고객들이 구매해주는 스테디셀러를 가진 브랜드가 강하다는 것은 모든 사업에 공통적으로 적용됩니다."

또한 이토추 상사의 기술력을 활용하기에 훼미리마트가 만든 의류는 품질이 좋다는 후기가 많다. 훼미리마트는 좋은 품질을 가진 기본적인 디자인의 제품을 유니클로보다 약간 저렴하고 유니클로의 저가 브랜드인 GU보다 조금 비싼 가격에 제공함으로써 시장의 빈 공간을 공략하고 있다.

훼미리마트가 의류 사업에 힘을 쏟는 이유에는 편의점 업계가 직면한 환경 변화 및 어려움과도 연관이 있다.

첫째, 코로나19 팬데믹을 거치면서 그 어느 때보다 편의점이 '생활에 없어서는 안 될 인프라'로 자리 잡았다. 재택 근무의 확산 및 외출 자제로 인해 주택가에 위치한 편의점의 매출이 증가했으며, 백화점이나 쇼핑센터를 가지 않고 동네 편의점에서 다양한 품목을 구입하고자 하는 소비자들이 늘었다. 이에 따라 지금까지 주력 상품이었던 식품뿐만 아니라 더 넓은 카테고리에서 편리하고 저렴하며 일상적으로 사용할 수 있는 상품을 강화하려는 움직임이 엿보인다.

둘째, 고객층의 확장이다. 훼미리마트는 자체적으로 의류를 개발하지 않고 기존 브랜드와 컬래버레이션해 상품을 구비하는 선택을 할 수도 있었다. 그럼에도 불구하고 굳이 자체 브랜드를 만들어 의류 사업을 하는 이유는 Z세대에 대한 접근을 강화하기 위해서다. 앞서 이야기한 것처럼 일본 편의점 업계의 고민 중 하나는 고객층이 늘어가고 있다는 점이다. 40~50대 남성이 주요 고객층으로 젊은 고객을 끌어들이는 것이 편의점 각사의 주요 과제가 되고 있다.

"훼미리마트의 매장이 특별히 큰 것도 아니기에 모든 연령대의 고객을 만족시키기는 어렵습니다. 그래서 의류 전략은 과감히 젊은 세대에 초점을 맞추었습니다. 우리가 제공하고자 하는 라인업을 같은 톤으로 맞추려면 자체 개발할 수밖에 없었습니다."

훼미리마트의 컨비니언스 웨어가 Z세대로 고객층을 확장하기 위한 전략의 일환이라는 점은 최근 론칭한 새로운 제품 라인에서도 엿볼 수 있다. 훼미리마트는 2024년 4월, 컨비니언스 웨어의 새로운 제품 라인으로 문구류를 선보였다. 일본의 문구 제조업체인 고쿠요와 공동 개발한 노트, 지우개 등 약 35개의 품목을 생산했으며 판매도 호조를 보이고 있다. 훼미리마트가 컨비니언스 웨어의 새로운 라인으로 문구류를 선택한 이유는 무엇일까?

앞서 설명한 것처럼 편의점 의류는 긴급 수요에 대응하기 위해 '어쩔 수 없이 구입하는' 제품인 경우가 많았다. 하지만 훼미리마트는 편의점에서 파는 의류를 '일부러 구입하고 싶어지는 기호품'으로 만들어 새로운 니즈를 확보했다. 그전까지 편의점에서 판매되던 의류와는 전혀 다른 콘셉트를 내세운 결과, 회사를 대표하는 히트 상품으로 성장했다.

편의점의 문구류도 보통 '깜빡 잊어버렸다'거나 '분실한 경우'와 같은 긴급 수요에 대응하는 상품이었다. 하지만 의류가 기호품으로 전환해 성공한 것과 같은 맥락으로 문구류 또한 기호품으로 전환할 가능성이 있다고 본 것이다. 게다가 최근에는 동네 문구점도 줄어드는 추세이기에 좋아하는 문구류를 부담 없이 구입할 수 있다는 점에서 어필할 수 있을 것이라 생각한 것이다.

文具 Stationery

Ⓒ Convenience Wear

컨비니언스 웨어는 문구로 제품군을 확장했다.

출처: 훼미리마트 홈페이지(family.co.jp)

"디자인이나 기능을 중시하는 문구류를 편의점이라는 가까운 곳에서 구입할 수 있다면 좋겠다고 생각했습니다."

_훼미리마트 상품 본부 C2 잡화 그룹

경쟁이 치열한 문구 시장에서 선택받기 위해 어떻게 차별화할 것인가. 훼미리마트가 고집한 것은 디자인이다. 컨비니언스 웨어를 디자인한 유명 디자이너 오치아이(落合) 씨가 문구류도 담당했다. 컨비니언스 웨어의 스테디셀러인 '라인 삭스'를 닮은 '라인 삭스 지우개', 훼미리마트의 이미지 컬러인 초록색과 파란색 라인이 들어간 '캠퍼스 노트'와 같은 제품은 젊은 층으로부터 디자인이 귀엽다며 좋은 반응을 얻고 있다.

동시에 훼미리마트가 PB상품의 커뮤니케이션 전략에서 중시하는 것은 소비자들이 직접 SNS에 올리는 사용자 생성 콘텐츠(User Generate Contents, UGC)다. 컨비니언스 웨어는 광고를 거의 진행하지 않는데, 그 이유는 고객에 의해 만들어진 UGC의 매출 기여도가 높기 때문이다. Z세대가 훼미리마트의 양말을 귀엽게 신는 방법을 소개하거나 양말이 담긴 투명 패키지에 문구를 넣어 사용하는 등 자기만의 방식으로 양말을 소화하는 방법을 소개한 영상이 확산되며 다시 Z세대 고객을 불러들이는 선순환이 이루어지고 있다.

일본 국내 편의점 업계는 포화상태에 이르렀고 인구 감소의 영향으로 규모가 축소될 것으로 전망한다. 훼미리마트의 국내 점포 수도 약 1만 6,500개에 머물러 있으며 앞으로 점포 수가 폭발적으로 늘 것으로 보이지 않는다. 포화된 시장에서 점포당 매출을 조금이라도 늘리기 위해 편의점 업계는 새로운 스테디셀러 상품을 지속적으로 모색해왔다. 예를 들어 현재는 모든 편의점에서 쉽게 볼 수 있는 편의점 커피는 2010년대 보급되기 시작해 히트작이 되었다. 하지만 최근 커피와 같은 히트작을 찾기 힘들다.

훼미리마트는 의류에서 새로운 사업 기회를 발견할 수 있을까? 이제 옷을 사러 편의점을 가는 날이 올까? 다른 편의점들도 의류 사업을 본격적으로 전개할까? 의류가 편의점 업계의 새로운 경쟁 아이템이 될까? 이에 대한 답을 얻기 위해서는 조금 더 시간이 필요할 것이다. 하지만 한 가지 확실한 점은 제조사와 유통업의 경계가 희미해지면서 이제 상품 개발력이 유통업계 성장의 열쇠가 되고 있다.

## 돈키호테의 팔리는 PB,
## 장문의 카피로 소비자를 설득하다
————

일본을 방문한 한국인 관광객들에게 인기 있는 유통업체는 돈키호테다. 일본에서 돈키호테를 방문하면 '도(ド)'라고 적힌 큰 로고가 붙은 상품을 찾아보길 바란다. 이는 돈키호테가 만드는 PB상품을 나타내는 로고로 최근 돈키호테의 PB상품이 일본 소비자들에게 큰 사랑을 받고 있다.

돈키호테를 운영하는 팬 퍼시픽 인터내셔널 홀딩스(PPIH)의 실적은 2019년 1조 3천억 엔(약 13조 원)에서 2023년 1조 9천억 엔(약 19조 원)으로 증가했는데, 매출 증가의 배경 중 하나로 PB상품의 존재를 빼놓을 수 없다. 건전지 같은 작은 제품부터 전기 자전거와 같은 대형 제품에 이르기까지 약 200개 장르의 제품을 만들며 1년 동안 매장에 투입하는 식품 수만 해도 300개 이상이다.

하지만 돈키호테의 PB상품은 단지 가격이 싸다는 이유로 사랑받는 것이 아니다. 다른 유통업체에서는 볼 수 없는 PB상품들이 연달아 히트를 치고 있는데, 그 비밀은 무엇일까?

> "PB를 고객과 함께 만들어가는 브랜드로 재정의하고 독창적인 상품만을 세상에 내놓는 개발 체제로 바꾸었습니다."
>
> _돈키호테 PB사업 총괄 책임자 모리타니(森谷)

돈키호테는 2009년부터 PB상품을 만들기 시작했다. 하지만 코로나19 기간 중인 2021년 2월에 브랜드를 전면적으로 개편하면서 단순히 가성비를 내세우는 것이 아니라 손에 쥐는 순간, 설렘과 두근거림을 느낄 수 있는 브랜드로 포지셔닝을 강화했다. 리뉴얼 이후 돈키호테는 히트 상품을 지속적으로 출시하고 있는데 '불평의 전당(ダメ出しの殿堂)'이라는 독자적인 시스템을 통해 구매자들의 의견을 듣고 신속하게 상품을 개선하기 때문이다.

이 '불평의 전당'이란 대체 무엇인가? 돈키호테의 홈페이지나

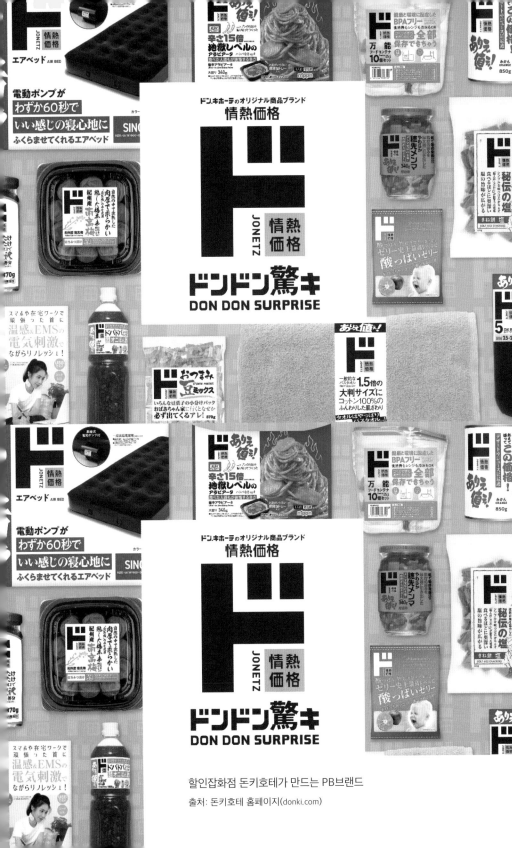

할인잡화점 돈키호테가 만드는 PB브랜드

앱에 접속하면 누구나 PB상품에 대해 자유롭게 의견을 올릴 수 있다. 실제로 홈페이지를 들어가 보니 다음과 같은 불만들이 적혀 있다.

"개봉구를 찾기가 어렵다."
"의외로 쉽게 더러워져서 놀랐다."
"껍질이 꽤 많이 들어가서 실망했다."
"맛이 좀 별로다."
"한꺼번에 너무 많이 나와서 사용하기 어렵다."

PB사업 총괄 책임자인 모리타니 상무집행임원은 '불평의 전당'을 도입한 취지를 이렇게 설명한다.

"PB상품을 설레고 두근거리는 상품을 소비자와 함께 만들어가는 People Brand(PB)로 포지셔닝하고 싶습니다."

즉, 돈키호테가 일방적으로 제품을 만드는 것이 아니라 소비자의 의견을 적극적으로 듣고 이를 반영해 상품의 개선 방향을 결정하는, 소비자들이 만드는 브랜드로 만들고 싶은 것이다. 그리고 돈키호테를 사랑하는 팬들이 직설적으로 던지는 요청을 반영하기 위한 돈키호테의 노력이 히트 상품을 만들어내는 힘이 되고 있다.

소비자의 지적을 받아들여 개선한 결과, 실제로 매출이 급상승

돈키호테의 인기 PB상품인 냉동 파스타

출처: 돈키호테 홈페이지(donki.com)

한 상품의 예로 냉동 파스타 야바모리(ヤバ盛り) 시리즈가 있다. 대형 업체의 내셔널 브랜드(NB)에 비해 양이 많다는 점을 내세워 꾸준히 판매되던 상품이었으나, 경쟁사의 NB상품이 특가로 판매될 때는 돈키의 PB상품이 팔리지 않는 현상이 자주 발생했다. 그 이유를 알고자 '불평의 전당'에 상품을 올리자 무려 408건의 의견이 모였다. 돈키호테 팀이 놀랐던 점은 의외로 양과 맛에 대한 불만이 많았다는 것이다. "면에 비해 건더기나 소스가 적다", "다른 업체들과 양이 크게 다르지 않다", "소스가 적어 맛이 싱겁다"와 같은 의견이 많았다. 양에 관해서는 자신이 있었던 PB사업전략본부 팀장은 "부진한 상품을 어떻게 개선하면 좋을지 큰 힌트를 얻을 수 있었습니다."라며 당시를 회상한다.

고객들의 불만을 반영해 재탄생한 야바모리 파스타는 업계 최대 용량인 400g을 자랑하며, 소스의 황금 비율을 찾아내기 위해 개발팀이 한 달 내내 수백 번을 시식해 만들었다. PB사업을 총괄하는 모리타니 씨는 기대만큼 팔리지 않는 상품이라도 고객의 목소리에 귀를 기울이면 메가 히트 상품으로 거듭날 수 있다고 전한다. 그는 이어서 "돈키호테의 PB상품은 결코 NB의 축소판 같은 존재가 되어서는 안 됩니다. 좋은 의미에서 가격과 기능 사이에 고객의 기대를 배반하는 '갭(gap)'이 있어야 합니다."라고 말한다.

이렇게 고객의 불만을 철저하게 반영해 상품을 개선하는 것에 더해 이를 전달하는 방법 또한 돈키호테의 PB상품이 팔리는 이유가 되고 있다. 돈키호테의 PB상품은 슈퍼에서 흔하게 볼 수 있는 제품의 패키지 디자인과 조금 다르다. 2022년 연간 매출 1위 PB상품이었던 '소레린 믹스넛츠'의 패키지를 보자. 패키지 절반의 가까운 공간에 글자가 빼곡하다. 마치 신문을 읽는 듯한 느낌이 난다.

"견과류를 너무 사랑한 담당자가 독단과 편견으로 결정한 아몬드, 캐슈넛, 호두의 황금 비율, 소금과 기름을 넣지 않는 고집"이라는 글자가 큼지막하게 적혀 있다. 보통은 상품명을 크게 적는 것이 일반적이나 이 상품은 설명 메시지가 상품의 이름보다 훨씬 더 많은 공간을 차지한다. 한 PB상품은 메시지가 300자를 넘기도 한다. 왜 이렇게 긴 메시지를 만들어 적는 것일까? 여기에는 소비자의 흥미를 끌 만한 정보를 빠짐없이 담아 매장에서 시선을 끌기 위한 전략이 숨어져 있다.

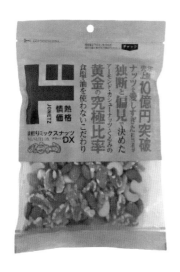

돈키호테의 인기 PB상품인 믹스 넛츠,
상품을 설명하는 메시지가 빼곡히 적혀 있다.
출처: 돈키호테 홈페이지(donki.com)

"사내에서는 장문의 카피를 '뉴스'라고 부르며, 상품 담당자
(MD)는 상품을, 디자이너는 패키지에 담을 문장을 다듬는 데
시간을 할애합니다."

_돈키호테의 크리에이티브 본부 PB 디자인부

잠시 팬 퍼시픽 인터내셔널 홀딩스의 회의실을 들여다보자. "타
깃에 꽂히는 키워드가 없다", "이름이 제품을 표현하지 않으면 안
된다", "다른 제품에서도 쓸 수 있는 평범한 문구다" 등 10명의 직
원이 시제품을 앞에 두고 격론을 벌이고 있다.

한 달에 한 번 열리는 '상품 기안 회의'에서 기본적인 상품의 전
략 방침과 경제적 합리성 여부에 대한 일반적인 심의를 하고, 거기
서 진행(GO) 사인이 나오면 그다음에는 일주일에 한 번 열리는 '뉴
스 회의'에서 MD와 디자이너들이 장문의 카피를 논의하고 다듬

어나간다. 뉴스 회의의 모습은 마치 신문사나 출판사가 기사 제목을 결정하는 것과 비슷하다.

"깜짝 놀랄 만한 뉴스가 없는 상품은 판매하지 않습니다."

_PB사업 총괄 책임자, 모리타니

뉴스로 표현이 될 정도로 명확한 메시지가 없고, 차별화될 포인트가 없다면 상품으로 만들지 않는 것이다. PB의 디자인을 총괄하는 크리에이티브본부 PB디자인부의 노무라(野村) 씨는 "그 상품이 무엇을 파는지를 3개의 What으로, 그리고 어떻게 고객에게 전달할 것인가를 3개의 How로 개발 관계자들에게 공유합니다."라고 전한다. 3개의 What과 3개의 How는 다음과 같다.

What
① 타깃이 제대로 설정되었는지
② 고객의 혜택이 확실한지
③ 세상에 흔한 것이 아닌 독창성이 있는지

How
① 장점을 제대로 표현하는가
② 시선을 사로잡는가
③ 스토리에 설득력이 있는가

이 6가지 원칙이 히트하는 PB상품을 만드는 원천이 되고 있는 것이다. 한 가지 예를 들어보자. 더울 때는 열을 흡수해 체감온도를 낮추고 추울 때는 열을 방출해 체감온도를 높이는 온도 조절이 가능한 속옷인 카멜레온 이너(カメレオンインナー)의 뉴스 문구를 보자.

어느 날 출퇴근길에 땀을 뻘뻘 흘렸는데 사무실은 너무 춥고… 어느 날 아침저녁은 춥고 낮에는 덥고… 더울 땐 피부를 식히고 싶다! 추울 땐 피부를 따뜻하게 하고 싶다! 일교차에 따라 체감온도를 변화시켜주는 제품!

이 문구가 처음 뉴스 회의에 등장했을 당시에는 '마이크로 캡슐의 힘으로 더울 때는 피부를 시원하게, 추울 때는 따뜻하게, 여름/겨울에 교체할 필요가 없는 적정온도 조절 이너'였다. 기술적인 특징 등을 설명하고 있지만 순간적으로 공감을 얻지 못한다. 가능한 전문 용어나 스펙을 사용하지 않고, 지식이 없는 사람도 쉽게 흥미를 가질 수 있는 표현으로 풀어낸 것이 새롭게 만들어진 뉴스 문구다.

뉴스 문구에서는 추상적인 표현을 피하고 숫자나 사실을 언급한다. 예를 들어 자극적인 맛의 탄산수는 '1초라도 더 오래 자극을 즐길 수 있도록 병의 한계선까지 가스를 넣었다'라는 문구로 고객의 발길을 멈추게 한다.

이렇게 돈키호테가 마치 신문 기사 같은 문구를 팀원 전부가 모여서 고민하고 이를 포장지의 전면에 할애하는 이유는 무엇일까? 소비자에게 사야 할 이유를 전달하고 소비자를 설득하기 위함이다. 예전에는 낮은 가격을 전면에 내세우고 POP로 시선을 끌면 구매로 이어졌다. 하지만 최근 2~3년 사이에 소비자들은 깐깐해지고 있으며 언제든지 온라인에서 정보를 검색하고 비교한다. 무엇이든 검색하는 시대인 지금, 돈키호테는 가장 효율적으로 제품의 특징을 어필할 수 있는 채널로써 상품의 패키지를 이용해 고객을 설득하고 있다.

돈키호테의 PB상품에 빼곡히 적힌 잘 만든 뉴스 문구 하나는 고객의 눈길을 사로잡고, 매장 내 체류 시간을 늘려 결과적으로 구매 금액을 높이는 효과도 낳고 있다.

# 스마트 스토어,

## 효율화와

## 고객 경험을 동시에

인구 감소와 고령화는 일손 부족 문제를 일으킨다. 코로나19 팬데믹 이전부터 일손 부족에 시달리던 소매업과 외식업의 상황은 팬데믹 이후 더 심각해졌다. 코로나19 당시, 휴업 혹은 사업 규모를 축소해야 했던 매장들은 일부 직원을 해고해 생존을 도모할 수밖에 없었다. 하지만 현장을 떠난 많은 노동자가 다른 직장에 취업하며 코로나19 사태가 진정된 후에도 원래 일터로 돌아오지 않았다. 지방의 호텔과 여관 중에는 손님이 돌아와 가동률이 높아졌음에도 불구하고 일할 사람이 없어 휴업에 들어간 곳도 적지 않다. 24시간 영업을 하는 편의점에서도 아르바이트를 구하지 못해 점주가 직접 밤 늦은 시간까지 가게를 지켜야 하는 곳도 생겨나고 있다.

오프라인 점포를 운영하는 많은 기업은 노동력 절감을 추진하면서 동시에 소비자를 매장으로 끌어들일 방안을 강구해야 한다. 즉, 운용 비용을 절감하면서 어떻게 경험의 질을 유지할 것인가를 고민한다.

최근 일본의 유통업체들은 디지털 사이니지(전자 광고판), AI 카메라, 무인 결제 시스템 등을 도입한 소위 '스마트 스토어'를 만들어 일손 부족 문제를 해결하고자 한다. 동시에 점포 내에서 고객 경험을 강화할 방법을 찾아 다양한 시도를 하기 시작한다. 그 첫 번째 사례로 무인매장임에도 불구하고 판매 직원의 접객 서비스를 받을 수 있는 곳을 방문해보자.

## 무인매장 × 온라인 접객,
## 새로운 오모테나시

———

오모테나시(일본 특유의 손님을 환대하는 습관)의 나라 일본에서는 고객의 니즈를 듣고 고객과 커뮤니케이션하며 접객하는 것을 중시한다. 일본의 화장품 업계는 특히 고객과의 커뮤니케이션을 중요하게 여기기에 무인매장에서는 화장품의 가치를 제대로 전달하기 어렵다는 우려를 보이는 사람들도 많다. 일본의 화장품 브랜드인 오르비스가 이러한 우려를 깨는 무인매장을 만들었다.

2023년 5월, 상업 시설 그랑듀오 다치카와(グランデュオ立川)의 오르비스 매장이 오르비스 스마트 스탠드(ORBIS Smart Stand)라는 형태로 리뉴얼해 오픈했다. 이곳은 온라인 상담과 무인 판매를 결합한 매장으로 오르비스가 향후 전국으로 확대하고자 하는 매장의 실험 점포와 같은 곳이다.

오르비스가 최근 가장 힘을 쏟는 전략은 브랜드의 접점을 늘리고 인지도를 확대하는 것이다. 현재 오르비스는 일본의 47개 도도부현 중 총 35개 지역에만 출점 중인데 다른 지역까지 매장을 늘리고 싶어한다. 하지만 이 계획을 어렵게 만드는 것은 인력 부족이다. 매장 판매원 업무는 주말과 공휴일에도 교대 근무를 하는 경우가 많아 구인 공고를 내도 지원자가 적다. 게다가 코로나19 사태로 원격 근무가 확산되고 워크 앤 라이프 밸런스(Work & Life Balance)를 의식하는 사람들이 늘면서 주말과 공휴일을 제대로 쉬고 싶다는 요구가 높아지고 있다.

오르비스는 인력 부족에 대응하면서 동시에 고객이 매장 내에서 느끼는 경험의 질을 유지하기 위한 방안을 고민해왔다. 무인매장은 인력 부족 문제를 해결하기 좋은 방법이지만 판매원과 소비자와의 접촉이 없기에 고객에게 브랜드의 가치를 전달하기 어렵다는 단점이 있다. 이 장벽을 오르비스는 3가지 방법으로 극복하고자 한다.

무인 판매와 온라인 접객을 결합한 오르비스의 무인매장
출처: 터치투고 홈페이지(ttg.co.jp)

첫 번째는 온라인 상담이다. 직원이 상주하는 매장에서는 방문객이 상품에 관해 궁금할 때 그 자리에서 바로 상담에 응해줄 수 있다. 이것이 불가능한 무인매장의 단점을 온라인을 통해 보완하는 것이다. 오르비스 입장에서도 온라인을 통해 고객을 응대하면 직원의 근무시간을 유연하게 조정할 수 있어 인력난 해소에 도움이 된다.

두 번째는 평균 200개에 달하던 SKU(Stock Keeping Unit, 상품관리를 위한 최소 분류 단위)를 절반 이하인 90여 개로 줄였다. 물론 직원이 상주하는 매장과 동일하게 다양한 종류의 상품을 진열하는 것은 가능하지만 상품이 너무 많으면 사용자가 구매하고 싶은 상품을 발견하기 어려워진다. 직원이 상품 찾기를 도와줄 수 없으면 이는 점포 내에서 고객 경험의 질을 낮추는 요인이 된다. 오르비스 입장에서도 SKU가 줄어들면 재고 관리가 쉬워져 노동력을 절감할 수 있다.

세 번째는 불필요한 접객을 원하지 않는 고객들에게 어필했다. 고객 중에는 원하는 상품이 이미 어느 정도 정해져 있고 나머지는 스스로 신중하게 판단하고 싶어하는 이들도 많다. 특히 남성 고객에게 이러한 경향이 강하다고 한다. 여성 점원이 말을 거는 것을 귀찮거나 부끄럽게 여기는 남성 고객이 많다는 점을 활용해 무인매장에서는 남성 상품을 강화했다. 남성들은 여성에 비해 한 번 좋다고 생각한 제품을 계속 사용하는 경향이 강하기에 남성 고객이 늘어나면 고객 생애 가치(Customer Lifetime Value, CLV)를 높일 수 있다는 장점도 있다. 실제로 남성용 스킨케어 시리즈의 매출 점유율은 리뉴얼 전 대비 약 2배로 높아졌다. 혼자서 가벼운 마음으로 들어와서 테스트해본 후 구매하는 남성 고객이 늘어난 것이다.

오르비스는 벤처기업인 터치투고(TOUCH TO GO)가 개발한 무인 시스템을 도입했다. 이 시스템은 어떤 상품이 언제 얼마나 팔렸는지에 관한 판매 정보뿐만 아니라 매장 천장에 설치한 카메라로 촬영한 동영상을 분석해 사용자의 행동 데이터도 수집한다. 오르비스는 판매 전략을 수립하고 온라인 상담을 운영하고, 매장의 유지·보수와 무인 판매 시스템 관련 업무는 터치투고에서 담당하기에 오르비스는 인력 부담을 최소화하면서 무인매장을 운영하는 것이 가능하다.

또한 오르비스는 매장에서 얻은 데이터를 통해 상품 진열이 효율적인지, 어떤 상품이 인기 있는지 파악한다. 상품 진열대 내에서 상품의 위치를 옮겨가며 어떻게 매출이 달라지는지 테스트하고 점포 내 고객 동선을 파악해 사용자가 어느 곳에 주로 머물고 매출이 어느 선반에서 많이 일어나는지 확인한다.

온라인 접객이 더해진 무인점포를 개점한 뒤 3개월간 실적을 살펴보면, 리뉴얼 전에 비해 매출은 줄었지만 매출 감소보다 더 큰 폭으로 운영비를 절감해서 결과적으로 이익을 냈다. 비용 절감을 위해 기술을 도입하고 무인점포를 만들면 소비자가 불편을 겪거나 고객이 느끼는 만족도가 낮아지기도 한다. 오르비스는 이를 온라인 접객이라는 형태로 풀어내고 있다. 일손 부족 문제에 대응하면서 동시에 고객 경험의 질을 유지하고자 하는 유통업체들은 지금, 오르비스의 실험 점포를 주목하고 있다.

## 트라이얼 슈퍼마켓,
## 작지만 스마트한 점포 만들기

-------

- ☾ 디지털 기술을 활용해 점포 운영에 필요한 인력을 줄인다.
- ☾ 무인 결제 시스템으로 고객의 쇼핑을 편안하게 만든다.
- ☾ 동시에 오프라인 매장에서 다양한 데이터를 수집해 마케팅에 활용한다.

이 3가지 목적을 달성하기 위해 가장 발 빠르게 움직이는 곳은 슈퍼마켓 트라이얼(TRIAL)을 운영하는 트라이얼 홀딩스다. 트라이얼 홀딩스는 운영 중인 280개 점포 중 186개 점포에 자체 개발한 스마트 쇼핑 카트 1만 7천 대를, 그리고 74개 점포에 약 4천 대의 AI 카메라를 도입했다.

고객은 쇼핑 카트 손잡이 부분에 작은 화면이 달린 스마트 카트로 바코드를 읽고 장바구니에 물건을 담는다. 화면에는 장바구니에 담은 물건 내역이 표시된다. 장보기가 끝나면 미리 충전해둔 카드로 결제가 가능하기에 계산대를 생략하고 전용 게이트를 통해 바로 나간다.

스마트 카트를 도입한 후 이용객이 계산대를 통과하는 속도가 카트 도입 전보다 최대 1.7배 빨라졌다. 그뿐만 아니라 카트에 달린 화면에 고객이 좋아할 만한 상품을 추천하고 쿠폰을 전달하는 등 마케팅 콘텐츠를 발신함으로써 객단가가 올라가는 장점이 있다. 예를 들어 한 소비자가 페트병에 담긴 향이 좋은 커피를 고르자 스마트 카트의 액정 화면에서 레드 와인을 추천해준다. 커피와 와인은 장르가 다르고 언뜻 생각하면 연관 없어 보이는 제품이지만 두 상품은 풍부한 향을 가진 제품이라는 공통점이 있다.

트라이얼 홀딩스는 수만 개 상품의 설명문을 AI의 자연어 처리 기술을 사용해 '소재 중시' '건강' '영양' 등과 같은 17개의 세그먼트로 분류했다. 소비자가 특정 상품을 스캔하면 그것과 동일한 세그먼트 내 상품의 장소와 가격을 표시한다. 고객의 구매 이력을 활

스마트 카트

출처: Retail AI 홈페이지(retail-ai.jp)

용해 라이프스타일이나 취향에 근거한 제안이 가능한 것이다.

2022년에는 스마트 카트에 얼굴 인식 결제 시스템까지 내장했다. 미리 등록해둔 얼굴을 인식해 회원 카드에 충전해둔 잔액으로 결제가 가능하다. 또한 얼굴 등록 시 이름과 생년월일이 기록되기에 주류를 구입할 때 연령 확인을 할 필요가 없어 점포 내 상주하는 직원 수를 줄일 수 있다.

이러한 기술들이 단지 고객의 편의를 높이는 것만이 아니다. 소매점에 특화된 AI가 탑재된 카메라로 진열대를 모니터링하고 점포 내 고객의 동선을 분석한다. 보충이 필요한 인기 상품은 천장에 설치된 카메라를 통해 재고를 확인하고 바로 보충해 상품 판매의 기회 손실을 최소화한다. 트라이얼 홀딩스는 스마트 쇼핑 카트, 얼굴 인식 결제 시스템, 그리고 AI 카메라를 활용해 일본 내 스마트 스토어의 선구자 역할을 하고 있다.

동시에 트라이얼 홀딩스가 코로나19 사태 이후 특히 힘을 쏟고 있는 것은 24시간 영업하는 차세대형 스마트 스토어 '트라이얼 고(TRIAL GO)'다. 트라이얼 홀딩스는 '슈퍼센터 트라이얼'이라고 불리는 약 1,500~2,000평에 달하는 대형 슈퍼마켓을 주로 운영한다. 하지만 이 정도의 면적을 가진 매장을 내려면 출점할 수 있는 지역이 제한된다. 트라이얼 홀딩스가 생각해낸 아이디어는 대형 슈퍼마켓을 허브로 삼고 거기서 차량으로 편도 약 20분 거리 내에 위성 점포를 만드는 것이다.

2023년 3월, 후쿠오카시 최고의 번화가인 텐진 근처에 약 48평 규모의 첫 위성 점포가 오픈했다. 청과, 정육, 생선 등의 신선식품을 포함해 약 3,800SKU의 상품을 갖추었으며, 얼굴 인증 결제 시스템을 도입한 셀프 계산대 5대, 디지털 사이니지 6대, AI 카메라 15대를 배치했다. 유인 계산대를 두지 않아 매장 운영에 필요한 인력이 적기에 낮에는 2명, 밤에는 1명의 직원만 상주한다.

또 다른 위성 점포인 후쿠오카의 와키타(脇田) 점포의 규모는 약 300평이다. 스마트 쇼핑 카트 40대, AI 카메라 135대를 도입했을 뿐만 아니라 AI 카메라와 가격 전자태그를 연동해 재고 현황에 따라 자동으로 가격을 조정하는 시스템을 설치했다. 진열대를 촬영하는 AI 카메라가 찍은 이미지를 분석해 예상보다 판매가 부진하다고 판단되면 자동으로 전자 가격표를 조작해 가격을 인하한다. 이 시스템을 도입함으로써 매장 내 진열대를 일일이 점검하고 가격표를 다시 작성하는 작업이 필요 없게 된다. 또한 AI 카메라로 진열대를 모니터링해 상품 판매량을 확인하고 필요한 상품은 인근 대형 '슈퍼센터 트라이얼'에서 하루에 4번씩 배송하는 시스템도 구축했다. 이를 통해 매장 규모에 비해 상품의 종류는 많지만 종류 당 전시 개수는 적게 유지할 수 있다. 즉, 300평 규모의 소형 슈퍼임에도 불구하고 1,200평이 넘는 대형 슈퍼와 동등한 종류의 상품을 구비하는 것이 가능하다.

왜 작은 규모의 위성 점포를 만드는 것일까? 규모가 작은 점포는 매장 운영 비용을 낮출 수 있다. 와키타 점포는 동일한 규모의 매장에서 필요로 하는 인건비의 25% 정도를 절감할 수 있으며 향후 인건비 50% 절감을 목표로 하고 있다. 인력은 줄어들지만 기술을 활용해 고객 경험은 개선할 수 있다. 대형 슈퍼마켓을 운영하면서 쌓은 데이터를 활용해 인기 있는 제품을 잘 큐레이션해서 매출을 올린다. 또한 저렴한 가격과 맛으로 정평이 난 트라이얼의 반찬(総菜)을 대형 점포에서 공수해 판매함으로써 근처 편의점 및 슈퍼마켓과 차별화를 꾀할 수 있다. 앞서 살펴본 오르비스와 마찬가지로 기술을 활용해 인력 부족 문제를 해결함과 동시에 대형 마트와의 지리적 근접성을 이용해 고객 경험과 편리함을 개선할 수 있는 것이다.

"무인점포를 만드는 것이 최종 목적이 아닙니다. 단순히 인력 절감을 추구하는 것만으로는 충분하지 않습니다. 이러한 시스템 도입으로 고객의 편의성이 눈에 띄게 향상되고, 많은 고객의 지지를 얻지 못하면 의미가 없습니다."

_트라이얼 홀딩스 관계자의 〈니혼케이자이 신문〉 인터뷰 중


지금, 일본의 유통업체들은 '인력 절감'과 '고객 경험 향상'이라는 두 마리 토끼를 잡기 위한 실험을 진행 중이다.

# 도쿄 트렌드 인사이트 2025

초판 1쇄 발행 2024년 10월 24일
초판 4쇄 발행 2025년 1월 20일

지은이 | 정희선
펴낸곳 | 원앤원북스
펴낸이 | 오운영
경영총괄 | 박종명
편집 | 최윤정 김형욱 이광민
디자인 | 윤지예 이영재
마케팅 | 문준영 이지은 박미애
디지털콘텐츠 | 안태정
등록번호 | 제2018-000146호(2018년 1월 23일)
주소 | 04091 서울시 마포구 토정로 222 한국출판콘텐츠센터 319호(신수동)
전화 | (02)719-7735       팩스 | (02)719-7736
이메일 | onobooks2018@naver.com       블로그 | blog.naver.com/onobooks2018

값 | 20,000원
ISBN 979-11-7043-580-8 03320